学 前 教 育 专 业 方 向 拓 展 系 列 教 材

依据 《幼 儿 园 教 师 专 业 标 准 （ 试 行 ）》 编写
《中 小 学 和 幼 儿 园 教 师 资 格 考 试 标 准 （ 试 行 ）》

学前教育五大领域活动案例与评析

顾 问／张 仁　蔡 飞　姜建明

主 编／张丹枫

副主编／李 进　于 涛

编 委／陈 颂　王区区　刘 洋　葛 青　李红蕾

ISE
京师学前

zjfs.bnup.com | www.bnupg.com

北京师范大学出版集团
BEIJING NORMAL UNIVERSITY PUBLISHING GROUP
北京师范大学出版社

图书在版编目(CIP)数据

学前教育五大领域活动案例与评析/张丹枫主编. —北京：北京师范大学出版社，2018.5(2022.1重印)
ISBN 978-7-303-23253-6

Ⅰ.①学… Ⅱ.①张… Ⅲ.①学前教育－高等职业教育－教材 Ⅳ.①G61

中国版本图书馆 CIP 数据核字(2017)第 325255 号

营 销 中 心 电 话　010-58802755　58800035
北师大出版社职业教育与教师教育分社网　http://zjfs.bnup.com
电 子 信 箱　zhijiao@bnupg.com

出版发行：北京师范大学出版社　www.bnup.com
　　　　　北京市西城区新街口外大街 12-3 号
　　　　　邮政编码：100088
印　　刷：北京玺诚印务有限公司
经　　销：全国新华书店
开　　本：787 mm×1092 mm　1/16
印　　张：19
字　　数：378 千字
版　　次：2018 年 5 月第 1 版
印　　次：2022 年 1 月第 3 次印刷
定　　价：42.00 元

策划编辑：于晓晴　姚贵平　　　责任编辑：孟　浩
美术编辑：焦　丽　　　　　　　装帧设计：焦　丽
责任校对：李云虎　　　　　　　责任印制：马　洁
封面插图：刘芊童

内容提要

本书从学前教育教学实践出发，以学前教育教学各大领域的基本理论和《3—6岁儿童学习与发展指南》以及新的《幼儿园工作规程》精神为指导，从健康、语言、社会、科学和艺术五个领域，各选取了来自江苏省各地幼儿园一线优秀园长和教师的有代表性和典型意义的数十篇学前教育教学案例。在学前教育各领域相关理论进行导引的基础上，每一模块案例分别从案例背景、案例描述、思考与建议和案例评析四大方面进行展现。案例来自鲜活的学前教育教学实践一线，具有较强的启发性和操作性，专家对案例的评析有一定深度，具有指导意义。

本书主要适用于学前教育专业本专科院校或五年制高等职业学校学前教育专业学生及幼儿园在职教师，也可供中等幼师学校三年制学生参考学习，还可供从事中师或本专科层次学前教育专业教学的广大教师以及对学前教育教学感兴趣的人士参考使用。

前　言

为推进学前教育教学实践的改革与发展，进一步提高幼儿园教师的实践与反思能力，进一步丰富学前教育专业课程的实践案例教学，在江苏省学前教育学会的协助下，我们在筹划准备并由张丹枫教授对全省各地幼儿园优秀骨干教师进行专题培训的基础上，集合大家之力编写了《学前教育五大领域活动案例与评析》一书。

本书从学前教育教学的目的和基本理论入手，按照领域分为五个模块，包括健康领域篇、语言领域篇、社会领域篇、科学领域篇和艺术领域篇，遴选了来自江苏省各地幼儿园优秀的一线园长和教师的有代表性和典型意义的数十篇幼儿园教育教学案例（本书所有案例涉及的教师和幼儿名字都是化名）。每个模块在学前教育教学相关理论进行导引的基础上，各案例分别从案例背景、案例描述、思考与建议和案例评析四大方面进行了展现。各案例来自鲜活的实践一线，启发性和操作性强，专家对案例的评析有一定深度，具有指导意义。

编者在编写过程中遵循以下原则。

首先，在结构和内容上，体现时代性和科学性，反映学前教育教学过程中的新经验、新成果。

其次，在体例和形式上，力求突出学前教育"做中学、做中教"的特点。本书力图使抽象观点具体化，将典型案例与学前教育教学理论相结合，突出实用性、启发性和操作性。

本书主要有以下特点。

第一，构建更加合理的结构框架。本书各篇在导述中强调了学前教育教学的概貌，勾勒出学前教育教学的整体性。

第二，紧密联系学前教育教学实际。每个模块的案例均来自幼儿园真实情境，体现出理论联系学前教育教学的实际。

第三，反映学前教育教学的新经验、新成果。数十篇案例全部来自江苏省各地幼儿园优秀教师的工作实践，具有代表性和现实意义，展示了新时期学前教育教学的新特色。

本书可供本专科院校（含中专）学前教育专业学生参考学习，也可供幼儿园在职教师和从事中师或本专科层次学前教育专业教学的广大教师以及对学前教育教学感兴趣的人士参考使用。

本书的编写得到江苏省学前教育学会、徐州幼儿师范高等专科学校和常熟理工学院有关领导张仁、蔡飞、姜建明等人的支持，其中蔡飞教授给予了更多的帮助。

本书由教育部学前教育"国培"专家、江苏省"333工程"中青年科学技术带头人、常熟理工学院张丹枫教授主编，并具体负责了全书的组织实施、统稿修校、案例的遴选、内容的修改与评析等，徐州幼儿师范高等专科学校李进、于涛、陈颂、王区区等老师和一线优秀园长葛青、刘洋等人以及徐州市教研室李红蕾老师分别参与了相关案例的遴选编评等工作。

北京师范大学出版社姚贵平、于晓晴等编辑非常重视并支持本书的编写工作，而且提出了一些有益的意见或建议，我们深为感动并深表感谢。本书在编写过程中还参考并引用了一些学前教育教学方面的相关成果及文献。在此，我们对包括积极提供案例的广大幼儿园教师及参与本书编辑出版的有关领导和专家一并致以谢忱。

由于编者的水平所限，有些编写意图尚未得到很好体现，疏漏在所难免，恳请各位专家和同行予以谅解并指正。

编者
2017年9月

目　录

第三部分　社会领域篇

第四部分　科学领域篇

第五部分　艺术领域篇

第一部分　健康领域篇

导　述

　　幼儿就像春天的嫩芽，需要我们精心呵护才能健康成长。《幼儿园教育指导纲要(试行)》指出，幼儿园必须把保护幼儿的生命和促进幼儿的健康放在工作的首位，并将幼儿园的教育内容划分为五个领域，其中单独列出了健康领域。《3—6岁儿童学习与发展指南》在健康领域中明确指出："健康是指人在身体、心理和社会适应方面的良好状态。"幼儿机体的发育不够成熟，机能不够完善，抵抗疾病的能力较差，对环境的适应能力较弱，心理上的发育与发展也很不成熟，生理与心理都处在一个不断发展、不断完善的状态。因此，关注和促进幼儿的身体健康和心理健康是幼儿阶段保育和教育的首要任务，这不仅关系到幼儿当前的健康状况，还会对其未来的发展乃至一生的健康产生重要、深远的影响。

　　《3—6岁儿童学习与发展指南》明确指出："发育良好的身体、愉快的情绪、强健的体质、协调的动作、良好的生活习惯和基本生活能力是幼儿身心健康的重要标志，也是其他领域学习与发展的基础。"这既是对幼儿健康的高度概括，也表明了健康领域在幼儿学习与发展中的重要地位，即幼儿在健康领域的学习与发展是其他领域学习与发展的基础。

　　在了解与探索物质世界和周围环境的过程中，幼儿可以获得关于物质特性以及安全等方面的知识和经验，还能提高对危险事物的认识与判断能力，更好地维护自身的安全。又如，幼儿要清晰地向他人表达自己内心的想法和情绪情感，离不开语言能力的发展。幼儿在健康领域的学习与发展应与其他领域的学习与发展有机结合、相互渗透，只有这样，才能促进幼儿身心全面协调发展，这也正体现了《3—6岁儿童学习与发展指南》所倡导的要"关注幼儿学习与发展的整体性"的基本理念。

　　本部分所选的幼儿健康领域教育案例有助于帮助我们树立正确的幼儿健康教育观，掌握正确的指导方法，科学合理地设计与组织幼儿健康教育活动。

1. 爱臭美的小丫头

江苏省兴化市大营镇中心幼儿园　刘晓琴

案例背景

化妆已经成为当下社会的一种潮流。有些家长，不仅自己化妆，还会给幼儿化妆。我们经常看到一些幼儿的头发是卷的，指甲是亮的；还有一些幼儿耳濡目染，也悄悄地拿起妈妈的化妆品自己涂抹。这些化妆品中含有有害物质，对幼儿的健康构成了危害。《幼儿园教育指导纲要（试行）》指出，"幼儿园必须把保护幼儿的生命和促进幼儿的健康放在工作的首位"，要"树立正确的健康观念"。3～6岁是幼儿身心健康发展的关键时期，有些幼儿缺乏安全意识与正确的审美观念，喜欢模仿成人化妆。对于这种"爱臭美"的幼儿，我们应该怎样教育引导呢？

案例描述

一天上午，我正在教室里给幼儿讲故事，忽然闻到了一股刺鼻的味道。我找遍了教室的每一个角落，没发现异常，就接着讲故事。分副餐时，我发现优优的小嘴红红的，像是涂了口红，指甲也是红通通、亮闪闪的，涂着厚厚的指甲油。我知道刚才那股刺鼻味道的由来了。

我问优优："优优，你的嘴怎么了？"

还没等优优开口，几个幼儿就叽叽喳喳地说："老师，她涂口红了。她还帮佳琪和丹丹涂了。"

"哪儿来的口红？在哪儿？"

"老师，她把口红和指甲油都藏在书包里了。"

"优优，你把口红和指甲油拿给我看看。"

优优用双手紧紧地捂住小书包，一副"一夫当关，万夫莫开"的架势，任我怎么劝也不肯拿出来。优优是个倔强的孩子，她不肯给我，我赶紧换了个法子。

"优优今天涂了口红和指甲油，跟昨天比有点不一样了。"我用小镜子帮她照了照，接着说："我也想涂一下，谁愿意帮老师涂？"几个幼儿都看着优优，露出了跃跃欲试的神情。

"优优，要不你帮我涂一下好吗？孩子们，你们想不想看看老师会变成什么样子啊？"

"想看！"幼儿欢呼起来。

"优优，你来帮我一下吧！"我伸手把优优揽在怀里，她开始慢慢地松开了小手。我又接着说道："放心，涂不好老师不怪你。涂完后我们一起拍个照片给你的爸爸妈妈看看。"她听了这句话，脸上露出了灿烂的笑容，从书包里拿出口红，认真地帮我涂起来。

口红涂好后，我又请她帮我涂指甲。指甲涂好后，我把手伸到幼儿面前，让他们闻一闻，他们个个都用手捂着小鼻子说难闻。接着，我又用餐巾纸擦了嘴，纸上留下了深深的口红印。我将这张纸展示给孩子们看，并且问："这个口红能吃到肚子里吗？"几个幼儿又七嘴八舌地议论起来：我们不能吃不卫生的东西，吃了会拉肚子的；我妈妈说吃了不干净的食物，肚子里会长毛毛虫的……

我说："你们说得对。口红上含有有害物质，涂了口红后就不能吃东西了。其他化妆品也含有对身体有害的物质，所以我们小朋友不能使用这些化妆品。可是我们有些小朋友就是喜欢化妆，怎么办呢？"

我和幼儿商量着在区角游戏里布置一个"娃娃屋"。幼儿可以用卡纸做成各种各样的娃娃，用水彩笔帮娃娃们化妆；也可以把喝完的牛奶瓶洗干净做模特，让爱化妆的幼儿练习化妆。优优听后很开心，问："我也可以帮娃娃化妆吗？"我笑着说："当然可以！"她很信任地把口红和指甲油交给了我。

思考与建议

一、幼儿为什么爱化妆

(一)渴望美丽

每个幼儿心里都有一颗美的种子。研究表明，幼儿从小喜欢鲜艳悦目的东西和整洁的环境。幼儿对于美的感受来自直观。那些色彩艳丽的化妆品，如口红、指甲油、眼影、腮红等，会让他们觉得是美的。每年"六一"儿童节表演时，教师会给幼儿化妆，他们就觉得化妆后会变美，由此也产生了给自己化妆、让自己变得更漂亮的想法。

(二)模仿大人

现代社会很多人，包括一些家长都会化很浓的妆。幼儿耳濡目染，也会悄悄地拿着妈妈的化妆品进行涂抹。优优就是看到妈妈化妆,才悄悄地把化妆品带到幼儿园给自己化妆的。

（三）引人注意

幼儿化妆不是单纯为了打扮,而是希望得到别人的赞许,从而获得满足感和成就感。优优化妆后感觉像小公主一样,小伙伴们都围着她,她感到很高兴。

二、如何教育引导

（一）尊重幼儿,走进内心

教师要树立正确的教育观、儿童观,尊重幼儿、理解幼儿;在处理问题时,要从幼儿的角度出发,灵活或综合运用转移法、冷却法、消退法等干预手段。当优优不愿意把口红和指甲油给我看时,我只是劝说,没有直接硬要过来;见劝说没用又赶紧转移她的注意力,让优优帮我化妆,而且我还安慰她。这样不仅消除了她的对抗情绪,转移了她的注意力,还满足了她的好奇心,拉近了我们的距离,取得了她的信任。

（二）直接感知,亲身体验

当幼儿有突发情况时,教师要采取积极的教育态度,学会正确运用暗示和强化等教育技巧。当我看见优优涂了口红,只说她跟昨天比有点不一样,如果我说变漂亮则会给她带来错误的暗示。幼儿没有相关经验,对化妆品不了解,只有让幼儿直接感知、亲身体验后,他们才能知道化妆品对人体是有害的。例如,指甲涂好后,我把手伸到幼儿面前,让幼儿闻一闻,他们都用手捂着鼻子说难闻。接着,我又用餐巾纸擦了嘴,纸上留下了深深的口红印,然后将这张纸展示给幼儿看,让他们看到口红是有色素的,不小心吃到嘴里会不健康。

（三）家园互动,共促成长

在案例中,我想让优优的家长知道这件事,让家长和我们一起教育幼儿。事后,我及时和家长沟通教育方法,请家长不要用简单反对的方式去纠正,而是要在理解尊重的基础上运用说服教育。比如,家长可以告诉幼儿,幼儿的皮肤很娇嫩,容易过敏,等等。

（四）区角游戏,释放天性

陶行知先生曾说,要解放孩子的头脑、双手、脚、空间、时间,使他们充分得到自由的生活,从自由的生活中得到真正的教育。幼儿在"娃娃屋"中自由地运用各种工具对娃娃进行化妆打扮,把自己对美的理解大胆地表现出来。幼儿的动手能力、想象力得到了提升,爱美的天性得到了释放,内心获得了愉快的体验。

"娃娃屋"游戏是可以持续发展的。游戏环境的创设、材料的投放都不是一次性完成的，而是根据幼儿的游戏水平以及游戏需要随时做出调整的。随着游戏的深入，在"娃娃屋"的原有材料不能满足幼儿需要时，教师可以和幼儿商量，投放新材料。例如，教师给幼儿提供原先没有的发套、帽子、毛线、小布料、油画棒等材料，让幼儿有更大的发挥空间。

🌱 案例评析

在本案例中，教师围绕一个大多数幼儿特别是女孩子存在的共性问题——爱化妆展开了讨论，这体现了她对此问题的思考和解决该问题的一些尝试。总体来说，教师应对得当，能抓住幼儿的心理，在教育中落实了以幼儿为主的思想，能将教育活动进行延伸，在区角游戏中进行渗透，并能和家长及时沟通，进行家园共育，展现了一个成熟教师的风采。

一、关注幼儿心理

针对幼儿为什么会爱化妆的问题，教师进行了仔细分析：渴望美丽、模仿大人、引人注意。人类是有智能的群居生物，我们要从外界得到关注，就要先关注自己。也就是说，当我们发现幼儿开始打扮自己的时候，就代表了他们正在独立地踏入社会群体。幼儿希望自己能够得到群体的重视，关注外表就成为最初的开始。越希望自己卓越的幼儿，表达的欲望就越强烈，变优秀的动力也就越强。

二、应对处置得当

教师在遇到突发问题时，应冷静应对，灵活处理。案例中的教师在发现幼儿化妆时，没有粗暴对待，而是细心沟通，缓解幼儿的情绪，化解幼儿的对立心态，使问题得到解决。事后，教师能及时和家长沟通，了解情况，并对家长进行教育方法的指导，通过家园共育，促进幼儿健康成长。

三、教育方法灵活

教师和家长往往想要通过自身的经验体系直接教导幼儿怎么做，这是剥夺，不是教育。幼儿需要在真正的直接经验中寻找适合自己的生存方式。教师深刻地认识到了这一点，让幼儿通过闻一闻、看一看等亲身体验，认识到化妆品的危害。教师不仅对幼儿进行教育，还对幼儿的兴趣进行正确引导，设立"娃娃屋"游戏，让幼儿的爱美之心得到释放。

如果能够进一步以教育理论为指引，联系自己的教育教学实践展开分析，并灵活运用于实践中，对实践而言会更加有益。

（评析人：张丹枫，常熟理工学院；樊恒华，江苏省兴化市教育局教研室）

2. 两个一起更好玩

江苏省南京市浦口区泰山中心幼儿园　赵登燕

案例背景

《3—6岁儿童学习与发展指南》提出："发育良好的身体、愉快的情绪、强健的体质、协调的动作、良好的生活习惯和基本生活能力是幼儿身心健康的重要标志，也是其他领域学习与发展的基础。"我园一直坚持以健康教育为各项活动的基础，注重幼儿心理和身体的健康。根据小班幼儿的年龄特点，我们把双手拍接球作为小班幼儿拍球技能的学习重点，希望通过多种形式提升幼儿对于拍球的兴趣，并通过这项活动锻炼幼儿的协调能力，增强幼儿的体质。

在活动过程中我发现，尽管我们专门设置了拍球专区，也注意把拍球不熟练的幼儿吸引进拍球区进行训练，但是大部分幼儿在拍球活动前半段还能参与，后半段就不能坚持了，如何在尊重幼儿兴趣的基础上，能够让幼儿既喜欢又能够坚持，并且获得良好的发展呢？

案例描述

《幼儿园教育指导纲要（试行）》提出："开展丰富多彩的户外游戏和体育活动，培养幼儿参加体育活动的兴趣和习惯，增强体质，提高对环境的适应能力。"我们每周的户外活动都会设计不同的游戏情境来吸引幼儿的注意力和参与的兴趣。例如，我们设计打地鼠、打怪兽、挖地雷等不同的游戏来吸引幼儿参与活动。但是每次游戏进行到后半段，幼儿就不能坚持了。问题到底出在哪里呢？我每天观察幼儿游戏的情况，想要找到问题的所在，但是都没能找到突破口。

这天糖糖在玩拍球，我鼓励他："今天糖糖能坚持在这儿挖地雷直到游戏结束，回去老师奖励你一朵小红花。"糖糖也很想要小红花，就肯定地说："老师，我能做到。"但是刚过15分钟，糖糖便停止拍球，对我说："老师，我还想玩踩高跷，老玩挖地雷没意思。"我安慰并鼓励他说："今天坚持一会儿，明天你再玩踩高跷好吗？"糖糖说："要是能两个一起玩就好了！"说着他就开始玩旁边多余的高跷，玩了一会儿又跑过来拍拍球，有的幼儿看到糖糖这么玩，也跟着学起来，一会儿玩玩圈，一会儿拍拍球，跑来跑去。

"要是能两个一起玩就好了"这句话一直在我脑袋里不停地响起，我突然如梦初醒，为什么两个游戏不能结合到一起玩呢。接着，我就招呼糖糖，"来，老师给你一对高跷，你从这儿走过去，走到红色线停下，拍球10次，再从红色边缘线走回来。"糖糖一听可高兴了，就开始不停地走，不停地拍球。过了一会儿，他说："老师，我累了，能休息一会儿吗?""当然可以。"我笑着回答。接着我招呼球区的玲玲来接着玩，玲玲刚走一轮回来，糖糖又想要接着玩，于是我让玲玲把东西交给糖糖，让玲玲休息，这样两人轮流玩起来。其他幼儿见状，也去找其他组的幼儿一起玩球。我看到秋秋找到彩圈，开了一圈汽车，回到原地拍球10个，完成任务后又去开汽车了。我发现幼儿这样玩不仅有休息时间还能不停地玩下去，并能保证拍球的质量。就这样，幼儿今天在自己的创想下开心地玩到了户外游戏结束。

第二天，受到糖糖的启发，我将游戏区域重新划分，将游戏和拍球结合，变成每个游戏的终点都是拍球，如爬爬垫加拍球、踩高跷加拍球、过小河加拍球、推小车加拍球等。每一个终点的拍球技能要求也不一样，当幼儿觉得自己现在的游戏技能已经掌握得很好了，他就可以挑战下一个需要更高拍球技能的游戏。如此一来，幼儿参与游戏的兴趣被调动起来，参与活动的时间也得到保障，预期的锻炼效果也达到了。

思 考 与 建 议

《3—6岁儿童学习与发展指南》指出："对于拍球、跳绳等技能性活动，不要过于要求数量，更不能机械训练。"可见，幼儿体育游戏活动要从幼儿的年龄特点和实际出发，教育内容要与幼儿的兴趣相结合，根据幼儿学习与发展的情况，及时更改和转变自己的教育策略，不断调整游戏的内容和方式，让游戏达到最佳锻炼效果。因此，我针对拍球游戏提出了三条建议。

一、创设游戏情节，增加拍球游戏的趣味性

如果拍球只是一项技能训练活动，幼儿在拍球游戏中体会不到趣味，自然会失去兴趣和耐心。尽管拍球技能的提高是要循序渐进的，但是教育者不能为了达到目的而机械地训练幼儿拍球。拍球活动的目的首先是培养幼儿对活动的兴趣，其次才是技能和体能的发展。因此，在拍球游戏中加入多种形式的内容游戏，会使得活动的内容更加丰富，也更容易让幼儿接受。例如，在"开汽车"游戏中，幼儿可以先绕圈进行开汽车活动，到达停车场后再进行拍球竞赛活动，比比谁拍的多。这种形式比单纯拍球更有意思。又如"小兔运粮食"游戏，利用圆圈做草地，练习双脚并拢跳进"草地"，在幼儿到达目的地进行拍球活动后，将粮食运回家。这些借用圆圈开展的整合性拍球游戏，能有效地提高幼儿参与拍球活动的兴趣和积极性。

二、设计多层次难度不同的游戏，增加游戏的挑战性

让幼儿动起来很简单，但如何让他们在一定的游戏时间内坚持下去，是一件不易的事情。幼儿的注意保持时间短，很容易对枯燥单一的拍球游戏失去兴趣。在设计拍球游戏时，我们要充分站在幼儿的角度去思考，设计有难易程度的多层次拍球游戏，让幼儿根据自己的发展水平、兴趣和需要，自由选择、乐于参与、挑战自己。例如，在"高人拍球"游戏中，所有幼儿一开始都能踩着高跷从平坦的大路走到目的地，进行拍球活动。这种游戏没有更高的难度，一部分能力强的幼儿可能也会失去兴趣。如何保持幼儿参与拍球游戏的兴趣呢？《3—6岁儿童学习与发展指南》指出："理解和尊重幼儿发展进程中的个别差异，支持和引导他们从原有水平向更高水平发展。"教师在活动中的观察尤为重要，教师针对出现的问题及时提出整改措施。例如，踩高跷过障碍游戏，可以通过设计不同高度的障碍，让幼儿从过最低的障碍到过最高的障碍来挑战自己，让幼儿保持参与过障碍游戏的兴趣，达到训练拍球的目的。

三、延伸游戏区域，让游戏玩法多样化

教育要追随幼儿的兴趣，保护幼儿的好奇心，让幼儿在主动探索的过程中探究拍球游戏的多种玩法。例如，我发现桃桃进行双手拍接球后，将球扔向靠近身边的大树，球随之滚回来，他乐此不疲地玩着这个游戏，很感兴趣。因此，我又开辟了自由玩球区，给创意玩球的幼儿一个探索区域，延伸玩球的更多方法。例如，墙体、大树、草丛等这些地方都有可能成为自由玩球区域，保护幼儿探索多种玩球方法的兴趣。

案例评析

对于本案例以及案例后的"思考与建议"，我有如下看法。

首先，教师要具备正确的教育观与儿童观。在发现幼儿户外活动（拍球）中出现缺乏兴趣的情况时，教师的反应是思考如何在尊重幼儿兴趣的基

础上，能够让幼儿既喜欢又能够坚持，并且获得良好的发展。继而，教师开始了对幼儿活动的观察，并在观察的基础上进行了方式的调整。教师的这一系列行为，向我们展示了一位具有正确教育理念的教师所具有的反思、调整能力。

其次，教师要具备观察以及利用观察调整教育行为的能力。《3—6岁儿童学习与发展指南》分领域阐述了幼儿的学习与发展，分年龄段确立了发展目标。其目的在于引导教育者从幼儿发展的角度去考虑教育问题。而要从幼儿发展的角度考虑教育问题，就要求教育者要深刻了解幼儿。观察是教育者了解幼儿、发现一个真正的幼儿、发现幼儿的现有发展水平、发现幼儿的兴趣、发现不同幼儿的发展差异、发现幼儿不同领域发展差异的最好途径。在本案例中，教师通过对幼儿的观察发现了幼儿兴趣不持久的原因，继而通过创设游戏情节、设计多层次难度不同的游戏、延伸游戏区域等策略，在尊重幼儿兴趣的基础上，成功地实现了幼儿学习与发展的支持者的角色职能。

最后，我们能够看到教师调整之后的一种变化：幼儿学会了轮流游戏，减少了无效等待，实现了劳逸结合。我也很赞赏教师尊重幼儿的理念：通过糖糖的一句话，教师能及时调整自己设计的游戏，由幼儿玩的方法生成了这种独特的游戏形式，既好玩又能达到锻炼的目的。在本案例中，教师的实践、反思、再实践、再反思的过程很重要，这样才能不断提高教师自身的专业能力，从而保障幼儿的身心在幼儿园健康快乐地成长。

只要我们教师能站在幼儿的角度考虑问题，多一分耐心，我们一定可以轻松解决教育中遇到的每一个问题。

（评析人：刘玲，江苏省连云港市赣榆区教育局）

3. 一个"多动"幼儿的转变

江苏省南京市高淳区砖墙中心幼儿园　李丽花

案例背景

陶行知先生曾说，培养教育人和种花木一样，首先要认识花木的特点，区别不同情况给以施肥、浇水和培养教育，这叫"因材施教"。因材施教既是教育原则，又是教学方法，它贯穿在整个教育教学活动的每一个阶段。作为一名幼儿教师，我深深体会到在3～6岁幼儿的学习与发展过程中，因材施教更有其特殊的重要性。

在我所任教的小三班，有一个异于其他幼儿的"特殊幼儿"——浩浩。通过一段时间的观察发现，这个叫浩浩的幼儿有如下异常表现：缺乏正常语言交往的能力，注意力极易转移，区域游戏时无法安静参与，常有不间断咬指甲抠鼻子等细小行为，常出现攻击性行为等。面对这样一个情绪极不稳定、特殊行为频出的幼儿，我向前任教师、家长多方询问情况，得知他上学期上了一个月小班，由于特殊情况就医之后一直休学在家，直到这学期才刚入园。

案例描述

我开始思考浩浩这种行为背后的原因以及针对他的行为我可以做什么。出于这种思考，我开始对浩浩的行为进行深入、系统的观察，并记录了翔实的资料。在之后几周的观察中，我有了以下的发现。

一、区域游戏中的浩浩

在娃娃家游戏中，大部分幼儿都沉浸在各自的角色中。而浩浩一会儿在"乐乐家"喂娃娃喝奶，一会儿跑向"球球家"抢其他幼儿炒菜的勺子，一会儿又跑向"毛毛家"将其他幼儿手中的菜篮摔在地上。面对被吵得一团糟的游戏，他却在一旁拍着手又笑又叫。这几乎是他在区域游戏参与中的一种常态。

二、户外活动中的浩浩

户外活动中的浩浩，不能够按照早操的内容与节奏和小伙伴一起活动，而是沉浸在自己的世界中，自顾自地摇晃着脑袋、四肢。活动结束后，当大部分幼儿都有序地排着队回活动室时，他要等着老师牵着手才肯回去。

三、午餐时的浩浩

午餐时，浩浩总喜欢四处张望，饭粒经常掉到桌子、衣服和地上；每次吃到有骨头的菜，如排骨、鲳鱼、黄鳝等，他都大声喊叫"骨头"，当让他自己学着动手把骨头挑出来时，他就大声哭泣着："不会，我不要。"甚至会发生摔碗、推其他幼儿等攻击性行为。

四、午睡时的浩浩

浩浩是一个难以顺利入睡的幼儿，具体表现为入睡困难、会影响到周围的幼儿。当终于入睡之后，他起床时又会发生情绪的不愉快。

因为有以上的一些现象，有的教师或者家长给浩浩下了"多动症"的定义。我却认为这个定义是不能轻易放在任何一个幼儿身上的。好动是幼儿的天性，而"多动症"却是一种需要确诊之后才能定论的一种病症。通过对浩浩的日常观察所发现的种种表现，不能轻易判定浩浩患有多动症，还需要通过专业医院诊断才能进一步确定。

我需要从家庭的角度了解浩浩的成长过程、成长环境、家庭教养方式等，并尝试通过家园配合对幼儿的发展进行一些教育策略方面的帮助。为此，我和浩浩妈妈进行了一次长谈，了解到的情况如下：由于父母都是大学教师，平常工作较忙，浩浩生下来就由爷爷奶奶带，和爸爸妈妈很少有情感沟通。由于缺乏交流环境、语言环境，所以浩浩的语言发育比较晚，到 3 岁才开始讲话，同时在交往行为、自控能力等方面也出现异常。当发现浩浩在情绪及行为方面出现异常后，父母带他去儿童医院检查，发现他的体内微量元素检测中铅含量略偏高，属于多动症，于是才开始对浩浩进行药物辅助治疗。

思考与建议

《幼儿园教育指导纲要（试行）》提出，教师应"引导幼儿参加各种集体活动，体验与教师、同伴等共同生活的乐趣，帮助他们正确认识自己和他人，养成对他人、社会亲近、合作的态度，学习初步的人际交往技能"。这是对一般正常发展水平的幼儿的要求，对类似于浩浩这样经过确诊的患有"多动症"的幼儿，需要教师给予更多的关心、爱护和个性化的指导。并且在环境中避免教师、家长、幼儿对浩浩产生偏见，从心理上全面接纳浩浩，从一点一滴的细节上欣赏他的成长和变化。

第一，注重鼓励。教师要对浩浩给予更多的鼓励，发现有别于以往的行为时就立刻给予他赞赏，培养他正确的行为习惯。

第二，学习安静。教师要多吸引浩浩参加绘画、看图书、讲故事等安静活动，逐步培养他能够集中注意力做事情的习惯。

第三，学习自制。教师要在一日活动中利用各种游戏、生活环节等培养浩浩的自制力，让他在学习控制自己行为的过程中树立自信心、建立自尊心。

第四，学习交往。教师要在一日活动中为浩浩创造与其他幼儿交流合作的机会，鼓励他逐渐学会自由地交谈。

第五，给予关爱。每一个幼儿都需要爱，而特殊的幼儿更需要关爱和温暖。教师注意从情感上更多地关爱他，抚慰他的情绪，有意识地引导其他幼儿喜欢他、接受他。在自由活动的时间，用拥抱、抚摸、简短的聊天去拉近教师和浩浩之间的距离，使他的个性变得柔软而安静。

第六，家园共育。教师要坚持每天和家长沟通浩浩在幼儿园的成长变化，并且鼓励、提醒家长定期带幼儿到医院继续进行检查，利用药物进行治疗。同时，幼儿园针对浩浩的具体情况，配以食物疗法来降低铅含量，注意在浩浩的食物中多用牛奶、豆浆、芝麻等富含钙、锌的食品和坚果类食物。

经过几个月的综合训练及医院治疗，浩浩体内微量元素检测中含铅量已经出现降低的趋势，而且在行为表现上也出现了令人欣喜的变化：攻击性行为减少了，注意力持久度增加了，动作协调性有所增强。每当放学后浩浩微笑着和我说再见时，我都特别欣慰。

"多动"是不能轻易放在幼儿身上的，但是面对一个确诊的多动症幼儿，就需要教师真心付出爱和行动。教师的真心、关心、耐心、爱心，适时家园共育，针对性地提出科学的教育方法，会使每一个"多动"的幼儿都能够在爱的怀抱中健康成长。

案 例 评 析

《幼儿园教育指导纲要（试行）》指出："幼儿园必须把保护幼儿的生命和促进幼儿的健康放在工作的首位。树立正确的健康概念，在重视幼儿身体健康的同时，要高度重视幼儿的心理健康。"在本案例中，浩浩出现的问题引起了教师的重视。在平时与浩浩的相处中，成人应该通过浩浩的行为表现感知到他的异常，并进一步进行细致的观察与分析，结合多方面力量来确定问题所在，从而找到能够帮助浩浩改变与成长的途径。

如果没有教师的敏锐察觉和细致观察，没有教师的爱心与耐心，没有教师争取到家园共育的可能，也就不会有不断改变与进步的浩浩。当教师发现幼儿行为异常时，首先想到的不是排斥、嫌弃，不是简单粗暴地对待，而是用细心、耐心与恒心来帮助他，这本身就是一种爱心的体现，更是教师崇高职业道德的体现。

当然，对于在幼儿园生活的幼儿来说，教育不只是教师或者家长要做的事情，而是需要家园密切配合，同心协力发挥教育的作用。所以，在任何情况下，教师都不能忽视家园共育的重要性，并且需要通过真诚地与家长沟通以达到促进幼儿全面发展的目的。

多动症幼儿的转化工作不是一次教育或辅导就能完成的，它是一个循序渐进的过程。教师通过多种以尊重幼儿为前提的、科学有效的方法来帮助幼儿，这是值得每一位学前教育工作者学习的。面对有各种各样发展问题的幼儿时，教师需要正确认识他们的行为，包容他们的过错，理解他们的表现，同时寻找良好的教育对策，用心呵护他们成长过程的每一步。希望有更多的教师能够在看到幼儿逐步改变自己、不断取得进步的时候，感受到自己的职业价值感和幸福感。

（评析人：张丹枫，常熟理工学院；张海艳，江苏省南京市栖霞区教育局）

4. 以变应变 巧奏课堂教学"变奏曲"

江苏省南京市浦口区霞光幼儿园　赵宏燕

案例背景

在幼儿园里，我们每天都要面对一张张天真活泼的笑脸，每一张笑脸仿佛一个个跳动的音符，和幼儿在一起的时刻，就如同在弹奏着一支欢快、流畅的钢琴曲。但因幼儿好玩、好动、好模仿、自控力差的天性，预设的课堂就好比充满了变数的"钢琴键盘"，每天总是演奏着大大小小、形形色色的"意外插曲"，让人惊讶，令人心跳，让人措手不及，使教师时常处于尴尬的境地。面对课堂教学中不断奏出的"意外插曲"，作为教师的我们有时只要因势利导，以变应变，"变奏得当"，不但可以保证课堂教学的顺利进行，而且还可以将"意外插曲"转化为有价值的教学资源，使"变奏曲"也一样奏出和谐之音！

案例描述

一、蚯蚓意外搅局——前奏

刚下过雨的操场上微微泛着湿意，大一班的幼儿正在上体育课"舞长龙"。"孩子们，今天我们也来学舞龙。"我的话音刚落，忽然不远处传来惊叫。是什么吓到了幼儿？"老师，快看，这里有一条小蛇。"所有幼儿都围了上来。"这不是蛇，这是蚯蚓。"我班的"智多星"牛牛立刻冲到人群中说，"我在《十万个为什么》里看过，蚯蚓喜欢生活在潮湿的泥土里，它怕光，蚯蚓没有眼睛，今天怎么到操场上来了？""昨天刚下过雨，我们的操场上不是很潮湿吗？"反应灵敏的雅文说，"草地比操场还潮湿呢，而且蚯蚓不是看不见，怕光吗？"幼儿七嘴八舌地讨论着。"你们快来看，这里还有呢！""这里也有！"……一时间，我被遗忘在角落。

二、蚯蚓变形记——变奏

估计短时间是看不完了，于是我吹了一声哨子，试图将所有幼儿叫回来。听到口哨声，部分幼儿开始归队，但是更多的幼儿还在那里观察蚯蚓。怎么办？强行把他们叫回来，幼儿肯定不乐意，任由他们看蚯蚓吗？那我辛辛苦苦准备的这节课岂不白费！我何不把"舞长龙"进行改编呢？于是，我说："蚯蚓也想和我们玩游戏，我们来玩一个蚯蚓变形记吧。"幼儿听到后纷纷围拢过来。"当我说小蚯蚓，你们就要排成一队；当我睁开眼睛的时候，还没找好或者摔跤的，都算失败。"所有幼儿一副"时刻准备着"的样子。"小——蚯——蚓"，我刻意压低声音想看看幼儿的反应，只听一阵窸窸窣窣的声响，当我睁开眼睛时，幼儿已经排成了长长的队伍，平时排队总要争吵个不停，今天竟然很快排好了，"怎么排两队？""女孩子当蚯蚓妈妈，男孩子当蚯蚓爸爸。"我不得不被幼儿的细心折服。

三、蚯蚓赛跑＋复活——合奏

"现在请蚯蚓爸爸和蚯蚓妈妈来好好较量一番，看谁先到终点。预备，开始！"我一声令下，两条"蚯蚓"立刻向前冲，没跑多远，两队都有人摔跤了，"为什么会摔跤？怎样才能不摔跤呢？"这个问题一抛出，幼儿立刻七嘴八舌地讨论起来。第二轮比赛开始了，这一次，大家的速度都明显慢了下来，没有人摔跤了，最终"蚯蚓爸爸"获胜。"你们这一次是怎么做到的？"牛牛说："我告诉大家把脚分开，要同时出相同的脚，这样就不会摔跤了。"璇璇不服气地说："有什么了不起！我们队都要听队长的口令。"第三场比赛开始了，眼看"蚯蚓妈妈"又要输了，忽然璇璇从人群中窜了出来，直向终点奔去。"蚯蚓妈妈"被拦腰分成了两段。"璇璇耍赖。""你们的身体断了，蚯蚓妈妈死了，你们输了。"璇璇听了大家的话，脸涨得通红。见此情形，我觉得是提醒璇璇的好机会，我说："璇璇违反了规则的确不对，但她也是想为蚯蚓妈妈争光，只是用错了方法，可以再给她一次机会吗？"幼儿都点点头，璇璇也主动承认了自己的错误。"孩子们，你们都说蚯蚓妈妈的身体断了，所以她就死了，是吗？"幼儿又认真地点点头，"蚯蚓有一个特殊的本领，身体中有一个很厉害的器官叫再生器官，这种器官能使蚯蚓在被分解后再生。所以蚯蚓妈妈——有没有死呢？"我故意拖长语调，女孩们顿时欢呼起来！最终，一场"蚯蚓大战"总算圆满落幕，这一段"意外插曲"也总算在幼儿的心中留下最美的旋律！

思考与建议

教师上课时被突如其来的意外事件打断。面对意外事件，我们有时恼火，有时无奈，很多时候"意外"都成功地"搅"了课堂教学的"局"。虽然，教师对教学活动进行了精心的准备，但幼儿的兴趣似乎并不会随着教师的预设而来，但教育往往就隐藏在这些"意外事件"中。通过"蚯蚓事件"，我总结出以下应对技巧。

一、以变应变，顺应幼儿的兴趣

预设的教学活动固然重要，但如果幼儿的兴趣不在教师的预设中，教师的教学与幼儿的兴趣发生冲突时，教师不如以变应变，顺应幼儿的兴趣，开展相应的活动。当幼儿对"不速之客"进行围观，实际上是幼儿好奇心的表现，教师应该正视幼儿的这种好奇、求知心理，并且利用这一"不速之客"满足幼儿的好奇心、求知欲。所以，教师要勇于打破常规。当幼儿被"蚯蚓"吸引住时，如果当时强行将幼儿拉回来，那必将以幼儿丧失兴趣、无精打采而告终；即使仍旧按照原有计划组织教学活动，效果也会受到很大的影响。此时，我及时调整教学内容，顺应幼儿的兴趣和需要，将"舞长龙"改变为"蚯蚓变形"时，幼儿的热情不减，反而在游戏中不断迸发出创造的新思维，获取了新知识，合作意识也大大增强。大班年龄段的幼儿开始有了比较明显的合作意识，他们只会选择自己喜欢的同伴。但在"蚯蚓变形"的游戏中幼儿能很好地分配角色、学会协调，统一自己认同的规则，并努力遵守。

二、转变角色，支持幼儿的活动

当我发现幼儿的兴趣与需求时，及时转变角色，以参与者的身份走近幼儿。我通过扮演"裁判"参与幼儿的活动，引导幼儿共同制定规则，促使比赛顺利有序地进行，从而达到良好的师生互动效果。因为幼儿更喜欢教师作为伙伴来参与他们的游戏，因此，当我以平等的身份、平行介入的方式和幼儿共同活动时，既营造了宽松和谐的氛围，又让幼儿有了自主权，师生共享活动的快乐，又使自己真正成为幼儿学习的支持者、合作者、引导者。

当我们遇到"意外"发生时，我们要做的是倾听幼儿的心声，了解幼儿的想法，因地制宜、以变应变，转"意外"为"精彩"。不要害怕"意外插曲"，因为有了意外，课堂才显得更加精彩！

🌱 案例评析

案例中"以变应变"是一大亮点。面对意外，教师不拘泥于预设的方案和目标，及时调整，关注活动中的有效生成，转"意外"为"精彩"，充分发挥幼儿的主观能动性，激发其思维、想象和创造力，促进其综合素质的发展。

一、由"变"看先进教育理念的更新

在幼儿园课程游戏化建设的推进过程中，总会遇到沿用多年的教育理念与新的理念之间的冲突。本案例中的"变"，看似成功完成一次"危机"的处理，实则是"完成规定的预设课程"还是"尊重幼儿兴趣与需要"的一个艰难抉择。面对幼儿无意中发现的"不速之客"，教师在试图召唤他们回来上课未果时，教师的思想斗争还是很激烈的。最终，教师选择了尊重幼儿的好奇心，给予他们自主观察、自由讨论的机会，充分利用幼儿对"蚯蚓"的兴趣，巧妙地将"地龙"变"蚯蚓"，将幼儿引入预设的体育活动。由"预设"到"生成"，将"生成"与"预设"机智融合，教师在理念的更新与改变上迈出了一大步。

二、由"变"看纲要与指南精神的渗透

在"变"出新的活动过程中，就比赛中出现的"摔跤"等问题，教师没有马上给予帮助，而是抛出问题，鼓励幼儿通过多方面的努力解决问题，给幼儿创造克服困难的机会。关注幼儿学习与发展的整体性，注重领域之间、目标之间的相互渗透与整合，在幼儿想方设法解决"摔跤"问题的过程中，幼儿的规则意识、合作意识和体能都得到了发展；在幼儿对"蚯蚓妈妈身体断了"争论不休时，教师及时给予科学知识的支持——蚯蚓具有再生能力。由此可见，教师在活动组织的过程中，能注重《幼儿园教育指导纲要（试行）》与《3—6岁儿童学习与发展指南》理念的运用，并收到了良好的效果。

三、由"变"看新理念指导下的有效反思

教师根据"以变应变"的案例，总结自己的成功经验并与教育理论相结合，这是一种便捷、易操作的理论与实际相结合的教研方式，是值得所有教师借鉴和推广的。如此反思，成功的经验在充分的理论支持下会更丰满，教师也会因此而更自信。

虽然此次"以变应变"较为成功，但幼儿对蚯蚓的好奇心依然存在，兴趣依然浓厚。此次活动之后，教师可考虑生成以蚯蚓为主题的系列活动，让幼儿在直接感知、实际操作和亲身体验中获得全面发展。

（评析人：刘玲，江苏省连云港市赣榆区教育局学前教育科）

5."拯救小山坡"行动后思考

江苏省常州市新北区银河幼儿园　陶燕

案例背景

　　自由探索区二位于岷江园东仓库的小山坡处（见图1-1）。前期小山坡的玩法是在使身体不触碰"高压线"的情况下，进行"穿越火线"；到达"敌营"后，用轮胎装满"炸药"击打敌人。然而，我近期发现来此区户外游戏的幼儿"屈指可数"，渐渐小山坡变得"无人问津"。

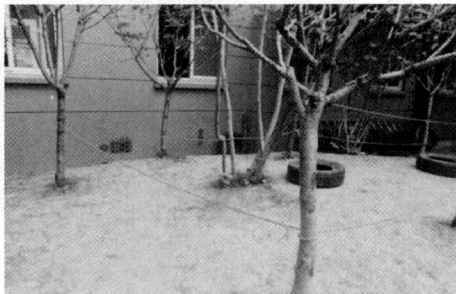

图1-1　小山坡

　　我利用户外分享交流时间与本班幼儿讨论"为什么你不想去玩？你还想怎么玩？"交流结果如下。

　　A说："没什么好玩的，早就玩过了。"

　　B说："游戏太简单了，就是一直在里面绕来绕去的。"

　　C说："能不能在里面踢球？"

　　D说："反正里面没人一起玩，太简单了。"

　　从以上与幼儿的对话中，我开始思考：是否是玩法单一、固定，使得幼儿不愿意挑战、不感兴趣？是否是幼儿可自由拿取的材料较少，从而对开发新玩法有一定的阻碍？对此，在结合与幼儿的对话基础上，我开始投放新材料，展开"拯救"行动。

案例描述

一、第一天的活动

（一）投放材料

两个皮球、两个路障、四个呼啦圈。

（二）观察信息

①小 A 来到小山坡（见图 1-2），与教师进行了以下对话。

小 A 看着新材料停留两秒左右，抬头看着教师，手指着材料问："老师，这怎么玩？"

教师说："你想怎么玩，就可以怎么玩。"

小 A 转向材料看了一眼又问："这些东西我都能拿吗？"

图 1-2 幼儿来到小山坡

教师点点头，笑着说"可以的"。

小 A 转身跑向材料，说"好"。

小 A 共耗时八分左右，在"闪电阵"的空地中摆好呼啦圈，一边摆一边说："我们只能在呼啦圈里走。"

②小 A 在摆好的圆圈里来回走了两次，小 B 走了过来，与小 A 进行了如下对话。

小 B："你在玩什么？"

小 A 提高音量，笑着说："这是我发明的游戏，你想玩吗？"

小 B 小跑到小 A 跟前说："我也能一起玩吗？"

图 1-3 幼儿在玩呼啦圈

小 A 说："可以。"边说边把左手的呼啦圈给了小 B。随后两人在圆圈内将路障、球挪了位置（见图 1-3）。

小 B 说："有路障的圆圈只能单脚跳过。"

小 A 将右手往后一甩，双脚往后跳了一下说："好，我们比比。"

两人从材料摆放到游戏结束进行了十六分钟左右，共玩了三次。

（三）观察分析

中班幼儿对自由摆放材料有一定的能力与愿望，但能力水平不高。从小 A 看到新材料的"激动"、摆放后的"炫耀"等，都能看出其很愿意尝试自由摆放材料。但无论单人或双人摆放，他们都围绕着将"呼啦圈铺开"进行游戏，改变行进时单脚或双脚的形式，他们对材料开发使用的经验与能力有待提升。

二、第二天的活动

（一）背景

教师将第一天的游戏情况以图片形式与本班幼儿交流，对幼儿自主摆放材料的行为给予肯定，鼓励更多幼儿形成对材料进行自主摆放的意识。同时，教师从材料本身的特性出发，帮助幼儿了解材料特性，依次服务于对新玩法的开发。例如，与幼儿讨论"呼啦圈是什么样的？你能怎么玩呢?"幼儿回答如下。

小 A："圆圆的，能滚动!"

小 B："颜色不一样，有很多种!"

小 C："有大的，有小的，可以往前面扔!"

另外，将游戏时间不长的问题抛给幼儿进行讨论，"你们玩了两次就不玩了？为什么？怎么办才好呢?"幼儿回答如下。

小 D："可以把玩的东西再弄多点，只在里面走太无聊了。"

小 E："对，可以在树林里加点小动物一起玩。"

小 F："可以给小动物送吃的，就和我们小班一样，拿沙包放进去。"

（二）投放材料

六个呼啦圈、若干个黏黏球、两个动物"嘴巴"（纸盒子）、一个灰太狼图片、两个路障、一个篮子。

（三）观察信息

图 1-4　小女孩在玩呼啦圈

小女孩先在路障处用左手拿了一个黏黏球，右手在路障处将呼啦圈摆成一条线，双脚走到最前面的呼啦圈内，然后蹲下，右手将后方呼啦圈拿起转身放在自己前面，双脚跳进前一个呼啦圈，再转身拿起后方呼啦圈放至前方，如此循环下去（见图 1-4）。直至到达小动物处后，将球放到盒子中。期间，放、跨呼啦圈时都有意避开"闪电阵"。

后来，幼儿人数逐渐增多，不少幼儿没有呼啦圈只能在山坡一旁站着看，他们商量决定，每人只有一个呼啦圈。

小男孩站在呼啦圈内，双脚紧贴呼啦圈边缘，右手拿球，双脚以"小碎

图 1-5　小男孩在呼啦圈内

步"形式，蹭着地面向前移动至小动物处，给动物喂食（见图1-5）。

之后幼儿人数又增加，大约十四人，更多的幼儿想要加入游戏。他们商量可以两人一个呼啦圈。

（四）观察分析

1. 在幼儿兴趣的基础上增大难度，游戏效果颇佳

基于幼儿之前的兴趣点——用呼啦圈铺路，以变"固定路"为"流动路"的方式，每人仅有两个呼啦圈，增加游戏难度。

2. 幼儿乐于挑战，对"情境性游戏"抱有极高兴致

在"鳄鱼潭"的环境渲染下，从"每人两个圈"到"每人一个圈"，再到"两人一个圈"，幼儿的挑战欲被激发，运动着也快乐着。

三、第三天的活动

（一）背景

在第二天的活动时，教师利用休息时间与幼儿交流"玩的时候有问题吗？"幼儿提到用球一直打不死"大灰狼"（因为照片牢牢地粘在墙上）。

（二）投放材料

新增了若干个不同颜色的沙包、彩虹球以及一个篮子。

（三）幼儿玩法

"小小'手榴弹'威力不大，我们要换更厉害的武器了！"见图1-6、图1-7。

图1-6　呼啦圈

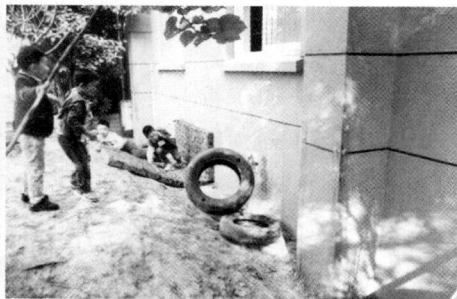

图1-7　轮胎

（四）游戏时间

8：40左右区域内便无一人，当日共有二十三人参加该区域游戏。

当日户外交流分享时，教师询问本班幼儿"为何不去玩了呢？"得到这样的答案："不太好玩""没说明意思""我早就会了"等。

何为高水平游戏？有目的的、复杂的、能够让幼儿聚精会神的游戏。纵观对小山坡的"三日拯救计划"，从参加游戏的人数来看，是一个先上升后下降的类"n"形曲线，为何短短三天"大起大落"？我结合相关理念做出以下思考。

一、基于观察，做出针对性的调整

纵观三次"拯救措施"，尽管前期都有与幼儿的谈话、讨论等，似乎都是基于对幼儿兴趣与需要的满足。从马斯洛的需要层次理论来看，有些需要比其他需要更加强烈，而且在拥有更高水平的需要之前必须得到满足。因此，生理性的、安全的和归属感的需要必须首先得到满足，这样才能集中于更高水平的尊重和自我实现的需要。第一次投放为数不多的三种材料，未给幼儿提供可以一起玩、一起合作玩的信任感，幼儿没有获得准予游戏的权利与信心，尊重与归属感皆未能满足，又谈何"自我实现需要"的满足？

因此，教师应尽可能地把握幼儿当下最迫切的内心需要、准确捕捉到幼儿当下的兴趣，提供适宜的材料来为幼儿的游戏提供支架，满足幼儿当下的游戏需求，使幼儿的游戏向更高水平发展。

二、耐心等待，留出充足的空间

出于新教师的"急躁"，我内心总有一个想法：幼儿出现了问题，教师应立即干预、引导，因为这是最见"成效"的方法。如今看来，幼儿有自己的思维模式，有自己的探究方式，而这都需要充足的时间来保证。面对新材料时，幼儿首先是探究、熟悉材料，获得一定的感知和操作经验。吸收新信息属于皮亚杰提出的同化过程，而顺应是对自己思维的改造。对于幼儿游戏行为的"重复"或"停滞不前"，教师不要将此判断为"低水平"的游戏。探究并不是游戏，但游戏离不开探究。教师要给幼儿留出宽松、自由的探索时间与空间。

三、渲染情境，引出层次性规则

小山坡上由"高压线""敌人城堡""炸药包""鳄鱼潭"等多种情境组成，教师后期还进行组合，让幼儿更有目的地来游戏，这也是小山坡获得短暂"重生"的原因。幼儿愿意扮演角色、愿意在规则下扮演，并且乐在其中。因此，游戏的情境、角色的设置应尽可能丰富以吸引幼儿的参与。例如，小山坡仅用呼啦圈来铺路、仅有一个"高压线"路障，喂食的方式仅为送球，游戏的情境显然不够丰富，幼儿进行探究、组合的趣味性与积极性自然会有所影响。

对于成熟的、高水平的游戏，幼儿要想参与，势必会调整自己的行为，并按照集体共同制定的规则正确地扮演自己的角色。从本案例中可以看出，幼儿有一定的解决问题能力，这不正是我们想要看到的幼儿游戏时的状态吗？而适宜规则的出现与制定同样也是幼儿游戏中不可缺少的。

案例评析

仔细阅读了这篇案例，教师从日常中发现问题，再通过交流与幼儿一起解决问题，很好地诠释了"从幼儿到幼儿"的教育理念，让幼儿做自己的主人是阅读后的最大感受。

细细读来，我开始思考观察与课程的关系。首先，从观察中了解幼儿当下的游戏水平与困难，发现问题；其次，走近幼儿，了解幼儿的当下兴趣与需要；再次，进行环境的调整、材料的跟进等，满足幼儿的兴趣与需要，促进幼儿的游戏向更高水平发展；最后，通过观察来明晰教师调整行为的效果，以及当下幼儿的游戏水平和兴趣需要，如此循环往复。这样的调整行为，教师进行了三次，并将其带来的变化进行连续性的详尽记录与分析，这样的研究思路比较符合当下倡导的"即时教研"，准确抓住幼儿当下的兴趣与需要，提供相适宜的材料与环境的支持，将幼儿的游戏推向更高水平。

另外，这篇案例更大的价值是教师从观念到行为，演绎着"儿童在前、教师在后"的儿童观与教育观。尤其是新教师能有这样的思想很值得肯定，同时在行动后进行必要的反思，结合一定的理论书籍，考量措施背后的实效性，从而为教师自身提供策略积累一定的经验，这是很有意义的，也是很有必要的。

当然，新教师在思考深度和指导策略上都还有一定的提升空间，但将此研究的精神继续下去，研读更多的相关书籍，势必会使案例更加饱满、有价值！

（评析人：徐志国，江苏省常州市新北区银河幼儿园）

6. 读懂孩子无声的"语言"

江苏省丹阳市云阳幼儿园　徐湘晖

案例背景

国家自从放开二胎政策以后，好多家庭都准备再生一个孩子，可独生子女为了不让妈妈生二胎，往往采取各种极端手段以达到目的。在已生二胎的家庭中，有的家长因为忙于照顾老二，往往疏忽了对老大的关爱，在某种程度上给老大带来一定的伤害，很可能使其出现不同程度的烦躁、易怒和焦虑等负面情绪，成人应对幼儿表现出的不良情绪和行为予以关注，并及时给予引导，使其健康快乐地成长。

案例描述

开学初，我班开展了"亲亲热热一家人"主题活动。活动初期，所有幼儿从家中带来了全家照，照片中多数是幸福的三口之家，有的是祖孙三代同堂，有的是家中生了两个孩子。轩轩也有一个可爱的弟弟，可是他带来的全家照只有爸爸、妈妈和轩轩，当时我想有可能是弟弟出生后还没有拍过全家福，所以对此没有放在心上。可是在随后进行的绘画活动中所发生的事情却引起了我的注意。

今天的美术活动——画"我的一家"。活动结束后，每个幼儿都上来展示自己的绘画作品，介绍自己的绘画内容。轮到轩轩时，只见他的作品画面构图饱满、线条清晰、人物造型完整。据轩轩自己介绍，右边个子最大的是爸爸，爸爸的旁边是轩轩，身后是他的弟弟。我发现画中唯独缺少了妈妈，而画中的弟弟上身被线圈了起来，所有人物中只有轩轩嘴巴撅起、满脸不高兴的样子。我问轩轩："妈妈呢？"轩轩说："忘记画了！"我又指着弟弟身上的线问："这是什么？"轩轩闭着嘴不回答，我接着问："为什么弟弟身上要被线圈起来？"轩轩回答："不喜欢！""那轩轩的小嘴巴怎么撅起来了？"只见轩轩气愤地回答："我不高兴！"

听了轩轩的话，我的脑海中立刻浮现出每天放学的情景。轩轩的弟弟比轩轩小一岁，妈妈每天来接轩轩的时候，总是带着弟弟一起来，每次弟弟都是在教室门口挣脱妈妈的手，冲进教室跑到轩轩身边，抢轩轩手中的玩具，而轩轩就会大叫："妈妈，你看弟弟！"可妈妈总是笑着说："弟弟比你小，让着他。"画中的弟弟上身被线圈了起来，或许是因为比轩轩小一岁多的弟弟，让轩轩很无奈，却又得不到妈妈的理解，只能委曲求全地让着弟弟。轩轩隐去妈妈难道真的是忘记了吗？轩轩的画让我不由想起了近期网上经常报道独生子女为了抗拒妈妈生二胎而走极端的新闻。家庭结构突然出现变化，如果家人给予的关爱又不足，年龄比较大的幼儿会误以为自己被抛弃，很可能会出现不同程度的烦躁、易怒和焦虑等负面情绪；有的幼儿还会变得爱发脾气、不讲道理；有的幼儿为了吸引成人注意，故意做出一些问题举动。

绘画是幼儿表达自我的一种特殊"语言"，也是他们最喜欢的语言。幼儿通过绘画来表达自己的感情，这样不仅弥补了语言表达的不足，也通过绘画自然而然地传达了自己的思想与情绪，达到了与外界交流的目的。与轩轩的对话让我走进了轩轩的内心世界，了解了轩轩真实的想法。轩轩年龄虽小，但是他对妈妈的不满、对弟弟的无奈已经通过绘画作品流露出来。

作为一名幼教工作者，在了解幼儿作品所传达的情感以后，我应该给予积极的回应，及时调整教育策略，让幼儿感受到亲情与关爱，帮助其形成积极稳定的情绪情感。

针对这种情况，我决定从家长工作入手，让家长了解轩轩行为产生的原因，引导家长转变思想，改善其家庭教养方式，及时对轩轩进行沟通和疏导，以此促进轩轩心灵的健康成长。

首先，父母要让轩轩知道，不管父母有几个孩子，他永远是妈妈的宝贝，他得到的爱不会因为弟弟的出生而减少。相反，获得的爱是双倍的，也能获得弟弟对自己的爱。家长不能因为有了弟弟，而对轩轩疏于关注和照顾，要体谅轩轩的心理，了解他的内心需求，及时给予安全感。

其次，父母要正确对待两个孩子之间的矛盾，当他们出现矛盾或者争执时，要根据孩子的对错给予公平的论断，是非曲直都要合理公道。

再次，父母在对轩轩的日常教育中，要始终贯穿爱与分享的理念，有意无意地创造机会让轩轩充分感受到有弟弟的好处。比如，看到别人家中有几个孩子，父母就可以告诉轩轩"你看他们有弟弟妹妹，一起玩多快乐！""小弟弟长大后会跟轩轩一起玩！""轩轩有了弟弟还可以分享弟弟的物品和礼物呢。"……渐渐地，轩轩就不会排斥弟弟了。

最后，父母要让轩轩用自己的方式关爱弟弟，培养他的爱心。比如，父母让轩轩带着弟弟一起玩，将学校学会的故事、歌曲表演给弟弟看；让轩轩学着父母照顾弟弟，成人及时给予表扬和鼓励等，以此培养轩轩关爱弟弟的情感。

如今在家长和教师共同配合的教育下，轩轩比以前明显快乐了许多，有时会到教师面前说与弟弟之间发生的有趣事情，甚至还会在小伙伴面前骄傲地说"我有弟弟，你们都没有！"放学时妈妈再带着弟弟接轩轩时，轩轩会主动把手中的玩具与弟弟一同分享。一张画并不能说明一切，理解作品与理解幼儿是相辅相成的。对于教师来说，了解幼儿的绘画作品是了解幼儿的一种良好手段，特别是那些在语言表达能力方面有所欠缺的幼儿，学会倾听他们用绘画这种无声的"语言"表达的内心感受。只有这样，教师才能真正走进幼儿的内心世界，了解他们的真实想法，用积极的方式引导他们，帮助他们解决在情感与人际关系等方面的困扰和问题，促进幼儿健康快乐地成长。

案例评析

幼儿年龄小，口语表达能力比较差，书面表达能力更是比较欠缺，他们往往不能很好地用语言表达自己的想法和感受，借助幼儿的绘画作品来了解幼儿，是一种较好的教育手段。

成人要充分理解和尊重幼儿的作品，了解作品背后所隐藏的真实想法，并给予适当的引导，帮助其形成积极稳定的情绪情感。在本案例中，教师站在幼儿的角度，用一颗童心看待幼儿的绘画作品，和幼儿对话，和幼儿的作品对话，及时发现幼儿的不良情绪，并了解其产生的原因，将情感问题巧妙地用"心"来解决，引导家长转变思想，改善其家庭教养方式，让幼儿充分感受到家长的亲情和关爱。教师也及时对幼儿进行沟通和疏导，营造温暖、轻松的心理环境，使其形成积极稳定的情绪情感，以此促进幼儿心灵的健康成长。

（评析人：张苏群，江苏省丹阳市教师发展中心）

7. 轮胎变奏曲

江苏省无锡市滨湖区立人幼儿园　孟柠

案例背景

随着我园课程游戏化项目建设的不断深入，我们以我园幼儿的发展水平和需要为基点，调整了户外游戏场地的分布，并开发利用了很多游戏材料，废旧的轮胎就是其中之一。通过感知与探索，幼儿在玩轮胎的时候花样百出，他们为轮胎游戏插上了想象的翅膀，创设出丰富多彩的游戏情境，不断地玩出各种各样的精彩。在这里，轮胎成了他们最好的伙伴。以一次晨间户外锻炼为例，让我们一起走近好玩的轮胎。

案例描述

一、轮胎变变变

晨间锻炼活动时，幼儿无意中发现了轮胎家族的新成员——单侧网面轮胎，在进行了一系列尝试后，幼儿惊奇地发现在网面上能蹦起来，这和以往的轮胎不一样。于是丁丁和晨晨兴致勃勃地搬来了三个网面轮胎，开始了他们的玩具设计计划。

晨晨："今天我们都来做设计师，做我们的玩具！"

丁丁："我们做一个运动会上的超级蹦床怎么样？"

两人热火朝天地开发制作自己的"超级蹦床"，好玩的轮胎即将脱胎换骨，变成新的玩具。

图 1-8　单侧网面轮胎

二、"蹦床设计师"的创想

晨晨和丁丁设计的"蹦床"很快吸引了其他的幼儿，可是络绎不绝的"蹦床选手"很快就引发了问题——大家一起玩耍难免有些拥挤，时不时地就有小选手从"蹦床"上掉下来。设计师丁丁时刻关注着这些情况，过了一会儿，开始了他的行动——号召其他小选手们一起搬来更多的轮胎，对蹦床进行升级。经过新一轮更多设计师的头脑风暴，大家设计出了长长的、有路线的"蹦床"，这样小选手们就能够按照赛道的方向跳下去，还能避免"撞车、拥堵"等事故（见图 1-9）。"蹦床"选手们玩得开心极了，但是精益求精的设计师晨晨仍然不满足于现在的"蹦床"，又调整了"蹦床"的形状，从长长的线型改为环绕型，在中间更是人性化地设置了一个轮胎休息站，为精疲力尽的选手提供了暂时休息的场所。

图 1-9　好玩的"蹦床"

三、我是裁判不犯规

设计师晨晨发现，越来越多的小选手被"蹦床"吸引，可是网面轮胎的数量是有限的，"蹦床"虽然已经改良升级了，但各种安全隐患也在不断升级：一个轮胎上站了两三个幼儿，十分拥挤。大部分幼儿对于拥挤的情况也很不开心，岩岩说："蹦床一点儿都不好玩，人那么多根本就玩不起来。"很多幼儿都开始抱怨游戏，乐乐提议："我知道，电视上的比赛都是有裁判的。"这是个好办法。于是晨晨和丁丁从小设计师摇身一变做起了小裁判，"那我们来做裁判！选手要按比赛规则才能参赛。"并大声对其他幼儿说道："全部都下来，赛道上一张蹦床上只能一个人玩！两个人犯规！"果然小裁判的话发挥了威力，小选手们纷纷走了下来，自觉地重新排好队，个个都成了遵纪守法的蹦床小选手，秩序井然地从起点依次上"蹦床"，按照主要的方向开始了新一轮的挑战，所有幼儿玩得十分开心。

对于第一阶段的游戏，在进行自主体育游戏时，幼儿的游戏水平在不断地向上发展，从一开始晨晨、丁丁各自搬一个轮胎尝试弹跳（单独游戏），到两人将轮胎放在一起组合进行游戏（联合游戏），到多个幼儿合作完成线路规划、共同游戏、制定规则（合作游戏），幼儿的合作意识也在游戏中不断发展和提高。幼儿的经验以直接感官经验为主，幼儿对于网面轮胎所提供的新的弹跳感受非常感兴趣，在已有的玩轮胎的经验基础上，自主进行初步的创设，使游戏方式发生了新的质变。而轮胎弹跳则为幼儿的动作发展——跳、平衡提供了极佳的锻炼机会，幼儿通过探索这种有变化的、低结构多层次的轮胎器材，能够不断地发展自身动作的协调性和反应的灵敏性。网面轮胎是幼儿喜欢的、适合幼儿且富于变化的户外体育器材。

对于第二阶段的游戏，幼儿能够根据游戏的发展需要不断地调整玩具摆放，自发组织游戏规则，从而提高游戏的难度，向更有难度的游戏发起挑战。新玩具的玩法体现了幼儿单独尝试—发现问题—讨论调整—组合合作—发现新玩法—综合能力提升的质变。

在游戏过程中，我对幼儿的游戏进程一直保持关注，在部分幼儿从"蹦床"跌落时，我没有直接纠正他们的动作，而是先观察是否有同伴相互帮助。同伴的互相纠正会让幼儿更快进入游戏情境，然后我对个别幼儿进行了运动的自我保护意识指导，让幼儿对自我运动情况进行关注，预见自己的行为后果，让幼儿适当地维持游戏秩序、对游戏进行改进，尽量不干预幼儿的游戏行为，这样既不影响幼儿的快乐游戏，也不影响幼儿的身体健康。

对于第三阶段的游戏，在幼儿游戏的过程中，我密切观察幼儿的表现，当幼儿参与的热情减退，蹦床过于拥挤产生冲突，幼儿无法体验到游戏的快乐时，可以适当考虑介入游戏，升级游戏玩法。幼儿一开始能够遵守游戏规则，游戏进行到一定阶段时出现不守规则的行为——两到三人共同站在一个轮胎上时，说明此阶段游戏的规则过于简单，游戏的情境不够丰富，因此幼儿难以遵守。

大班幼儿前期具备了玩轮胎的已有经验，再接触轮胎这种器材时，能够在器材上发现新增元素——单面网线，从单一的滚动轮胎上探索发现了新的玩法，并且能够不断地调整游戏的方式方法，体验户外游戏的乐趣。同时，我采取了游戏评价分享的措施，让经验丰富的幼儿来共享游戏体验和游戏技巧，并且适当地对幼儿的玩法进行小结，鼓励幼儿尝试新玩法，增强幼儿的自尊心、自信心，凸显幼儿在游戏活动中的主体性和自主性。

案例评析

　　幼儿阶段是儿童身体发育和机能发展极为迅速的关键期，也是形成安全感和乐观态度的重要阶段。发育良好的身体、愉快的情绪、强健的体质、协调的动作、良好的生活习惯和基本生活能力是幼儿身心健康的重要标志，也是其他领域学习与发展的基础。

　　户外活动是发展幼儿身体平衡和协调能力的最佳时机，有利于促进幼儿身心的健康发展，培养幼儿对体育活动的兴趣。在晨间户外活动中，教师除了提供必要的体育器械、鼓励幼儿进行过独木桥和跳房子等户外活动外，还应该积极鼓励和引导幼儿开展丰富多样、幼儿感兴趣的身体活动。教师提供符合幼儿兴趣需要、年龄特点和发展目标的游戏支架，充分利用或设计游戏活动空间，为幼儿提供丰富、适宜的游戏材料和有准备的游戏环境，支持、引发幼儿利用多种活动发展身体平衡和协调能力，促进幼儿动作的协调性和灵活性能力的发展，激发幼儿参与户外活动的兴趣，变"要我玩"为"我要玩"，让幼儿真正地享受和体验户外活动的乐趣，在快乐的童年生活中获得有益于身心发展的经验。

　　教师能够细心观察幼儿在户外锻炼的游戏情况，并客观地记录下来加以分析，然后根据幼儿的游戏水平提供合适的材料，进一步推动游戏的发展。案例中的幼儿能够在认识轮胎、观察轮胎、用轮胎游戏的过程中，进一步发现和创造不同的游戏玩法。教师在这个过程中只是作为一个观察者、记录者、发现者，没有干涉幼儿的自主游戏行为。但在游戏后，教师善于总结分析和调整，进一步推动幼儿游戏的发展。

　　教师能够充分理解幼儿的学习方式和特点，时刻关注幼儿游戏发展的进程。幼儿的学习是以直接经验为基础，在游戏和日常生活中进行的。教师应当珍视游戏和生活的独特价值，把握住一日生活中的教育契机，最大限度地支持和满足幼儿的需要，站在幼儿的角度看待问题、理解原因，为幼儿发展提供"有准备的环境"——经验准备和物质准备，在活动结束后建议教师与幼儿分享总结游戏的经验，为下一阶段的幼儿游戏发展做好准备。

　　建议教师进一步挖掘生活中的材料，寻找更多适合幼儿发展互动的轻器械，与轮胎相结合，鼓励幼儿创造更多的玩法。同时在观察过程中，也要思考适时的介入和有效的指导。

（评析人：徐君，江苏省无锡市立人幼儿园）

8. 滑梯上的大轮胎

江苏省无锡市滨湖区立人幼儿园　丁敏杰

案例背景

我园为江苏省课程游戏化建设第一批项目园，在户外游戏场改建时，修整出了一片草坪区域，这里既有软软的草地、原生态的木桩、挂满黄澄澄果实的橘树，还有"山洞"和小山坡……这里每天都充满嬉戏声，俨然是幼儿心中的乐园。小山坡上有两个滑梯：一个是埋在土堆下的封闭式滑梯，幼儿称之为"神秘山洞"；另一个是半封闭式的滑梯，从山顶一直到山脚，幼儿称之为"山坡滑道"。它们是幼儿最爱玩的地方。幼儿爬上山顶，从山坡滑到山脚，还能穿过一段黑乎乎的"山洞"。这一天，大班的几个幼儿竟然把笨重的大轮胎也搬到了滑梯上。

案例描述

初春的一天早晨，外面下着蒙蒙细雨，连续的阴雨天，让户外异常潮湿。昀昀趴在窗口满脸期待地问我："老师，今天我们还能去草坪上玩游戏吗？"我不假思索地回答："外面下着雨，怎么玩啊？地上肯定都是积水。"旁边几个幼儿小声说着："外面那么湿，怎么玩啊？"昀昀失望地走开了……突然，晨晨凑过来大声说："老师，我们有雨衣、雨鞋！""老师，我们下去玩吧！"我说道："天气这么冷，如果把衣服弄湿了怎么办？你们可能会感冒的！"欢欢迫不及待地举起手喊道："不会的，我们小心一点，不弄湿衣服！"其余幼儿也都附和起来："我们不会弄湿的！""老师，下雨天出去，肯定好玩！""我还没在下雨的时候玩过草坪游戏呢。"……经不住幼儿的"软磨硬缠"，我终于答应了他们的要求。

得到了我的支持，幼儿兴奋地穿好雨衣、套上胶鞋，奔向草坪。他们不停地用力踩着草地，听着湿湿的草地、泥土发出的声音，还在积水里不停地走来走去，故意溅起很多水花……第一次冒雨到草坪上来玩，我心里可暗暗地捏着一把汗呢。

幼儿的脸上挂着兴奋，有的幼儿已经迫不及待地要去小山坡上玩。此时还下着雨，幼儿有些艰难地爬向山坡，我看到昀昀第一个到达坡顶，他理了理雨衣，准备从坡顶的滑梯上滑下来，这时有的幼儿提醒他："昀昀，下面都是水！你的裤子会湿的！"昀昀犹豫片刻，小心翼翼地从山坡上走下来，走到了滑梯底部。原来，滑梯尾部是凹的，里面积了很多水，如果从上面滑下来，一定会滑进水洼里。昀昀观察了一会儿，突然两脚踩进了水洼，俯下身两手抓住滑梯两边的边缘，一只脚用力将水划出滑梯，他不断划着，很多水从滑梯里流出来……

　　雨还在下，滑梯里的水似乎需要很长时间才能被"排空"，昀昀突然离开了滑梯。正当我以为昀昀放弃了这个"排水"的方法时，却发现他飞快地跑到草坪南面砖地上（这里是户外运动场地，堆放了很多体育器械，供幼儿平时自主选择锻炼），用力抱出一个轮胎，向小山坡滚去。由于草坪上很湿、很泥泞，昀昀有些费力地推动着大轮胎，有些幼儿开始呼喊："昀昀，不可以把轮胎推到山坡上来！"昀昀毫不理会小伙伴的反对，用力将轮胎推到了山坡顶上，就在这时，他突然将轮胎放在了滑梯的顶部，双手一松，轮胎迅速沿着滑梯往下滚动，最后激起一片水花，周围的幼儿发出了激动的欢呼声，这时昀昀开心地笑了起来。大部分幼儿都开始模仿昀昀的做法：将轮胎推上山坡，滚下来，滑梯底部的积水很快就被轮胎冲没了。

活动延伸

　　游戏结束后，我和幼儿一起分享了在滑梯上滚轮胎的精彩瞬间，请他们说说自己的感受。以下是我和幼儿的对话。

　　我："当时滑梯下面有很多水，你是怎么想的？"

　　昀昀："我就想把水弄干，这样我们就可以玩滑梯了。"

　　我："你一开始想到了什么办法？"

　　昀昀："我就用脚划水，把水推到外面。"这时，其他幼儿说："可是他的脚太小了，只能划出一点点水。"

　　我接着问："那怎么办呢？"

　　昀昀："我看到那边有大轮胎，就把轮胎推过来了。"

　　我："你为什么会想到用大轮胎呢？"

　　其他幼儿抢着回答："因为轮胎大，比我们的脚大！"岩岩："因为轮胎很重。"

　　我："你们发现轮胎滑下来后发生了什么？"

　　全体幼儿："水全都溅起来了！"

　　我："你们觉得轮胎从滑梯上滚下来好玩吗？"

　　全体幼儿："好玩！"

　　我："你们还有什么别的玩法吗？"

欢欢："老师，可以用海绵把水吸干！"

思航："用勺子把水舀掉！"

晨晨："我们一起用脚把水划出去！"……

当看到昀昀在滑梯上的这一幕，我感到非常欣慰。首先我很佩服昀昀在面对感兴趣的事物时的那种投入和研究的精神，他是一个喜欢动手动脑的幼儿，凡事都喜欢刨根问底，这是一种难能可贵的精神，说明昀昀会用实践实现他的爱好。另外，让我觉得可喜的是，他愿意和小伙伴分享快乐，和他一起探究、一起成功。幼儿的世界是非常单纯的，游戏中的语言和举动就是他们沟通的开始，而我们要做的就是等待和观察，给予他们及时的肯定和鼓励。

思考与建议

"下雨天能不能到户外玩"这个问题一直困扰着我，也许也困扰着很多教师。在本案例中，幼儿的游戏热情没有被天气因素干扰，他们认为天气好的时候可以出去玩，下雨天也可以出去玩。可是出于对幼儿的"保护"，我认为下雨天不能出去玩，因为淋了雨有可能会感冒。在师幼对话的过程中，幼儿用多个理由说服了我。我由此反思：幼儿在前，教师在后，尊重幼儿的选择和意愿，回归幼儿不应该只是口号，而是认真倾听幼儿内心真实的想法，在保证安全的情况下，支持幼儿按照自己的想法做事或提供必要的条件帮助他们实现自己的想法。

这个案例也让我领悟到，不一样的环境带给幼儿全新的感官刺激和挑战，他们喜欢在雨天里听踩草地、踩泥土发出的声音，喜欢艰难爬上山坡的那种成功体验。当幼儿发现滑梯底部有积水，以往我们的做法是教师帮助幼儿将水清理干净，让他们开开心心地玩耍。《3—6儿童学习与发展指南》指出："要珍视游戏和生活的独特价值，……最大限度地支持和满足幼儿通过直接感知、实际操作和亲身体验获取经验的需要。""积水问题"显然是一个非常好的教育契机，此时我只是一个观察者和记录者，默默地关注幼儿的一举一动，给予他们足够的空间自己想办法解决这个问题。案例中的昀昀从开始尝试用脚划出水到利用大轮胎成功将水排空，是一个观察、研究、探索的过程，在这个过程中，周围的幼儿也在观察、思考、模仿，最后齐心协力将轮胎滚上了滑梯。

这个案例更让我们意识到，"幼儿为本"不是空洞的教育理念，而是浸润在幼儿园保教工作每一个环节的。幼儿充满了想象力、创造力和主动探索的精神，喜欢挑战和尝试。所以，关心、尊重、观察、鼓励和支持幼儿、适时适当地帮助幼儿，是一个幼儿教师务必牢记于心、体现于行的应有之义。

案例评析

教师以追踪观察幼儿的视角记录了一个"平常"事件：同样的场地，同样的材料，因天气的不同，带给幼儿不同的游戏体验。在本案例中，我们感受到幼儿对户外自发性游戏的热衷。幼儿的热衷让我们看到他们在解决问题过程中的积极性、主动性，让我们发现这一事件给了他们新的发展机会，让教师和幼儿一起延展了游戏经验。

教师始终从儿童本位的角度出发进行活动价值判断：幼儿那么期盼草坪游戏，那么雨天是否可以出去玩？是规避风险还是如他们所愿？教师选择了顺应幼儿；出发前幼儿的行装准备，是不是需要教师的提醒或者帮助？发现幼儿具备这样的能力后，教师选择了旁观等待；昀昀推轮胎上滑梯引发争议时，是教师干预还是幼儿自发？教师选择了不介入观察；游戏结束回到班内，是就此了结还是激发思考？教师选择了经验共享。

滑梯上的大轮胎，生活中的小事件，展现了师幼互动的片段，树立了有自信、有能力的幼儿形象，挑战着教师的专业水平，共建着有意义的学习过程。

（评析人：张丹枫，常熟理工学院；张皎红，江苏省无锡市滨湖区教育研究发展中心）

9. 越玩越精彩

江苏省无锡市蔡墅巷幼儿园　惠纯

案例背景

　　江苏省课程游戏化项目"六个支架"的解读提到，在户外游戏中更容易观察幼儿。之所以建议在户外自由活动中观察幼儿，是因为教师能通过观察发现幼儿更真实的想法、经验和学习。因此，我把观察幼儿的视角放在户外活动中。通过观察，一个个鲜活的形象呈现在眼前，逐渐改变着我的儿童观与游戏观。

案例描述

　　愉快的户外活动时间，所有幼儿欢呼着来到操场。几天前，学校新增设的攀登架引起了大家的注意，幼儿用渴望的眼神望着我，异口同声地问道："惠老师，攀登架能玩吗?"随着我的一声肯定，幼儿蜂拥而上。

　　看着小伙伴们一个个手脚并用地登上攀登架的顶端，岳岳也一手扶着攀登架，一脚踩在木板上，抬头盯着上方，跃跃欲试。但一分钟过去了，岳岳始终没有再往上走一步。"岳岳，你快点上来，上面的风景可真好!"听到同伴的召唤，岳岳终于下定决心迈出了另外一只脚。只见他两手一高一低牢牢地抓紧了架子，用尽力气往上爬。最终，他也爬上了攀登架的顶端，高兴地对身旁的同伴说道："我也上来了，原来一点都不难!"岳岳和小伙伴们开心地聊着天。虽然周围的小伙伴不停地变化着动作，甚至有的人都放开了手，而他始终两手紧抓着身下的网。转眼半小时过去了，身旁的小伙伴换了一批又一批，他却告诉大家还没看好风景。当我提出还有五分钟活动时间就要结束的时候，他开始尝试着往下爬，先把一只脚探出网的外面，整个身体朝外，他很快发现这个姿势不行，因为他的另一只脚不容易做接下来的动作，他又收回一只脚。眼睛盯着身边的同伴，看着他们是怎么下攀登架的。大约又过了两分钟，岳岳做出了第二次尝试。这一次，他把身体转了过来，又探出一只脚试了试，他发现这个方法也许可行，因为他的另一只脚可以继续往下踩了。一脚一脚轮流往下踩，他终于回到了地面上。

思 考 与 建 议

一、这里发现的学习可能是什么

我很佩服岳岳的冒险精神和永不放弃的态度。虽然是短短的半小时多的时间，但我在他身上看到了无数的闪光点。他是一个敢于实践的学习者，一个勇敢的、能自己想办法努力尝试的学习者；他努力盯着同伴上下攀登架的样子并伸出一只脚的时候，我看到了一个会观察、会收集信息、会尝试用不同方法的勇敢的行动者！我很想对他说："回想你整个活动的过程，我发现你一开始就为自己设定了目标——爬上去，而且在尝试的过程中不断形成新想法，设定新目标——能用自己探索出的办法爬下来！最终你完成了手脚并用地进行上下攀登这一目标，你因为这一次的不断尝试与锻炼获得了新的经验！你用了很长的时间来应对这个挑战，恭喜你，你成功了，更重要的是，我在这个过程中看到了你能勇于挑战自我，努力解决问题，这是多么有意义！我看到了自信的笑容在你脸上绽放，老师也为你骄傲！"

二、下一步学习的机会和可能性

当岳岳一手扶着攀登架跃跃欲试时，我是个支持者。当他坐在攀登架的顶端有半小时的时候，我是个观察者。他克服了心里的恐惧，看到了不一样的天地，最后不断调整姿势，找到了爬下攀登架的方法。我期待着他把自己的方法告诉其他幼儿。

我还想建议岳岳和其他幼儿一起爬其他不一样的攀登架或者尝试高高的梯子和高低不一的独木桥，那么在遇到类似的问题时，他一定可以尝试用自己的方法解决问题。

我还想和他的妈妈一起分享这个故事，让他的妈妈知道自己的孩子有多么了不起。相信所有人都会为他鼓掌，他也一定会在以后所有的活动中变得更加自信。

通过这个支架，我希望在以后的教育教学中把在户外活动中所形成的关于儿童观、游戏观的认识逐渐迁移到室内活动，相信幼儿，改变一日活动中对幼儿活动的控制，逐渐把活动的主动权还给幼儿，支持幼儿的学习与发展。

案例评析

　　幼儿园课程游戏化的目标是引领幼儿园树立正确的儿童观、游戏观、课程观，推进幼儿园的课程实施符合幼儿身心发展规律和学前教育规律，促进幼儿健康快乐成长。课程游戏化的关键在于教师，教师能否形成正确的游戏观、儿童观显得尤为重要。在本案例中，教师选择了"通过发现儿童，认识儿童，形成正确的儿童观"这一支架，以更容易观察的幼儿户外游戏为观察点，通过幼儿的语言、动作、表情来解读幼儿的行为，发现幼儿的冒险精神、永不放弃的态度、敢于实践的学习者、勇敢的行动者这些闪光点。在这里，教师是一个认真的观察者，在观察中发现幼儿的学习，体会幼儿的学习；教师是一个忠实的支持者，不干预、不打扰，在内心为幼儿加油，为幼儿喝彩；教师更是一个智慧的思想者，通过幼儿的一次活动，看到了幼儿下一步学习的机会和可能性，提出了可行性的建议。

　　观察幼儿是认识幼儿、改变儿童观和游戏观的一条较为有效的捷径。让我们一起观察幼儿，走进幼儿！

（评析者：黄芳，江苏省无锡市东北塘中心幼儿园）

10. 基于"教师退后"中的幼儿自主发展

案例背景

随着课程游戏化项目在幼儿园的探索实施，作为教师的我们，在《3—6岁儿童学习与发展指南》的指引下，注重课程的游戏化、生活化，让幼儿在日常教育活动中能积极参与、体验，使幼儿具有探索精神和创造能力。自由自主的游戏活动，不仅能够带给幼儿体能上的发展，更多地让幼儿拥有了对世界万物的浓厚兴趣和探究学习的机会。其中，"观察"是了解幼儿最有效的途径，观察的是真实自然的幼儿，而自主开放的游戏提供了这样的机会。我们也曾经疑惑，但是放手后，我们观察到了不一样的幼儿……

案例描述

一、滑梯多玩

操场上的大型滑梯又有了新玩法。修修决定从滑梯中间的护栏翻越，他双手抓住护栏，脚用力往上抬，想翻越滑梯。试了几回，他发现护栏比自己高得太多，便找来一个轮胎，站在轮胎上，准备往滑梯上爬，试了试，还是不行，又去推来第二个轮胎，但还是相差甚远。轮胎的高度和滑梯相差太多，没有对翻越起到什么作用。陶陶和恒恒帮助修修找来一个轮胎，修修爬上轮胎，试图爬上护栏，可试了几次依旧没有成功。修修选择放弃使用轮胎，把轮胎挪走以后，又找来一个木制梯子，准备从梯子上翻越滑梯，这次很轻松地成功了。修修的做法受到同伴羡慕的追捧，陶陶、恒恒和其他幼儿也都找来梯子，准备从护栏上翻越滑梯。木制梯子占地较稳，高低正合适，幼儿很轻松地翻越了滑梯。

陶陶环顾整个操场，发现了一个竹制梯子，他把梯子靠在护栏上试了试，发现不安全，就把竹梯子靠在护栏的最下面。他弯着腰，小心翼翼地从梯子下面爬了上去，终于胜利地翻越滑梯。这样，竹制梯子又成为幼儿游戏的新材料。陶陶和修修提议造独木桥。于是幼儿找来油桶，把梯子架在两个油桶上，发现油桶太高，又找来了轮胎，作为台阶放上油桶。起初大部分幼儿爬得很慢，一个幼儿用双脚和双手交换往前移动，直到爬到另外一个油桶上跳下来，其他幼儿都模仿他的做法，这个做法果然不错，速度变快了，他们等待的时间变短了。原本以为大班幼儿能够尝试的游戏，现在中班的幼儿也已经挑战成功了。

普通的滑梯被幼儿变着花样玩，尝试的结果令他们兴奋与自豪，因为事物的奥秘被他们一一发现(见图1-10)。

图1-10　滑梯的新玩法

二、好玩的纸筒

恒恒和妍妍决定搭建一个菜市场，恒恒说要有大门才能进去，她们选择两个大小相同的纸筒作为底柱，妍妍又把一个纸筒加在刚才的两个纸筒上，发现摇晃不稳又拿了下来，转眼发现旁边有块木板，她和妍妍把木板架在两个纸筒上。恒恒和妍妍在木板上放了许多又细又长的纸筒，她们环顾四周，想找到合适的材料，一转身碰到纸筒，纸筒倒下来，又长又细的纸筒放在这里好像不太牢固。恒恒似乎发现了这一点，她把这些又长又细的纸筒全部拿下来，重新换上小一点儿的纸筒，各种不同的纸筒都挤在一起，恒恒很开心这次放的纸筒没有那么容易倒下来，拍手叫妍妍过来看，正好妍妍又抱来一块长长的木板。她们把条形木板放在纸筒上，大概是发现有的木板和纸筒之间存在空隙，还是不稳，她们又把木板取下，重新换上大小一样高的纸筒，按照这样的方法，她们很快建好了自己满意的菜市场大门(见图1-11)。恒恒这时大声地叫道："大家都快送点纸筒来啊。"其他幼儿闻讯前来帮忙，在大家的帮助下菜市场一会儿就被建好了。

图 1-11　菜市场

恒恒和妍妍玩过菜市场卖菜的游戏后，又开始搭建奶茶店。她们找来许多纸筒，两个高一点的纸筒和一块横板支撑起一层货架，中间摆上了各种杯子、碗，大小不一的纸筒作为口味不一样的奶茶或者果汁。她们认真地扮起售货员，卖奶茶，热情地邀请路过的幼儿免费品尝奶茶，她们还说："有苹果口味、香蕉口味、芒果口味，欢迎品尝！我们就是这个奶茶店的老板！"见图 1-12。

图 1-12　奶茶店

思考与建议

从"滑梯多玩"的案例中可以看出，中班幼儿在游戏前对自身的安全问题做了复杂的分析。例如，翻进滑梯时是否能够安全着陆？轮胎是不是会倒下？竹梯是不是会滑掉？同时，幼儿不仅仅停留在判断阶段，而且会通过各种办法来弥补这些可能出现的安全隐患，使得这一切看似危险的游戏变成了探索的基础。从选择轮胎靠在滑梯上，后来又用梯子代替轮胎，再到后来对梯子产生了兴趣，都说明自主游戏能够激发幼儿无限的潜能，能够发展幼儿的预判和计划能力。而当幼儿对新材料有了新的兴趣和玩法时，我选择在一边默默地支持，轻松的氛围能够使幼儿尽情地探索。幼儿在户外活动的时候，我们往往担心幼儿由于年龄关系，缺少自我保护的能力，不太愿意放手，但是在本案例中，我们看到幼儿也是有自我保护意识的，这告诉我们在保证幼儿安全的情况下，尽可能让幼儿在充分的时间内不断深入探索材料、规划游戏、建构场景、尽兴地玩。

在众多幼儿喜爱的游戏中，建构游戏以它独具的魅力深受不同年龄阶段幼儿的青睐。因为幼儿对种类繁多、质地多样、可随意变换、反复创建的积木、纸筒等建构材料爱不释手，在对这些材料进行排列、组合、接插、镶嵌、拼搭、垒高等的过程中，幼儿能够实现自己搭建的需求和愿望，体验与同伴共同搭建的快乐。同时，幼儿又能将建构游戏和角色游戏巧妙地结合在一起，为游戏注入新的活力，游戏的整合有利于游戏的可持续发展和提升，也能丰富幼儿的主观体验。在本案例中，教师真正做到以幼儿为主体，将游戏的主动权交给幼儿，通过游戏来发展幼儿的动手能力和建构技能，更重要的是使幼儿在协商、谦让、交换的游戏氛围中，学会分享与合作，尝试开拓与创新，体验成功与挫折，从而提高幼儿合作交往的能力，实现幼儿个性的和谐全面发展。

案例评析

随着课程游戏化的推进和对幼儿游戏的理解，教师有了更全面、更全新的认识：幼儿游戏是幼儿自发、自主、自由的活动，是幼儿最感兴趣的活动，成人不能把自己的愿望和想法强加给幼儿，规定幼儿游戏活动的方式方法。

由上述案例可见，当我们在担心幼儿的安全时，我们观察到的幼儿是这样的：在攀爬时，搬离障碍物，铺好软垫，互相保护，他们对危险有一定的预估，自我保护意识在游戏中越来越强。

当我们绞尽脑汁思考着材料的不同玩法时，我们观察到的幼儿是这样的：纸筒不仅仅是建构材料，在幼儿的眼中它们能与很多材料相结合，幼儿自主玩起菜市场、超市的游戏，游戏情境惟妙惟肖。

当我们忧虑着幼儿缺乏规则意识的时候，我们观察到的幼儿是这样的：游戏时看似乱哄哄的场面，结束后又整洁如初。为了能玩同一个游戏，他们自发排队，轮流活动；为了安全有序，产生"先下后上"的游戏规则，并主动维护，他们遵守着自发的游戏规则。

通过自主游戏，幼儿能切实感受到游戏所带来的快乐和成就感。幼儿在自主游戏中学会了相互协调，切实促进了幼儿的想象力、创造力和社会交往能力的发展，促进了幼儿情感、个性的健康发展。

因此，在游戏中，教师细致地去观察，不随意打断或制止，是对幼儿最好的支持！

（评析人：张丹枫，常熟理工学院；潘红，江苏省宿迁市实验小学幼儿园）

11. 他偷偷地扔出了"报纸"

江苏省徐州市科技实验幼儿园　刘吉帮

案例背景

　　幼儿的想法总是出人意料，在课程改革的大背景下，教师作为活动的支持者、引导者，应该把活动的主体还给幼儿。作为一位新教师，我负责我园全年龄段的体育教学活动，我发现"自由探索"活动可能会激发幼儿的兴趣，能够让幼儿更好地投入游戏，他们可以探索出属于自己的玩法，可以用语言、动作与同伴交流自己的玩法。

　　在活动中，我确实给了幼儿思考、交流的机会。当他们探索出的玩法与我的想法有偏差时，我就开始把他们往我的"教案"上引导，但经历了"一物多玩——玩报纸"这次活动，我转变了观念。我是否留给幼儿足够的时间去思考、交流？我应该怎么样支持幼儿自由探索？

案例描述

　　本次体育活动的内容是"一物多玩——玩报纸"，幼儿自由探索报纸的玩法，教师进行总结并引导幼儿进行活动。

　　在做完热身活动后，我说："今天的活动，是报纸！报纸怎么用来锻炼身体呢？你们自己去找找方法。"林林拿到报纸后，就开始四周跑；思远拿到报纸后，放在地上踩；龙龙把报纸顶在头上，挡太阳……我看到桐桐拿起报纸就往前扔，但报纸扔不出去，我过去问桐桐："你的想法是什么？"桐桐回答说："我想把报纸扔远。"我得到了我预想的玩法，马上就大喊："孩子们，快看，桐桐想把报纸扔远，但怎么都扔不出去，你们有好办法吗？"几个幼儿和桐桐的方法一样，直接扔，发现扔不出去，这时思远把报纸团起来，才把报纸扔出去，其他幼儿很快模仿他的方法。我心想：和我的教案安排的一样，可以进行下一个环节——好玩的报纸球（把纸团扔远，进行"抛—跑—捡—抛"竞赛）。我拿起报纸就开始团，并说："孩子们，快把报纸团起来，我们扔扔试试！"幼儿开始按照我的方法，把纸团扔出去。

　　小高没有按照我的方法，他拿着报纸站在那里。我过去问他："快把报纸团起来，我们要比赛了。"他没有回答我，继续拿着报纸站着。我再一次问他："你到底团不团，你不团，我们就去玩游戏了。"他还是待在原地不说话。我直接去拿他的报纸，想帮他团，他用双手把报纸拽了过去。我对他说："你怎么回事，你不玩，我们去玩了。"我就带着幼儿向远处抛报纸团，比比谁抛得远，在抛的过程中，一个幼儿过来对我说："老师，我的报纸团总是散开，抛不远。"我回答说："那你再团。"接着我发现小高开始动手弄报纸了，我在远处观察他，心想：我看看他能搞出什么名堂。小高把报纸摊在地上，对折再对折，他发现叠得不整齐，又重新摊平，约对折六次，就折成小长方形，他往前一抛，他的纸团明显比大部分纸团扔得远。

我看到他自己探索出来的玩法，有点惊讶。我很快调整情绪，对其他幼儿说："你们快看，小高的方法和你们都不一样，我们请小高来介绍自己的方法。"小高边做动作边说："我是把纸这样对折，再对折，最后一直对折成这样的长方形。"我对其他幼儿说："小高扔得最远，你们也要开动脑筋，不要模仿别人，那你们扔报纸时遇到了什么困难？"几个幼儿直接说："报纸团总是散开。"我问道："那你们有什么好办法吗？你们自己去想想吧。"他们重新投入游戏，桐桐说："我要叠纸飞机。"他在地上尝试叠，但没有成功，由于时间关系，我说："以后有机会再教你。"于是我们开始进行下一环节。

思考与建议

活动结束后，我意识到应该把在学校中学习的"以幼儿为本，活动立足于幼儿"的理念带到幼儿园，给幼儿园注入"新鲜血液"，更应该充分理解《幼儿教师专业标准（试行）》提到的"师德为先、幼儿为本、能力为重和终身学习"四项原则。经过反思，首先我没有以幼儿为本，而是把活动掌握在自己的手中，一直暗示幼儿要按照我的步骤（教案的步骤）来进行活动；其次，我没有尊重小高，小高不愿意进行游戏，我只是责备他不按照我的要求来，并没有找出原因；最后，我确实给了幼儿自由探索的机会，但是当他们探索出来的结果和我的想法稍有偏差时，我就直接暗示他们我的方法是什么，并没有给幼儿足够的时间来思考、探索。这件事情对我的影响很大，包括现在我还留有小高折过的"报纸"，这是我成为教师的起点，也是对我的鞭策。

《3—6岁儿童学习与发展指南》指出："要注重领域之间、目标之间的相互渗透和整合。""创造条件和机会，促进幼儿手的动作灵活协调。"这两点说明我的初衷是正确的，我在体育教学活动中渗透健康领域的知识，并让幼儿自由探索，但是没有给幼儿充分的时间和尊重。在幼儿探索的过程中，我没有照顾到个别幼儿，反而责备小高不按照我的要求做，我应该尊重每个幼儿的想法。于是我利用教研课的时间，主动进行了"游戏回顾"活动，通过"如何将报纸抛得远"这个主题，重新让幼儿自由探索。

我参照指南中"4～5岁，能对事物或现象进行观察比较，发现其相同与不同"，把本次活动的目标确定为：①知道扔报纸的远近与纸的外形、纸的轻重、投掷的力量有关（认知）。②尝试多种方法，把报纸扔得更远；愿意与同伴共同探索和交流扔报纸的方法（技能）。③感受一物多玩的乐趣，体验自己动脑动手的乐趣（情感）。活动开始后，我对幼儿说："我要先向小高道歉，因为他在上次体育活动中，自己开动脑筋想了方法。今天这节课，我们都要想一想，这个报纸怎样才能扔得远。"我和幼儿开始探索、比较，通过记录表的形式引导幼儿尝试比较不同方法所带来的结果。在活动中，我发现幼儿的思路很清晰，大胆地做出假设，并通过商量、合作来验证结果，这与我最初的想法不同。

可见，教师在组织开展活动时需要就活动的主题、目标、重难点、材料准备和活动过程等进行预设，并做充分的准备，但活动过程中必须有"生成意识"，要高度重视"生成"，因为活动的目的是幼儿的发展，活动的主体只能是幼儿，而幼儿在活动中充满了想象力、创造性和主动探索的精神。

案例评析

案例中的这位教师刚上岗不久，可以看出他在处理幼儿突发问题时经验不足。他不能很好地了解幼儿到底需要什么，幼儿做出这样的反应或行为的原因是什么，不能从深层次去感受幼儿，只要求幼儿按照他自己既定的程序去做，这是大部分新教师的通病，总想着把活动顺利结束。

值得肯定的是，这位教师的观念比较贴合现在的课程改革，在组织活动的时候能够体现出男幼师的特点，给幼儿自由探索的机会，在体育活动中，能大胆地放手让幼儿自己活动、探索，实属难得。

这位教师不断地在对照教师专业标准和指南来检讨自己的行为，并且也注重师德。新教师成长最快的途径就是模仿，这位教师懂得如何去学习，用专家总结出来的知识、经验来约束自己的行为。这位教师需要做到：继续坚持以幼儿为本，把活动的主体还给幼儿，通过不断的反思、改进来完善自己。

希望这位教师能够真正反思自己的行为，不要让幼儿"偷偷"地扔出报纸，应该让幼儿自信地扔出报纸，让幼儿能真正探索出自己的玩法，拓展自己的思维。

（评析人：袁茂俊，南京幼儿高等师范学校）

12. 教育孩子，从"心"开始

江苏省兴化市昭阳湖幼儿园　王媛媛

案例背景

2015年，昭阳湖幼儿园成功申报"快乐昭阳"课程游戏化项目，成为泰州市第二批"江苏省课程游戏化项目园"。项目实施以来，我们一直努力探索、积极学习，力求给幼儿营造一个自由、自主、愉悦、创造的学习生活环境。每天来到幼儿园，和幼儿一起活动嬉戏，我都觉得很快乐。有时在观察幼儿的活动后，我不禁想到：幼儿来到幼儿园，也和我们教师一样快乐吗？我想每个幼儿的回答可能是不一样的。作为教师的我们，应该怎样让每个幼儿都快乐地度过每一天呢？

案例描述

上午户外活动时间，中班的幼儿正在操场上玩"小小建筑师"。橙子高兴地跑到建筑区准备拿积木拼搭，一不小心，一筐积木被碰翻，倒在了地上。乐乐生气地大声说："你怎么回事？快把积木捡起来！"橙子愣愣地站着，悄悄地走到活动室一角的桌边……"我不喜欢幼儿园，我要回家！"橙子大声地哭起来。

同样发生在中班，一天中午，雅雅走出活动室，恰好这时松松往活动室里跑，松松把雅雅撞倒在地上，雅雅大哭了起来。我赶紧跑过来，对雅雅说："松松不小心撞到你了。"接着我转向松松问："怎么办呢？"松松说："对不起，我不是故意的。"此时雅雅想哭又忍住了。我对雅雅说："脸被泪水弄脏了，老师用纸巾给你擦擦。"我帮雅雅擦脸、整理好衣服后，说："让老师看看，真漂亮。"雅雅笑了。

马斯洛的层次需要理论认为，当人最基本的生理、安全需要满足后，就会有更高层次的心理需要。幼儿园作为幼儿第一个需要长期面对的集体生活环境，对于培养幼儿的社会适应能力起着非常重要的作用。那么幼儿在心理方面有哪些基本需要呢？主要是情感需要、独立性、自尊感、交往、被人接纳、获得成功、智力刺激等。

思考与建议

　　从以上案例中可以看出，这两个幼儿在遇到意外情况后的心境是完全不同的：一个受到同伴的责备后，变得惊慌失措；另一个在得到教师的安慰后，破涕为笑。我们可以推测出这两个幼儿接下来的情景发展：一个处于惊恐状态之中，而另一个则能以一种愉快的情绪投入新的活动。不同的教育方式产生了不同的效果，可见教师的教育行为对幼儿的心理健康所起的作用是相当关键的。

　　那么，作为一名幼教工作者，我们该如何给幼儿营造一个良好的学习生活环境呢？

　　一、关心幼儿，营造一个健康的心理环境

　　为了幼儿心理的健康发展，教师必须为幼儿创设一个良好的心理环境。教师要不断改善自己的个性品质和心理健康状况。同时，教师要规范自己的教育行为，注意自己的一言一行，甚至是一贯认为正确的做法都应该时刻进行反思，极力避免不经意中使幼儿稚嫩的心灵受到创伤。消极的适应会产生消极情绪，积极愉快的体验会产生积极的心理。师生关系和班级气氛会对幼儿心理产生重大影响，这就需要我们为幼儿营造一个健康的、积极的心理环境。

　　二、关怀幼儿，建立一个和谐的师生关系

　　《幼儿园教育指导纲要（试行）》的精神要求教师应以关怀、接纳、尊重的态度与幼儿交往，努力理解幼儿的想法与感受，关注幼儿在活动中的表现和反应，敏锐地察觉他们的需要，及时以恰当的方式应答，形成合作探索式的师生活动。纲要着重提出了教师应尊重、理解、体验、感悟幼儿行为的要求。

　　教师首先要有健康的心理素质、高尚的情操，能理解尊重幼儿，有宽容友爱的态度，有适当的情感表现、积极合理的语言动作等，使幼儿对教师充分信任，主动和教师接触，乐意听从教师的要求，以积极的态度培养自控能力。同时教师要形成民主、热忱、欢迎的班级气氛，创设良好的交往环境，满足幼儿内在的心理需要。

　　三、关爱幼儿，时刻满足幼儿的心理需要

　　教师在活动过程中要发掘幼儿的长处，让幼儿在得到同伴、教师的赞许和尊重的同时，感受到自己在集体中的位置。当幼儿的心理需要得到满足后，他们会产生积极的情绪，主动积极地学习。教师要重视满足幼儿的情感需要，特别是对于性格内向、胆小、活动能力和交往能力较差的幼儿更是不能忽视。教师要把爱的教育融入、渗透到日常生活中，引导和鼓励幼儿用观察的眼睛发现"身边的爱"，用细腻的心灵体验"爱与被爱的快乐"。

教育是人与人心灵上最微妙的相互接触，是生命与生命的交往和沟通的过程。花有花的光彩，叶有叶的荣耀，根也有根的感受。作为一名幼儿教师，我为每天能与这么多活泼的心灵接触而高兴，为每天能在不同程度上与那么多富有思想的生命沟通而激动，为每天都能提升自己而兴奋不已。让我们共同努力，一起为幼儿打造一个快乐的幼儿园！

案例评析

《幼儿园教育指导纲要（试行）》明确指出："社会领域的教育具有潜移默化的特点。幼儿社会态度和社会情感的培养尤应渗透在多种活动和一日生活的各个环节之中，要创设一个能使幼儿感受到接纳、关爱和支持的良好环境，避免单一呆板的言语说教。"

在本案例中，教师能及时地发现问题、捕捉到幼儿的情绪变化是非常可贵的。当幼儿出现不良情绪时，教师的及时帮助与疏导将有益于幼儿的在园生活。如果教师不能及时发现，那么幼儿在自我消化不良情绪的情况下，将可能出现厌学、怕学等不良现象。

实践证明，规范幼儿园教师的教育行为，为幼儿创设良好的心理环境，不仅有利于激发幼儿参加活动的积极性和创造性，而且有助于幼儿良好性格的形成。相反，则可能给幼儿的心里留下阴影，使幼儿不能向着正确的方向发展。

幼儿在第一次独自面对幼儿园这样的集体环境时，特别是刚入园的幼儿，教师对于幼儿的情绪反应是不了解的。因此，在幼儿进入幼儿园与家长一起活动的过程中，教师应主动与家长交流，了解幼儿的情绪特征，特别是幼儿的主要情绪特点。例如，有的幼儿不高兴时就会翘起小嘴，不和其他幼儿玩，甚至躲在角落里等。在了解幼儿在家的情绪表现后，教师就可以有针对性地对幼儿进行关注，如上述的例子，我们就可以有针对性地一一加以解决，从而减少了不必要的麻烦，给幼儿更多的关爱与引导。

（评析人：朱芹，江苏省兴化市四牌楼幼儿园）

13. 关注幼儿心理健康

江苏省盐城市幼儿园 李霞

案例背景

不合群的幼儿在偶然的自发游戏中主动寻找同伴一起游戏，获得交往的满足和成功；教师需要关注幼儿的心理健康，在尊重幼儿兴趣的前提下恰当介入，正确引导幼儿的生成活动，帮助幼儿提高人际交往技能。

妮妮是一个白净、结实的小女孩，平日话不多，较活泼、无拘束；喜欢一人到处闲逛，注意的时间也较短，常常一个人玩或发呆，有时会突然离开座位自己玩；有时同伴主动找她玩，她常出手打人或推人。由于她常喜欢单独玩耍，几乎没有要好的朋友，我们常会看到她一个人孤单地站着或坐着。教师与之接触多，有时为了表示对教师的友好，她会缠住教师或者捶打教师。但她喜欢帮助教师做事，对班内比较小的弟弟、妹妹，像个小姐姐一样照顾他们。

案例描述

一天午饭时，吃完饭的幼儿找出他们最喜欢看的图书，纷纷开始进入他们自己的"故事王国"。突然，我听到"快，'小偷'到我这里来！""小偷，快来！"……我循声找去，看到妮妮正贴在门后，东张西望，在田田、冬冬、婧婧、元元等幼儿的使唤下，欢快地冲着其他幼儿叫着，并不时地上蹿下跳……我看到后觉得很生气，怎么可以把自己的同伴当"小偷"呢！于是，我走过去，对其他幼儿说："田田、婧婧、冬冬，大家都是好朋友，不可以把妮妮当成'小偷'，知道了吗？"田田、婧婧、冬冬看看我，又回到座位上看书了。"妮妮，和小伙伴一起看书吧，待会儿讲故事给老师听，好吗？"妮妮高兴地点点头，转身拿了一本书坐在椅子上看起来。我摸摸妮妮的头，冲她笑笑，又回到桌子旁边照看那些尚未吃完饭的幼儿。……才坐下没多久，我又看到妮妮开心地跳着、喊着"来抓我啊"；而其他幼儿又围在一起，高兴地冲"小偷"发出命令，"小偷，快跑！""小偷，过来，我这里有好吃的！""小偷，做个怪样！"……我有些恼火，再次让幼儿解散之后，我开始坐在旁边悄悄地观察妮妮。

妮妮坐下后，看看手里的书，随意地翻看了一会儿，抬头看看周围的同伴，看见大家正聚在一起看书，讲着故事，她开始玩弄起手中的书。玩了一会儿，她又像"小偷"似的快速地跑向聚在一起的幼儿……他们又玩在了一起。看到妮妮和其他幼儿玩得如此兴奋，我不忍心再去阻止他们……

在接下来的几天中，妮妮每到不在集体活动或休息时，都会非常高兴地在椅子周围爬来爬去，任由小伙伴发号施令。教室里常常能见到她上蹿下跳的样子，主动地玩"我要做小偷"的游戏。由此，我们在幼儿感兴趣的"我要做小偷"游戏中自然地生成了"长大了想做什么"的主题活动。

思 考 与 建 议

一个健康的幼儿，是身体健全的幼儿，同时也是愉快、主动、大胆、自信、乐于交往、不怕困难的幼儿。《幼儿园教育指导纲要（试行）》强调要让幼儿主动活动，指出："幼儿与成人、同伴之间的共同生活、交往、探索、游戏等，是其社会学习的重要途径。应为幼儿提供人际间相互交往和共同活动的机会和条件，并加以指导。"在本案例中，我庆幸自己能及时调整教育行为，从幼儿的情感体验出发，以幼儿的个性特点和思维模式来看待"我要做小偷"这个幼儿自发的游戏，并从中认识到以下几个方面。

一、重视幼儿的心理健康，依据幼儿的认知特点理解他们的行为

在传统的教育中，教师与学生往往是控制与服从的关系。教师必须尊重幼儿的发展与人格，应善于利用人、事、时空等各种要素，努力创设有利于幼儿发展的各类环境，重视幼儿的年龄特征与个别差异，了解幼儿的内在需要、兴趣爱好和潜在发展的可能性，给幼儿提供自我发展的机会。每个人都有自己独特的个性和思维方式，幼儿也不例外。我们应关注幼儿的心理健康，依据幼儿的认知特点来理解他们的行为，尊重他们的意愿。在日常活动中，我们需要与幼儿建立对话、接纳、共建和共享互动的交互主体关系。

二、充分尊重幼儿的人格，树立人格教育观念

健康的人格是通过幼儿心理品质的体验和培养、社会学习以及同伴的人际交往等活动的交互作用逐步形成的。情感是幼儿人格发展的核心，教师的热情、真情和激情等丰富的情感来自教师对教师职业的道德责任和对学生的爱，教师应用"儿童的眼睛看世界"，运用"师爱"及"教育机智"的力量"以情动情"，从而有利于幼儿形成初步的、稳定的、良好的社会性情感品质，奠定人

格发展的基础。

三、在保护兴趣的前提下恰当介入，正确引导幼儿的生成活动

教师要让幼儿形成积极的心理体验和感受，应该尊重他们的兴趣，给予他们合理的自由；应该关注幼儿所关注的，给予他们合理的指导和引导；应该对幼儿的活动给予指导，拓展他们的兴趣，鼓励他们以不同的方式表达感受并积极运用多种感官探索世界。幼儿在这个过程中感受到的不仅仅是快乐，更重要的是获得高级的自我满足的幸福感。因此，教师要调整自己的心态，用心倾听幼儿的声音，从幼儿的角度理解他们的行为、情感和体验；以积极的情绪状态，正确引导幼儿自发的游戏活动；关注幼儿的生成活动，时时体现"幼儿在前，教师在后"的教育理念。在此基础上生成有利于幼儿健康成长的主题教学活动，这应该是真正意义上幼儿感兴趣的内容。

案例评析

"我要做小偷"是偶发的游戏。对"扮演小偷"情有独钟的妮妮在活动中获得了交往的满足和成功，教师连续阻止，她"一如既往"地继续她的自发游戏。教师把幼儿学"小偷"玩当成同伴在"欺负"妮妮，从成人的角度去理解发生在幼儿之间的"游戏"，甚至将其误解为对幼儿"人格"的侮辱。所幸的是，教师的好奇心和教育理念激发了其对幼儿行为的观察和分析，教师从妮妮与同伴们快乐的交往中得到启示，肯定和保护并不等于放任不管。显然，对于身心各方面均处于发展中的幼儿来说，独自活动对于幼儿的个性、社会性等方面的发展是不利的。因此，当幼儿偶然在"我要做小偷"游戏中体验到交往的成功时，教师必须掌握好介入的方式与时机，采用情绪感染、行为暗示、群体影响等方式来达到介入、干预的效果，并以满腔热情关注幼儿的游戏行为，直至以游戏者的身份加入活动，进行正确引导，促使幼儿形成健康、积极的交往观。

共同的"小偷"游戏产生了同伴间交往、合作的需要。这表明幼儿之间是平等的，这种游戏是从幼儿的兴趣和需要出发的小群体活动，它在指向个体发展的基础上表现出幼儿的性格、兴趣、能力、表达和适应性等各方面的差异。

（评析人：张丹枫，常熟理工学院；杨晓红，江苏省盐城市幼儿园）

14. 用爱走进你孤独的世界

江苏省盐城市大丰区实验幼儿园　张静

案例背景

托班幼儿在幼儿园年龄最小，入园时幼儿从家庭走进幼儿园，他们暂时脱离了依恋的父母、亲人、熟悉的家庭环境和以自我为中心的生活习惯，取而代之的是陌生的幼儿园、教师、幼儿和集体生活。这种巨大的变化使他们有一种被抛弃的恐惧感，心理失去平衡，从而感到焦急、不安、不愉快，产生分离焦虑。嘉嘉是我们托班的幼儿，由于妈妈工作繁忙无法照顾，嘉嘉基本上白天跟着奶奶，过分的溺爱、依恋造成嘉嘉不愿与人交流的独特性格。

案例描述

嘉嘉在班里是一个性格孤僻的幼儿，不管教师怎么引导他要有礼貌地向教师打招呼或者说再见，他总是一副不情愿的样子。他也不愿意与其他幼儿在一起，宁愿一个人坐在椅子上自娱自乐，除了看动画片的时候能够聚精会神以外，其余的时间都不愿从"自己的世界"中走出来。但我发现他的自理能力很强。上学第一天，他就能自己把鞋子脱掉，整齐地放在自己的床边，而大部分的幼儿连鞋子怎么脱都不会，只是坐在自己的床边等着教师来帮忙。

经过观察，我发现嘉嘉很聪明，造成嘉嘉独特性格的原因主要有两个方面：一是因为家庭中过分的保护，二是幼儿本身性格内向、胆小。这些造成幼儿自我保护意识过强和固执、自我中心的个性心理。同时，嘉嘉的孤独恐惧感更为严重，因为他平时被奶奶宠着、保护着，导致嘉嘉极度依赖奶奶。由于奶奶平时专注于照顾他的生活起居，疏于交流引导，所以造成了嘉嘉孤僻的性格。

　　为了改变嘉嘉不愿与人交流的孤僻性格，针对幼儿的心理，我建议采取以下几种做法。

　　一、幼儿园的教育措施

　　幼儿园可以开展快乐的游戏教育活动，帮助幼儿熟悉教师、其他幼儿、班集体和幼儿园。

　　(一)"和教师一起玩"活动

　　活动目标是幼儿愿意和教师一起做游戏，感受和教师在一起活动的乐趣，减少对新环境的陌生感。具体做法是，教师通过表演不同的节目来转移幼儿的情绪，让幼儿愿意和教师一起做游戏，并喜欢幼儿园。教师所表演的节目可以根据自己的情况来选择，如唱歌、做早操、讲故事等。

　　(二)"我的一块小天地"活动

　　活动目标是使幼儿感受到他是幼儿园的小主人，减少不安感。具体做法是，教师亲切地告诉幼儿，幼儿园和家里一样，每个幼儿都有自己的水杯、毛巾和座位。然后，教师发给幼儿自己的照片，让幼儿贴在他们选中的水杯格、毛巾架和桌子旁。最后，教师和幼儿一起欣赏幼儿自己的小天地，提醒幼儿记住自己的标记。

　　(三)"和教师捉迷藏"活动

　　活动目标是消除幼儿对教师的陌生感和戒备心，使幼儿喜欢、亲近教师，体验捉迷藏的乐趣。具体做法是，幼儿在教师的带领下玩捉迷藏的游戏，把桌子、椅子搬到教室外面，教师蒙住眼睛让幼儿不发出声音，教师不摘眼罩开始抓幼儿。

　　(四)"生日快乐"活动

　　活动目标是促使幼儿相互认识，培养幼儿共同游戏、友好相处的情感。具体做法是，请幼儿欣赏电脑一体机上面的生日快乐PPT，教师引导幼儿说一说PPT上面看到的画面，这个月出生的幼儿便扮演寿星吹蜡烛，其他幼儿为他唱"生日快乐"歌。最后，寿星向每个幼儿道谢，幼儿依次说出祝福的话语。

二、家庭教育措施

(一)创设条件，鼓励幼儿多与同伴交往

要敞开家门，改变独处或仅与家人交流的环境，让幼儿走出自我的圈子，走出过度保护的封闭环境，多与同伴一起生活、游戏。在家中，经常有意识地邀请亲朋好友的孩子到家中，提供一些玩具让他们玩，使嘉嘉逐步弥补与同伴交流的欠缺，提高交往的信心和技能。

(二)加强与幼儿的交流

为了锻炼嘉嘉多说话，奶奶每天可以抽出一定时间，与他共同游戏。比如，由嘉嘉扮演老师，奶奶扮演孩子，表演幼儿园生活的片段。另外可以问他一些关于幼儿园生活的问题。例如，"今天在幼儿园吃了什么""今天老师教了什么本领""和哪些孩子在一起玩了""举手回答问题了吗"等。在嘉嘉的生活中，缺少了爸爸妈妈的参与和陪伴，但完全可以用其他的方法来弥补。比如，通过每天电话和视频聊天，父母询问孩子在幼儿园的情况，尽可能地抽出时间轮流或者一起回来陪伴孩子，带孩子去自己生活工作的地方等，让孩子感受到父母虽然不能每天陪伴，但依然非常爱他。

(三)正常情况下坚持天天来园，不无故缺席

让嘉嘉养成良好的入园生活和学习的习惯，慢慢适应集体生活，爱上幼儿园，爱上教师和同伴。

通过近一个月的努力，嘉嘉终于愿意主动地向教师问好、说再见，和同伴一起玩。作为幼儿园教师，我们是幼儿心灵的依靠，在平时的一日生活和活动中，我们一定要给予这些没有安全感的幼儿温暖和帮助，让像嘉嘉这样的幼儿知道教师是爱他们的，并给予正确的引导。幼儿的心灵是纯洁的，有着敏感的自尊心，要教育好幼儿，一定要热爱幼儿、尊重幼儿，在维护幼儿自尊的同时，教师也要随机应变采取适当的教育，让幼儿健康活泼地成长。

🌱 **案 例 评 析**

这是一个关于如何消除托班幼儿入园后的焦虑恐惧心理、帮助个别孤僻不愿交流的幼儿走出孤独和融入集体生活的案例。案例中的嘉嘉是个留守儿童，父母在外地工作，一直和奶奶生活。奶奶心疼孩子，在生活上细

致照顾、过度保护，但不会正确引导和教育孩子，从而导致嘉嘉十分依赖奶奶，加上没有什么和其他人交往的机会，嘉嘉性格胆小孤僻，不愿与人交流，喜欢独处。

在本案例中，教师通过对嘉嘉的观察总结出幼儿的性格，发现了幼儿的与众不同，然后进行了针对性的帮助和锻炼，逐渐改变了嘉嘉不愿与人交流的性格缺点。教师善于观察、勤于反思、乐于总结。教师对嘉嘉的帮助是一个不断实践的过程，具体表现在以下两个方面。

一、细心观察，发现幼儿的问题

嘉嘉性格孤僻，不愿与人交往，别人会觉得嘉嘉是个乖巧听话的孩子。遇到粗心的教师可能也会觉得嘉嘉就是个乖孩子而已，也许会不经意地忽略他。但是本案例中的教师却在观察中敏锐地发现嘉嘉安静外表下的另一面，就是害怕与人交往，甚至不愿与教师、同伴交流，喜欢独处。如果不能帮助幼儿改变这种状况，将会影响幼儿的语言和交往能力的发展。

二、解决问题，在实践中反思改进

当发现嘉嘉存在的问题后，教师通过了解幼儿的家庭教育来分析原因，有针对性地进行引导帮助，通过主动关心、聊天等方法试图改变嘉嘉，但效果甚微。然而教师没有轻易放弃，又在观察中发现嘉嘉的许多优点，便从嘉嘉自理能力强的优点入手，逐步培养嘉嘉的自信心。教师利用各种活动中的语言交流锻炼，指导家长密切配合，有效地帮助了嘉嘉，让幼儿不再胆小，不再害怕与人交流。

针对本案例中嘉嘉的表现，教师可以有针对性地从一日活动的各个环节来创造主动交流的机会，培养嘉嘉的交往能力。例如，教师利用晨间谈话让语言表达能力强的同伴和他聊天，给他创造轻松的交流氛围；教师通过区角游戏的交流指导，发展嘉嘉的合作交流能力等。

（评析人：顾春梅，江苏省盐城市大丰区实验幼儿园）

15. 独生子的异常行为

江苏省灌云县圩丰中心幼儿园　龚云凤

案例背景

1980 年以来，在生育政策的影响下，大部分幼儿几乎都是独生子女。2016 年，国家颁布了开放二胎的政策，许多家长响应国家号召开始孕育二胎。家长在准备怀孕的情况下往往忽略了对长子、长女的关爱，这些幼儿在幼儿园、家中往往会采取一些异常行为来发泄心中的不良情绪。

案例描述

在我们农村幼儿园的一日活动中，幼儿中午都是回家吃午餐，下午来园的时间各不相同，我们会让来早的幼儿趴在桌子上休息一会儿，东东每次都会来早，并且都会趴在桌子上休息。但东东最近不愿趴着，总是抬起头东张西望，一会儿用手拍拍桌子，一会儿和对面的幼儿聊聊天。

我感觉到他最近有了不少变化，和我说话变得勇敢了，活泼了一些，但是也有自己的脾气了。

一、迟到了也没关系

有一天奶奶送他来幼儿园，我看见他绷着脸，就问奶奶："是不是在家有什么事情？"奶奶说："在家准备过来的时候，东东堂姐开玩笑说迟到了，东东就开始紧张，害怕迟到，不想来幼儿园，跟我发脾气呢。"我听了就过去安慰东东，告诉他迟到了也没关系，东东并没有因为我的安慰而露出笑容，直到活动时他才平静地加入我们。

二、常被告状的东东

最近桃子组很热闹，总是有幼儿来告状，平时乖巧的东东常常被同伴提起，"玩游戏时东东讲话""东东不画画，在自己玩""东东不认真听讲"。我看着东东，他看看我就赶紧缩回头，不再打闹玩耍。

三、要动手试试

我发现这学期幼儿的动手能力变强了，于是开始增加折纸的次数，并且逐渐增加折纸的难度。每次我请组长把纸发给同伴的时候，总是听到桃子组传来一个声音："我不会折。"在我讲解每一步的操作步骤时，东东看着我，不和同伴一起动手试试，我问他怎么不动手，他告诉我不会折。我告诉他不会折才要学、才要动手试试。

四、和奶奶一起住

听东东的奶奶说，东东在家很安静、很听话，一直跟着奶奶住。妈妈怀孕后，东东就要跟着妈妈住，由于睡觉不老实常常踢到妈妈的肚子，在医生的建议下，东东又跟着奶奶一起住。跟着奶奶一起住后，东东一直问奶奶："小妹妹生下来以后，能不能让我跟妈妈一起睡?"奶奶问他妹妹怎么办，他就不出声了。后来我就问他："你想让妹妹跟谁一起睡呢?"他悄悄地告诉我："我让妹妹跟奶奶睡，我跟妈妈睡。"

我听了后，微笑着摸摸他的头，让他去和其他幼儿一起玩耍。

思考与建议

东东这样的幼儿不是少数，他们乖巧听话、十分懂事，但是在妈妈孕育二胎的时候，他感觉到妈妈对他的关心减少了。由于妈妈怀孕期间对他的关怀不如从前，他心中就有了危机意识，要求跟妈妈一起住，借机获得更多的母爱。然而由于自身原因，他被要求与妈妈分开住，他心中的担忧没有得到舒缓，于是他开始有了一些异常的行为，这些行为如果长此以往地强化下去，将会影响东东的身心发展。为此，我采取了以下措施。

第一，在情感上帮助他认识到妈妈依旧像从前一样爱他。我找来一些成长故事"猜猜我有多爱你""我会有个弟弟吗""换弟弟"与东东一起看，并且解读其中的内容，让他意识到妈妈没有因为即将到来的妹妹而减少对他的爱，只是改变了爱他的方式。而且，妹妹出生后，爱他的人又多了一个。

第二，在行为习惯上纠正他，并且及时鼓励他。东东用自己的方式表达了心中的不满，在家中东东被认为长大了，变得调皮了，家人没有意识到他心里的那份焦虑，所以没能了解他在家的反常行为。在幼儿园里，我抓住一日生活中的每个教育契机，帮助他养成良好的行为习惯。在区域游戏折纸中，我让他主动尝试折纸，出现问题时及时指导他，进步时夸奖他，并且在同伴面前表扬他的进步。

第三，采用游戏疗法帮助他克服心中的焦虑。在进行娃娃家的游戏时，我让他扮演不同的角色，感受每个角色的身心感受，让他尝试着换位思考，逐步成长。游戏结束后，我也会问妈妈要做哪些事情，爸爸要做哪些事情，你想让他们做什么。通过对问题的思考，东东开始对爸爸妈妈有了新的认识。

第四，增加生活技能的训练，减少对家人的依赖，培养独立生活的自信心。东东一直是独生子，家里是三代同住，家里对他的过度爱护没能养成他独立的生活习惯。东东若是能够学会自己穿衣穿鞋，就能减少对妈妈的依赖，也能给自己找点事情做，没有时间去想一些不可能发生的事情。

第五，家园合作，促进幼儿的健康成长。幼儿的社会性培养需要家、园、社会保持一致、密切配合。作为教师，我发现了东东出现的问题，并及时与东东的家人进行了沟通，告诉他们东东最近在幼儿园的变化。家长应该和东东进行情感上的沟通，帮助他形成正确的认识，而且在家也要锻炼他的生活技能，妹妹出生后大家分配给东东的时间、关心肯定会变少，一定要帮助东东学会适应，不能影响东东的身心健康发展。

在我和家长坚持不懈的努力下，东东逐渐往好的方向发展，心中的不满情绪慢慢地消失了。

案例评析

一个幼儿的行为、情感发生了变化，最先发现的一定是家长、教师，然而整个家庭都沉浸在迎接新生命的喜悦中，独生子女的一些变化也被忽略了，这时候教师观察到了幼儿心中的焦虑。

教师发现幼儿的异常，并没有贸然地采取措施，而是对幼儿的家庭进行了解，并且与家长交流、沟通，帮助他们意识到幼儿的转变，并且指导家长采用正确的方式帮助幼儿成长。

幼儿的情感变化不是一蹴而就的，教师在幼儿园也没有急着纠正他的情感认知。教师考虑到幼儿的实际情况，将一些绘本带到幼儿面前，让他意识到家里多了一个人，自己也就多了一份爱，家人并没有因为妹妹的到来而忽视自己，而是自己长大了，家里人改变了爱的方式。教师观察细腻，注意幼儿的情感波动，循序渐进地引导幼儿形成正确的情感认知，通过阅读和游戏，消退幼儿心中的焦虑；利用简单生活技能的学习，提升幼儿的自信心，减少幼儿对家人的依赖。

教师能够客观对待幼儿出现的行为变化，详细地分析原因，积极与家长进行探讨，找出最合理的家庭教养方式，密切地进行家园合作，为幼儿的成长无私奉献。

（评析人：张培彦，江苏省灌云县中学生社会实践基地）

第二部分　语言领域篇

导　述

在《3—6岁儿童学习与发展指南》的引领下，我们走进幼儿的语言领域，深刻解读语言学习对于幼儿全面发展的作用和意义。有关幼儿语言的学习与发展，《3—6岁儿童学习与发展指南》提出如下几个方面。

第一，语言是交流和思维的工具。语言不仅是幼儿学习与发展的一个重要的子领域，更是所有领域学习与发展的不可缺少的工具。

第二，幼儿语言能力的获得需要交流和运用。为此，我们需要重视的目标是让幼儿想说、敢说、喜欢说并能得到积极回应。这既是对幼儿语言能力学习与发展的要求，也是对教师为幼儿所提供的教育和支持的要求。

第三，幼儿的语言学习需要经验的支持。经验应是幼儿所有学习的一个支持，但是对于语言领域的积累、学习、运用来讲，经验的重要性显然更为突出。正是在丰富的社会生活经验积累的基础上，幼儿的语音、语义、词汇、句子、表达、阅读、交流等与语言发展相关联的技能有了发展的基础。

在一个教学活动中，幼儿不会倾听或者不在倾听的时刻，也是教师需要深刻反思的时刻。教师应从两个角度寻找原因：一是反思幼儿为什么没有获得认真听的习惯和能力；二是反思自己的活动设计是否与幼儿的兴趣及经验脱节。无论从哪一方面进行反思，我们的感受显然是，倾听与幼儿的学习品质有着重要的关联，倾听与学习活动的效果有着直接的关系。从这个角度来分析，幼儿"听"与"说"的能力和习惯的培养，显然是非常重要的。认真听并且会听、愿意讲并且能讲清楚，会用文明的方式进行语言交流是幼儿期语言学习的一项重要内容，也是需要教师在一日生活的每一个环节而非仅仅在语言活动中进行关注和指导的。

从本书语言领域的案例中，读者可以感受到教师已经非常关注幼儿阅读能力的培养，并且注重通过系统的观察、及时调整指导策略、不断更新资源等手段支持幼儿阅读兴趣的建立、阅读能力的形成以及通过阅读获得全面的发展。我们在强调"去小学化"，但是这并不意味着我们要将文字和符号的阅读及书写全面关闭在幼儿园的大门外。在禁止使用机械记忆和强化训练的方式让幼儿过早识字的同时，为幼儿提供大量丰富优美的多类型文学作品来陶冶情操，支持幼儿用图画和符号进行书写前的准备和练习，鼓励幼儿学会书写自己的名字等，都是语言领域非常好的内容。

愿本书语言领域的案例，能够给读者一些思考和启发。

1. 用心聆听孩子的世界

江苏省句容市郭庄镇中心幼儿园　胡星星

案例背景

　　小班下学期，幼儿渴望自主阅读绘本，但是小班幼儿不认识字，他们良好的阅读习惯还未形成。在自主阅读过程中，小班幼儿往往会边大声说话边阅读，甚至将绘本拿倒了阅读，或者将书籍当作玩闹的道具使用，这不仅影响了良好的阅读氛围，同时也让幼儿形成了不良的阅读习惯。久而久之，幼儿便慢慢失去阅读的兴趣，这不利于其良好阅读习惯的养成和经验的积累。因此，我希望通过本案例的分析，进一步改善幼儿的阅读习惯。

案例描述

　　上午 10 点 5 分，是幼儿区域游戏的时间。幼儿自由选择好区角，便开始兴致勃勃地玩起各自的游戏。

　　我如同往常一样，在教室里巡视着幼儿游戏。突然，一声刺耳的尖叫声冲破了原本还算有点吵的游戏氛围。我下意识地来回寻找叫声的发源处，一边说："怎么啦？谁喊的？"只见在图书角看书的瑞瑞，急匆匆地向我走来，一脸惊恐，用自己的小手拉起我的大手，让我去图书角。我发现原来瑞瑞在看绘本《我的尾巴》。所以，瑞瑞就是刚才尖叫声的制造者。

　　绘本的第一页上有一只小猫，它伸着长长的尾巴蹲在窗台上。瑞瑞一边用手指着小猫，一边说："老师！你快看！这里有一只猫！"我笑了笑，看着瑞瑞一脸惊恐的样子，不想让他失望，我立马故作惊恐地说："真的是一只猫！"我接着继续去巡视其他的幼儿。

　　过了一会儿，瑞瑞又跑过来拉着我去图书角，指着刚才的绘本说："老师，你快来看！这里有一条蛇！"我过去一看，地毯下面果然藏着一条红白相间的蛇。我说："好长的蛇！"瑞瑞好奇地指着蛇问我："老师，它有毒吗？"我故意逗瑞瑞说："我不知道！你猜它有没有毒呢？"瑞瑞坚定地说："有毒！"我问："为什么？"瑞瑞指着旁边的一个小男孩说："因为这个蛇要吃他的尾巴！"

这一次，我没有走，坐下来继续看着瑞瑞往下读。翻到第三页，瑞瑞又用力摇晃我的手。"救命！老师，有一条大尾巴！"瑞瑞说着用双手挡住自己的眼睛。我把书又往后翻了一页，说："瑞瑞，你看，这是一条小尾巴！"瑞瑞鼓起勇气，接着往下看："这个是猫的尾巴，这里有一条大尾巴！"我问："你怎么知道这是一条大尾巴呢?"瑞瑞说："因为它会长大，就变成大尾巴！"旁边的小伙伴被瑞瑞吸引过来，三人一起津津有味地读起书来。看完后，我问瑞瑞："你知道这条尾巴是谁的吗?"瑞瑞说："这个是猫的尾巴，一只猫在跟踪他。"我并没有纠正瑞瑞的回答……

《我的尾巴》这本书实际上告诉幼儿，每个人都有自己的烦心事，尾巴就是我们的烦恼，把烦恼抛掉，尾巴就不见了。但瑞瑞根本不认识字，在没有成人的帮助下，他凭着自己的能力看完了整本书。他知道这本书说的是尾巴的故事，学到了尾巴有大小，尾巴还会越长越大，猫也有尾巴等，他认为是小猫在捉弄小男孩，这是瑞瑞自己的理解，此时的阅读世界只属于瑞瑞一个人。

思 考 与 建 议

一、理解幼儿的阅读世界

瑞瑞处于小班下学期的年龄阶段，平时就比较喜欢用尖叫声和夸张的表情、动作来表达自己的各种情绪。但瑞瑞并不认识字，小班上学期时，他对读书并不感兴趣。教师平时会有意识地将图书角的某些绘本故事讲给幼儿听，这逐步吸引了一部分幼儿开始尝试自己看绘本，瑞瑞就是其中之一。

瑞瑞会主动到图书角选择绘本尝试阅读，但他只能依靠看图片来理解故事内容，并且喜欢边看书边大声说话，同时会让教师或者其他幼儿过来，把自己所看到的内容分享给别人。虽然瑞瑞爱看书是一个良好阅读习惯的雏形，但是他只顾表达自己的情绪，而忽视了阅读时应该尽量保持安静这一规则。这对同在图书角里看书的其他幼儿来说，无疑造成了一定的干扰。

由于瑞瑞还处于小班年龄阶段，他的自控能力较弱。瑞瑞可能平时在家里看书时，父母喜欢与其边看书边交流，以至于瑞瑞产生了喜欢边看书边将书里的内容说出来这一习惯。

以前我与许多人的想法类似，认为幼儿不太可能会阅读，尤其是小班的幼儿。现在看来，我之前的想法是需要改变的。瑞瑞虽然无法安静阅读，喜欢让教师、同伴分享自己的阅读收获，但是他可以独立将书完整看完，并用他自己的方式表达出对于这本书的理解，这对于小班幼儿来说，实属不易。

总之，永远不要用成人的眼光来衡量幼儿的行为，幼儿的阅读世界只属于他们自己，他们的想法永远是独一无二的。作为教师的我们，要学会真正用心聆听幼儿的世界，才会发现原来每个幼儿都是天使，他们都有属于自己的学习方式。

二、培养幼儿的阅读习惯

小班幼儿缺乏最基本的阅读技能，如分清楚书的正反、前后和正确的翻书方法，这些都需要教师及时地教会幼儿。

教师应注重培养幼儿良好的阅读习惯。例如，幼儿阅读时需要安静，尽量用眼睛看，不读出声音，或者较小声地阅读；学会爱惜书本，保持书本干净整洁等。

小班幼儿阅读主要不是让幼儿看懂书的内容，而是培养幼儿爱看书和良好的阅读习惯。因此，家长和教师都不必过于注重幼儿在书的内容理解上的正确与否，而应该将眼光放长远，以培养幼儿良好的阅读习惯为目标，从而为幼儿更好地学习新知识打下良好的基础。

案例评析

《3—6岁儿童学习与发展指南》的语言领域指出，小班幼儿喜欢听故事，看图书，主动要求成人讲故事，读图书，爱护图书，不乱撕、乱扔。瑞瑞正处于小班年龄阶段，他能主动到图书角看绘本，并能一页一页地从前往后翻书，说明他已经达到了小班幼儿的阅读水平。瑞瑞基本能坚持将绘本完整地阅读结束，这说明瑞瑞的自控能力有了很大的提升，他对阅读充满了浓厚的兴趣。由于瑞瑞不认识字，缺乏一定的阅读技能，他无法更加准确地领悟绘本所表达的真正含义。但是瑞瑞利用自己已掌握的阅读技能，通过图片来理解故事内容，大致了解了故事的情节与人物关系。教师在图书角没有布置一些"请安静阅读"的标志，所以瑞瑞无法进一步养成安静阅读的习惯。另外，在图书角环境的布置上，教师应该设置更加生动有趣的环境，

增添一些可供幼儿自主操作的人物道具、头饰等，进一步吸引幼儿参与阅读。然而，教师和家长在幼儿阅读过程中的引导也缺乏一定的科学性，部分教师和家长忽视幼儿在阅读过程中所掌握的技能，不利于幼儿长期阅读习惯的养成。保证幼儿关于绘本内容原始的理解，聆听幼儿内心的真正想法，尊重幼儿眼中的阅读世界，这是幼儿教师应该具有的欣赏姿态。

（评析人：孟明艳，盐城师范学院）

2. 阅读区发生的那些事

江苏省常州市新北区银河幼儿园　李伟林

江苏省常州市新北区银河幼儿园　李伟林

案例背景

　　阅读区是班级区域必不可少的，以往我们最多的做法就是在区域中投放一些书籍，准备一些装饰，让幼儿在此自由地看书，但是这样的阅读效果以及幼儿在阅读区的真正收获，教师一无所知。我园是图画书阅读特色幼儿园，对于阅读的方法和阅读对幼儿成长的作用有一定的研究，本案例以幼儿园阅读月为背景，重点关注本班幼儿在阅读区的一些游戏情况，教师通过连续的观察记录和对比分析，了解本班幼儿在阅读区的兴趣和需要，进而相应调整区域设置，让幼儿在区域中得到更好的发展。

案例描述

　　教师通过多天的观察，对幼儿晨间阅读区的活动情况进行了记录，部分内容如下。

　　骏骏在看墙上的恐龙海报，边看边说"脖子好长""背上有刺"。他的声音吸引了阿垒，两个人很快开始寻找不同恐龙的特征。后来，骏骏画了一个关于小恐龙和大恐龙的故事。但是画面很单一，没有背景，故事的内容不能很好地体现。

　　包包在美工区画了一幅画，编了一个故事：从前有个小孩叫小包包，他和妈妈生活在一起。有个可怕的日子出现了，来了一群强盗，他们要抢走所有的东西，小包包和妈妈通过安全通道逃了出来。从此以后，他和妈妈过上了幸福的生活。

　　贝贝去美工区画画，但是画面的信息量大，很难捕捉到关键信息。教师对贝贝的画进行了分析，并引导幼儿用连环画的方式表达自己的想法。

　　多多在阅读区画画。画面呈现的内容是，一个人进了山洞，被蜘蛛网困住，最后自救的故事。他在分享交流的基础上添加了场景。

　　教师通过观察发现，幼儿更多地关注与已有经验相关的恐龙类书籍，但是在教师的引导下，也会尝试看一些新的书籍，玩一些新的游戏。从《数字的挑战》投放开始，连续 3 天都有幼儿阅读了该书，并有所交流；也会有幼儿愿意阅读连环画的册子，并能运用分享交流得到的经验。

思考与建议

本案例反映了教师通过观察幼儿每天进阅读区看书的情况，了解了幼儿的兴趣，并发现了依托绘本发展的资源：幼儿感兴趣的绘本是恐龙类；幼儿有自主创编故事的想法。结合指南的语言领域提出的"愿意用图画和符号表达自己的愿望和想法"以及社会领域提出的"能用图画或其他符号进行记录"等目标，教师和幼儿在阅读区内产生了如下的互动，见表 2-1。

表 2-1　阅读区内的互动

	绘本类	线描画	连环画	记录表
教师主导		教师投放材料		没有和幼儿商量，自主投放现成的记录表
幼儿主动			美工区幼儿自主创作	
教师引导	投放《数字的挑战》	引导幼儿创造性表达	引发幼儿继续创作的兴趣；引导幼儿用连环画的形式创作；引导幼儿进一步丰富自己的画面	引导幼儿寻找画面中数字图片对应的秘密
教师跟随	投放关于恐龙的图书		观察幼儿继续尝试创作	观察幼儿讨论自己找到的东西

在整个过程中，幼儿随意翻阅绘本、观察绘本内容、尝试用自己的想法表现绘本，这些都是幼儿与绘本之间的互动，同时也引发了我的思考。在阅读的过程中，除了让幼儿养成良好的阅读习惯和规则以外，还要发展幼儿的观察能力、表现与表达能力、自主能力等，但这不应是教师主导下的活动，我们要在观察的基础上，给予幼儿适宜适时的支持。为此总结如下几个方面。

一、跟随幼儿的兴趣与引发幼儿的兴趣相结合

绘本的投放应该是基于幼儿兴趣的，但是教师也可以帮助幼儿意识到某一本或某类绘本的价值，从而激发幼儿游戏的兴趣。比如，在一节数学活动课后，幼儿产生了阅读《数字的挑战》的兴趣。

二、尊重幼儿的游戏特点和表达方式

每个幼儿都有自己的阅读习惯和记录方式，教师应尊重幼儿的表达形式，尤其是尊重个体差异，不以主观判断为幼儿做决定。比如，在投放记录表时，除了关注幼儿的兴趣点以外，教师还应该和幼儿商量记录表的呈现方式。

三、绘本资源的开发与利用要基于幼儿的兴趣

课程资源的选择要建立在幼儿对绘本感兴趣的基础上，这样才能更好地引发幼儿的共鸣，达到一个较好的效果。

培养幼儿的语言表达能力可以依托幼儿感兴趣的绘本，借助绘本与他们进行交流。比如，今天你有什么新的发现？你是怎么发现的？以此激发幼儿的表达欲望，同时也提高幼儿的观察能力等。

总之，对于绘本资源的开发与利用，教师要有一个价值判断，做到心中有数。但最重要的是建立在观察幼儿的基础上，不仅要关注幼儿的兴趣，也要合理评估幼儿的能力。

案例评析

本案例中的教师具有较好的观察和记录的能力。通过幼儿在阅读区的表现，我们能够体会到教师对幼儿阅读水平和阅读能力的细致观察，其中更有很多关于幼儿的生动故事，这些故事和作品展现给我们的是一幅幅生动的幼儿活动画卷。教师愿意把时间用在对幼儿的兴趣和行为进行细致观察上，体现了其对本职工作的重视与热爱。

本案例还反映了教师对于幼儿发展的持续关注。教师将前一天观察到的信息及时整理，并与第二天的工作相结合，有目的、有意识地组织自己的教育行为，帮助幼儿建构自己的阅读经验。同时，教师尊重幼儿的兴趣和能力，能够及时提供相应的材料，让幼儿时刻保持对阅读的兴趣。

在案例的持续时间上，教师将连续观察记录作为案例的写作手法，真实连续地再现幼儿的游戏现状和兴趣的变化轨迹，帮助幼儿梳理经验，为幼儿的发展提供了有效的依据。同时，教师通过连续的观察可以发现这一阶段幼儿的成长动态和轨迹，帮助其准确把握幼儿成长的脉络。

然而，作为新教师，其在思考深度和指导策略上还有一定提升的空间。例如，在案例分析中我们不仅要看到指南的目标，还应该看到幼儿在实际环境中的目标，并对幼儿在活动过程中呈现的状态和发展能力进行分析，这样的分析会更有针对性，更能帮助教师为幼儿提供相应的教育策略。

（评析人：徐志国，江苏省常州市新北区银河幼儿园）

3. 思维导图在晨间谈话活动中的有效运用

江苏省苏州市工业园区幼师童梦幼儿园　宋函书

案例背景

结合《3—6岁儿童学习与发展指南》关于语言领域的教育建议，教师应为幼儿创设自由、宽松的语言交往环境，为幼儿创造说话的机会，扩大幼儿的生活经验，丰富语言的内容并让幼儿体验语言交往的乐趣。因此，晨间谈话作为语言领域教育的重要组成部分，在一日活动中也有其存在的特殊意义。晨谈活动这样一个宽松、自主的教育环节，在促进幼儿的口语表达能力和语言交往能力发展的同时，还能够丰富幼儿的各类经验，更好地促进教学。如何成功地组织晨谈活动，也成为教师一日活动组织中的必修课。

案例描述

幼儿园中二班的教师正在组织幼儿晨间谈话。快到母亲节了，按照周计划和活动主题的预设，教师组织幼儿聊一聊母亲节的话题："孩子们，老师今天想和大家聊一个节日，有谁知道母亲节吗？"

谈话伊始，教师便将问题抛给了幼儿。说完这个问题，教师在白板的中央画了一个大圆圈，在圆圈里分别用中英文标注了"母亲节"，并配注了一个妈妈的形象。

听到教师的问题，几个知识丰富的幼儿很快举起了手。

"我知道，母亲节就是妈妈的节日，是5月的第1个星期天，要给妈妈送礼物！"一个幼儿迫不及待地回答道。幼儿说完，教师在中间的大圆边上画出一个箭头和一个小圆圈，并在小圆里备注：时间，5月的第1个星期天，并辅以小时钟的图标表示时间。

教师说："我们可以给妈妈送礼物，换种方式说，我们可以为妈妈做些让她开心的事情，那么我们就用一个箭头加一个圆圈来表示做什么。"

说完，教师又在中央的大圆上接了一个箭头，加了一个小圆圈，写上"我可以为妈妈做什么"，并附上一个问号图标。

教师接着说："你们可以先讨论，等会儿我请大家来回答。"

这样，原本只有少数幼儿知道的时间问题就转化为可以为妈妈做什么，幼儿热烈地讨论起来。

讨论声逐渐平息，幼儿似乎都想好了要说什么，热切地等待着教师的提问。

"某某，你想为妈妈做一件什么事情？"

"我想为妈妈亲手做一张贺卡当作礼物。"

"我在陶艺兴趣班学做陶瓷杯，我要做一个杯子送给妈妈。"

"我想……"

听完幼儿的回答，教师在小圆圈上又画出一个箭头和更小的圆圈，并标注了"送礼物"三个字和礼物的卡通图标。

紧接着又有幼儿回答："我想陪妈妈一起去公园做游戏。"

"我想给妈妈唱首歌，就是'世上只有妈妈好'！"

"我想对妈妈说我爱妈妈！"

教师继续在小圆圈旁边并列了几个圆圈，分别在里面写上"做游戏"的图标、"唱歌"的音乐符号，以及"Say love"的吻的图标。

幼儿陆续说完后，教师又带着幼儿看图标回顾了一遍，并针对不同的方法，让幼儿举手统计了人数，备注在相应图标旁，结果是选择制作贺卡当作礼物的幼儿占据了一半以上的人数。

于是，教师给幼儿回复道："看来，大多数的小朋友都想做一张贺卡给妈妈当作母亲节的礼物，那今天老师就教小朋友来做一张漂亮的贺卡带回家送给妈妈。"

幼儿都开心地拍手回应教师，又兴奋地讨论起贺卡的图案和款式。教师有条不紊地结束了晨谈，又为接下来的美工集体活动做好了铺垫。

在教育教学工作中，我逐渐认识到晨间谈话活动在语言领域各项目标达成上的重要作用，进而开始思考如何成功组织晨间谈话。而此前，我在组织晨谈时，常常是教师占据主导地位，严格按照预设的内容展开，这使得谈话活动生闷呆板，幼儿的谈话积极性不高。发现问题后，我积极反思，从"思维导图"上找到了良好的解决方法，并不断挖掘其在谈话活动中的作用，使之更好地辅助我的晨谈活动组织。

思 考 与 建 议

一、思维导图在晨谈活动中的运用原理

思维导图，又称为心智图，是一种表达发散性思维的图形思维工具，它操作简单却对梳理思路十分有效。思维导图运用图文并茂的技巧，把各级主题的关系用相互隶属与相关的层级图表现出来，把主题关键词与图像、颜色等建立记忆链接，协助人们在科学与艺术、逻辑与想象之间平衡发展，从而开启人类大脑的无限潜能。思维导图包含许多种类，而经过实践，在幼儿园阶段最适合幼儿运用的要数最简单的"气泡图"（Bubble Map）。

气泡图可以帮助幼儿学习知识、描述事物和阐述事件等。图 2-1 中的圆圈，一般是一个名词，如苹果、北京、火星、春节等，可以是任何一种事物。而扩散出去的那些小圆圈，就是对中间这个事物的分析和阐述。比如，苹果具有哪些特征，春节有哪些习俗等。而我们的晨谈活动，由此与气泡图产生了共通之处，即以一个事物或事件展开谈话和讨论。运用气泡图来引导幼儿的谈话走向，可以帮助幼儿扩展认知、学会表达，并帮助教师以潜在的引导语有条不紊地组织活动。

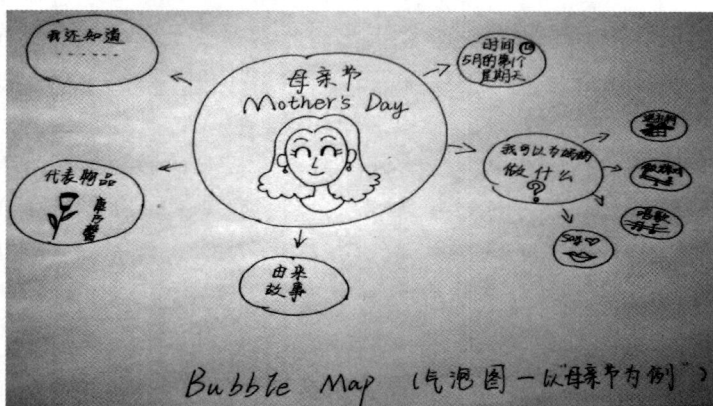

图 2-1 "母亲节"话题思维导图——气泡图

二、思维导图在晨谈活动组织中的优势因素

有些教师会出现在谈话活动中"谈不下去"的尴尬，因为谈话内容比较枯燥，反复讨论，不能适时地衔接到下一个环节，而气泡图就可以解决这样的困扰。围绕关键词展开谈话后，教师和幼儿都会不断迸发出与关键词相关的内容，如案例中提到的母亲节，教师自然地引发出可以为妈妈做什么，这不仅紧扣关键词，还可以隐性引导幼儿的谈话走向。

《3—6 岁儿童学习与发展指南》关于语言领域的教育建议提出，扩大幼儿生活的经验，丰富语言的内容。而思维导图则提供了一种图文并茂、可视性极强的分析方法，可以使幼儿在谈话活动中做到眼、脑、口并用，观察到相应事物的形象，还能够围绕关键词展开描述，且多为叙述性、形容性的描述，这些都提高了幼儿的口语表达能力，促进了幼儿生活经验的积累。

无论教师的谈话内容是什么，思维导图的模式均可适用，而且可以由易到难，不断递进。例如，教师可以由名词的描述扩展到事件的描述，由一个关键词的单气泡图扩展到两个关键词进行对照的双气泡图。教师的引导可以不断给幼儿带来新的话题，使谈话活动不仅能促进幼儿语言能力的提升，而且给幼儿带来一次思维的头脑风暴。

案例评析

　　晨间谈话对于一日活动的正常有效进行有着重要作用。早上幼儿的精力一般较为充沛，注意力比较集中，受到外界的干扰较少，心情愉快，这个时候教师对幼儿进行教育可以收到良好的效果。教师根据阶段性教育内容和目标设计的"母亲节"话题，由于与幼儿的生活经验相似，引起了幼儿的极大兴趣，创造了幼儿表达意见、自主发言的机会，这对于发展幼儿的口语表达和语言交往的能力有着积极的作用。另外，教师采取师幼、幼幼之间讨论辨析式的谈话方式，也达到了共享、提高的教育效果。但晨间活动的话题不应仅仅局限在预设性话题，教师也要随机抓住生活中富有教育价值的偶发事件，形成生成性主题，如班里出现的不良言行、游戏活动中幼儿之间的冲突、值得表扬的好人好事等，都可以作为晨间谈话的主题，从而丰富晨间谈话的内容。在谈话形式上，教师可以通过讲故事、情境感悟、自我体验、游戏等形式，让晨间谈话的形式更加丰富。

　　难能可贵的是，本案例中的教师采用了思维导图的形式，用文字将大脑中的想法展现出来，并把一些枯燥的信息变成有条理的、容易记忆的、有高度组织性的图片，这种思维的转型便于教师将各种想法和灵感记录下来，层次分明，逻辑清晰，是幼儿教师未来必备的能力之一。但思维导图中"关键词"的气泡图与向四周扩散的分支"气泡"之间的逻辑关系，以及话题开展与幼儿先备知识的关系，这些都需要教师细心观察、了解本班幼儿的特点，如此晨间谈话才能发挥真正的教育价值。

（评析人：李飞，徐州幼儿师范高等专科学校）

4. 携子之手 与书有约

江苏省如皋市东皋幼儿园 陈学琴

案例背景

阅读是开启幼儿智慧的窗，是打开幼儿心灵的门，是一个人精神成长的重要渠道。早期阅读对于幼儿发展的重要性不言而喻，然而在数字媒体高度发展的今天，那些飘着墨香味的书籍似乎远离了我们的生活，关注阅读、关注幼儿的早期阅读显得尤为重要。

为了在幼儿园和每个家庭中推进幼儿阅读活动，并使幼儿活动持之以恒地深入开展，我园以"三八"妇女节为契机，举办"与书有约"读书月活动。希望此活动能够提高家长对幼儿早期阅读重要性的认识，进而改善家庭的阅读环境，形成浓郁的阅读氛围，为幼儿创设一种畅游书海、享受阅读快乐的环境，让幼儿真正在"悦读"中健康快乐地成长。

案例描述

一、整体构想阶段

阳春三月，草长莺飞，正是万物复苏的好时节；阳光明媚，雀跃欢歌，正是点燃幼儿心灵之火的好时候。在这暖暖的国际妇女节来临之际，我园举行"书香润家园·阅读伴成长"读书月活动。活动之前，整个幼儿园按不同的年级组开展了本次活动：小班年级组——走进童话世界，共享梦幻王国；中班年级组——经典童话再现，同台童真同快乐；大班年级组——书香润家园，阅读伴成长。具体活动安排如下图。

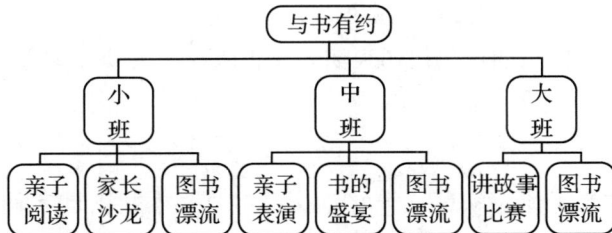

```
                    与书有约
        ┌─────────────┼─────────────┐
       小班           中班           大班
   ┌────┼────┐    ┌────┼────┐    ┌────┼────┐
 亲子  家长  图书  亲子  书的  图书  讲故事 图书
 阅读  沙龙  漂流  表演  盛宴  漂流  比赛  漂流
```

图 2-2 与书有约

二、精心筹备阶段

在主题月活动的背景下,小班年级组打破以往的形式,先向家长征集关于读书困惑的意见,然后以沙龙的形式,有的放矢地进行开展。在活动之前我们进行了如下的准备。

①倡议书。教师召开家委会,召开家长会,宣传读书月活动方案以及"亲子阅读倡议书",向家长推荐适合本年龄阶段幼儿阅读的书目,让全体家长关注并能参与活动。

②好书我推荐。在读书活动中,教师与家长联手推荐各种有益于幼儿成长的图书,并选取部分家长推荐的图书,利用他们的读书感言、读书逸事制作成宣传板,布置主题环境。

③困惑我来提。教师利用班级网站宣传读书活动内容。各班级利用家校通、班级 QQ 群等方式和家长积极沟通,共同推进活动的开展,并对存在的困惑共同探讨,教师进行收集、整理工作。

④经验共分享。家长在读书活动中有一些好的做法,采取自愿报名的方式,在活动中进行分享。

⑤模拟沙龙。教师对整个活动进行细化的设计,并对相关的理论知识进行更深的挖掘。

⑥活动开展时的环境打造、背景音乐,沙龙讨论时的纸笔等。

⑦幼儿会唱"好妈妈",知道妈妈的辛苦。

⑧幼儿每人准备一本好书,首页贴上图书漂流表格,用于图书漂流。

三、真情相约阶段

以下为贝贝班家长沙龙活动实录节选。

(一)幼儿歌唱表演、家长故事表演

主持人:"家长朋友们,大家上午好!我代表幼儿园全体教师祝妈妈们妇女节快乐!今天是你们的节日,也是我们的节日,让我们一起在轻松的氛围中享受节日吧!"

①幼儿唱歌、献花,进行爱的甜甜话活动。

②家长代表进行亲子阅读经验分享。

主持人:"欣赏了四位妈妈的表演,相信大家一定有很多想法。接下来我就提供机会,让大家说一说、聊一聊。"

(二)主题沙龙

主持人:"为了让大家过一个有意义的节日,本次活动我们围绕'与书有约'亲子共读的话题展开。根据前期大家在 QQ 上的交流,我们进行了简单的梳理，主要有以下一些问题：为什么读——阅读对幼儿有什么好处；读什么——有哪些读物适合幼儿读；怎样读——有哪些方式指导幼儿读书。你们可以就其中的一个或几个话题进行小组讨论，并记录下来。"

1. 为什么读——阅读对幼儿有什么好处

（1）家长观点记录

①增进亲子感情，让幼儿心情平静。

②培养幼儿良好的阅读兴趣和思维习惯。

③培养幼儿的耐心和良好的生活习惯。

④培养幼儿善良、信任、诚实的道德品质。

主持人："我们的家长真的是智慧型的，对读书还是有一定的认识。3～4 岁是幼儿语言发展的关键期，抓住良机，会有事半功倍的效果。郭沫若两三岁时，母亲教给他读唐诗。他曾说，我之所以倾向于诗歌和文艺，首先给我以决定性影响的就是我的母亲。著名教育家苏霍姆林斯基曾说，所有那些有教养、好求知、品行端正、值得信赖的年轻人，他们大多出自对书籍有热诚爱心的家庭。所以，请和孩子一起读书吧！"

2. 读什么——有哪些读物适合幼儿读

（1）沙龙现场

家长 1："我认为应该选择一些贴近孩子生活经验的，这样孩子可能会比较有兴趣。"

家长 2："我觉得应该多看一些中国传统的故事，少一些国外童话，王子、公主离孩子很远。"

家长 3："我不同意你的观点，外国童话情节丰富，可以发展孩子的想象力。"

......

（2）家长观点记录

①图文并茂的、拟人化的、配有可爱小动物的读物。

②情节简单、颜色丰富多彩的读物。

③中国式童话和儒家经典促进好习惯的培养，注重榜样的示范作用。

④贴近生活、教育性强。

主持人："选择什么样的图书，仁者见仁，智者见智。这不仅要根据孩子的年龄特点，还要根据每个孩子的兴趣爱好、生活经验和性别。比如，小男孩一般喜欢科技类、综合类，小女孩喜欢童话类、手工类等，家长可以和孩子一起选择他们所喜欢的。选择的图书要是正版的；尽量选择一些大图少字的，如绘本；同时涉及的内容要广，如科普类、文学类、益智类等。"

3．怎样读——有哪些方式指导幼儿读书

（1）沙龙现场

家长1："我们普通话不标准，就用DVD播放。"

家长2："我不同意，这样就缺少和孩子交流、对话的机会，和看动画片没什么区别。"

家长3："和孩子一起读，读过之后，再让他当老师讲给我们听。"

家长4："言传身教，除了陪孩子外，我们自己也读，给孩子营造一个读书的氛围。"

……

（2）家长观点记录

①多与幼儿进行交流互动、心与心的沟通，确保充足的阅读时间。

②读故事时富有感情，还可以用录音机的方式激发幼儿兴趣。

③在互动过程中，让幼儿思考解决问题的方法。

④扮演故事中的角色。

主持人："首先，我和大家分享早期阅读的一个目标，大家来思考孩子的读书需要怎样的一个价值评价。"

3～4岁早期阅读的目标为：①主动要求成人讲故事、读图书。②喜欢跟读韵律感强的儿歌、童谣。③爱护图书，不乱撕、乱扔。④能听懂短小的儿歌或故事。⑤会看画面，能根据画面说出图中有什么、发生了什么事等。⑥能理解图书上的文字是和画面对应的，是用来表达画面意义的。⑦喜欢用涂涂画画表达一定的意思。

主持人："我们对阅读教学的技巧也进行了探讨，有一些经验分享给大家，供大家参考。"阅读教学的技巧如下。

①巧妙引入。切入点是封面插图、作品的名字、幼儿熟悉的话题等，如幼儿熟悉的红袋鼠，今天红袋鼠又发生了什么事情，激发兴趣，导入故事。

②自主阅读。一些画面感很强的故事，可以让幼儿先自己看一看，让幼儿说一说看到了什么，可能发生了什么事。（举例："谁偷吃了我的粥"）

③分段欣赏。欲擒故纵——在悬念处停住，让幼儿猜测接下来会发生什么事，激发幼儿继续阅读的欲望。比如，在故事"小红帽"中，小红帽被大灰狼吃掉前会停下来，让幼儿想一想：会有谁来救她呢，怎样救；在故事"跟妈妈去市场"中，他们今天的晚餐吃的什么，猜想准备这顿晚餐需要买些什么菜，先鼓励幼儿自己说一说，然后再从前面开始自主阅读：一起来看看这个孩子跟着妈妈去市场买了什么。

④共同讨论。讨论不仅可以促使幼儿对故事的深度思考，使幼儿分享不

同的观点，还能提升其对故事的认识。（举例：故事"狐狸和乌鸦"）

⑤精彩朗读。教师对故事中的精彩部分要有感情地带领幼儿大声朗读，不仅让幼儿愉快地走进故事，还能培养幼儿良好的语感。（举例：故事"狐狸种菜"）

⑥角色表演。有些故事适合表演，一些难理解的动作可以直接做出来，有些故事甚至可以唱出来。（举例：故事"拔萝卜"）

（三）图书跳蚤市场

①家长自主商量爱书公约，约定交换日期（定为每周星期五下午）。

②每位家长在书的首页贴上设计好的交换图表，让幼儿自由选择交换。

主持人："一个没有书的家，就像一座没有窗的房。在数字媒体高度发展的今天，希望书籍能够走近孩子，走近你我，走近更多的家庭，希望我们都能成为孩子阅读旅途的点灯人。"

思考与建议

读书节活动虽然告一段落，但我们的读书活动依然在延续：每周班级的图书漂流，给幼儿带去了丰富的精神粮食，给家长带去了健康的价值引领；走近班级，可以发现幼儿共同制定的爱书公约，家长、幼儿都能积极参与，主动遵守读书规则，在延续中成长；每个星期五的读书"漂流日"，家长幸福地交流着读书心得，幼儿兴奋地翻着"新"书，追问着记录表上谁也读过这本书。中国学前教育研究会理事长、南京师范大学虞永平教授在来园考察后说，东皋幼儿园不仅硬件到位，内涵发展得也很好，"亲子共读"的理念和做法已经走在全国学前教育的前列。

早期阅读对于幼儿的发展具有重要的价值。"亲子共读"则是非常值得提倡的早期阅读模式。幼儿园在营造早期阅读环境、开展早期阅读活动，特别是沟通家长、引领家长进行亲子共读方面可以大有作为。

案例评析

相关调查研究表明，亲子共读有增强幼儿免疫力的作用，睡前共读能增加幼儿的睡眠质量。在我国台湾，有 98.7% 的父母均在儿童 5 岁前实施共读，主要共读人是母亲，另有 59.1% 的父母共读时间以睡觉前居多。在

台湾的许多图书馆、幼儿园甚至一些公共场所都设有"亲子共读"室,有的地方还与医疗机构合作,利用新生儿打预防针的时候发放亲子共读宣传资料给父母。在数字媒体高度发展的今天,阅读似乎离我们很遥远,所以关注幼儿阅读,显得十分重要。

东皋幼儿园本次的活动从"整体构想""精心筹备""真情相约"几个部分进行策划,活动的问题来源于家长,活动过程中指导家长,活动后进行延续,可谓准备充足、丰富立体。"共读"表明这项活动不是单方面的,是父母和幼儿共同参与的,父母不要将之视为学习负担,不要将自己的想法或期望强加给幼儿,而是借助共同讨论与亲自示范来培养幼儿阅读、主动学习的习惯,并满足幼儿的一些想法或期望,从而使亲子共读成为幼儿未来学习与发展的源泉。

在亲子共读中,父母希望让幼儿渐渐认识故事书中的优美字汇与辞藻,培养其对文图的审美观,启发幼儿的想象力和创造力,并让幼儿借此探索自我,了解外在世界,进而形成对事物的积极态度。对于幼儿来说,阅读不但可以促进其语言的发展,也是一种学习媒介,能够让幼儿学到生活自理的能力,学会关怀周围的人、事、物,以扩展生活经验。活动中以话题"为什么读""读什么""怎样读"为线索展开讨论,有效地指导了家长,从而为幼儿阅读铺路导航。

(评析人:蒋晓梅,江苏省如皋市东皋幼儿园)

5. 难以说出口的"对不起"

江苏省徐州市鼓楼区华康幼教中心　叶婷

案例背景

"做错事，要道歉，对不起，不再犯，你道歉，我谦让，对不起，没关系。"一首道歉礼仪歌，幼儿耳熟能详。父母是幼儿的第一任老师，幼儿从小接触礼仪教育，首先从家庭中耳濡目染。幼儿对待问题的态度，直接体现家庭的教育方法和教育环境。"对不起"可以帮助大家化解矛盾和尴尬。幼儿面对所犯错误时，勇敢地说出"对不起"，是勇于负责的表现。家长更应该以身作则，在幼儿面前树立正确的是非观。但是家长面对错误时，可能比幼儿更难放下自尊去承认错误。说出"对不起"真的这么难吗？下面的案例值得我们深思。

案例描述

"老师，琪琪把壮壮的手指咬了。""壮壮，快过来。我看看你的手指。"我急切地把壮壮叫到身边一看，右手的食指破了，渗出了血，我赶紧用碘伏消毒。"疼不疼？"我着急地问。他轻轻地点点头，说："老师，我已经原谅琪琪了。"我更疑惑了：难道是壮壮先惹琪琪？我把琪琪叫到身边，说："能不能和老师说说，你为什么咬他？"我蹲下来，看着她的眼睛。她低着头，很紧张地用手绞着衣角。我接着问："老师只是了解事情的经过，犯错了，就要勇于承认错误。"她轻轻地说："睡醒觉，我们在一起玩，他的手在我嘴前一摇，我觉得好玩就咬了上去。"我点了点头。我把琪琪说的话重复说给壮壮听，他看着我轻轻地点点头。我如释重负地说："下次一起玩时要小心，不要伤害到别人。"本来认为是两个幼儿发生矛盾，听完后原来是误会一场。

下午放学，我向壮壮的妈妈说明了事情的经过，她连忙问："壮壮，你是不是先惹人家？"壮壮妈妈表情严肃地问着，壮壮一脸无辜地看着妈妈。我连忙说："壮壮妈妈，您误会了，孩子没有淘气。""那就好，只要不是壮壮调皮。没关系，叶老师，给您添麻烦了。"这样一番话更让我觉得不好意思，没能照顾好壮壮。

这时琪琪妈妈来接琪琪，我想：正好两位家长都在，应该让琪琪给壮壮道个歉。可是等我把事情说完后，琪琪妈妈第一时间问道："琪琪，是他先欺负你的吗？他把你的嘴巴弄疼了吗？"琪琪低头不说话。我顿时觉得很尴尬。本来认为一句道歉就能解决的问题，却变得复杂了。我连忙说："真对不起。要不壮壮妈妈，您先带孩子回去，我们明天再聊。"壮壮妈妈脸色不好地带着壮壮回去了。

这时琪琪妈妈急切地让琪琪张开嘴巴，检查她的嘴巴有没有受伤。我接着说："琪琪妈妈，是琪琪咬了壮壮，壮壮只是把手放在琪琪嘴边摇，没有伤到孩子的嘴巴。"琪琪妈妈没理会我，继续问琪琪："怎么回事？不用害怕，是他先惹你的吗？"我发现她一直在暗示琪琪，似乎并不相信我的话。我就轻声地说："琪琪，不用紧张。妈妈只是想知道发生了什么事情，你能再说一遍吗？"她依然不说。这时琪琪妈妈皱着眉头质问我："老师，我不知道琪琪为什么不敢说话，而且平时早上也不愿意来幼儿园，是不是老师对她太严厉了？"她的一番话让我措手不及，琪琪妈妈似乎在转移话题，并没有让琪琪对咬人这件事反省的意思。"琪琪已经一个月没来上学了，刚来上学闹情绪是很正常的。而且孩子在园表现一向很好，老师都很少批评她，又何来的太过严厉？"我耐着性子回答她，"况且，你一见到孩子就在暗示琪琪，错在壮壮，而不是她咬人。"琪琪妈妈反驳道："那他把手放在琪琪嘴巴跟前，万一戳到琪琪的眼睛怎么办？"看她根本不正面回答我，我也有点生气了："现在是壮壮的手受伤了，无论原因如何，请让琪琪正视她的错误，明天给壮壮道歉。"琪琪妈妈欲言又止，我接着说："至于事情的经过，可以再详细地问问孩子。但是请不要先误导孩子，请静静地听孩子说。"琪琪妈妈没理我，转身就带孩子回去了。琪琪跟在妈妈的后面，妈妈还在说："以后有人欺负你，就跟妈妈说……"我无奈地摇了摇头。

思考与建议

一、家长在当教育者之前，要学会自我教育

现在越来越多的家长都受过高等教育，但是高学历不代表有高情商，在人与人交往时往往不懂得为人处世的恰当方法。在这件事情上，无论谁先犯的错，如果能注意谈话的技巧，或者换位思考，都不会出现这种尴尬的局面。孩子受伤哪个做家长的不心疼呢，可壮壮妈妈来到幼儿园却先问自己的孩子"是不是你先调皮的"，简简单单的一句话，就显示出了家长公正大度的教育观念。如果琪琪妈妈也能换位思考，关心壮壮的伤势，相信会得到壮壮和壮壮妈妈的谅解，平和地解决问题。

二、帮助幼儿掩饰错误，不等于爱幼儿

爱幼儿不是要成为他们的护身符、保护伞，而应该通过培养和引导，让他们有独立、坚强的品格。幼儿总需要自己独立面对社会，面对社会上的不公平。家长对幼儿所犯错误的袒护，会让幼儿成长在家庭的庇护下，不能独立解决问题。家长应该积极引导和启发幼儿思考事情的对与错、好与坏，让幼儿明白什么是该做的，什么是不该做的。只有这样，幼儿才会懂得什么是责任，养成对自己负责的行为习惯，成为一个有益于社会的人。现在是壮壮受伤了，虽然琪琪不是故意的，但是琪琪这句"对不起"始终没有说出口。也许，壮壮明天就会忘记这件事，但是琪琪少了一次勇于承认错误、勇于担当责任的成长机会。

三、身教大于言传

幼儿正处在建立正确是非观的重要时期，幼儿会从家长对事物的态度、情绪、情感中来形成自己的判断。只要是自己家长肯定的，他就认为是对的，只要家长认为错误的，他一定会否定它。这源于这个阶段的幼儿对事物的认识还不深刻、判断能力差，还没有形成自己的判断标准，而他的是非标准是通过家长的逐步影响形成的。就像壮壮受伤后，没有选择像其他幼儿一样来打小报告，而是选择原谅琪琪，壮壮的做法源于妈妈平时处事的冷静和宽容。而琪琪妈妈没有让琪琪正视自己的错误，却在潜移默化地误导她：是壮壮先惹你，你才咬他的。也许琪琪已经知道是自己不对，但是妈妈这样说，她想道歉的念头又打消了。久而久之，这对幼儿建立正确的是非观是很不利的。身教重于言教。我们对幼儿进行教育时，必须注重自己的一言一行，给幼儿树立良好的榜样。家长时时处处要有一个正确的判断是非的观念，让幼儿在家长的教育和影响中掌握判断事物好坏的标准。

反思这件事情的处理，我也有过失。我应该先和两位家长单独沟通，明确两位家长的态度，再进行下一步处理，避免不必要的尴尬和矛盾升级。我不应该让琪琪妈妈没有心理准备，就在另外一位家长面前，告诉她琪琪把人咬伤了，没有考虑到琪琪妈妈的心情和自尊以及琪琪的心理承受能力，在处理问题的手法上欠妥当。今后处理问题时，我需要更多地考虑各方面的因素，真正把家园共育落到实处。

案例评析

这是一个幼儿园常见事件的描述，幼儿之间发生了纠纷，父母的态度决定了事件处理的结果：最终，咬人的琪琪没有向被咬的壮壮道歉。虽然

两位妈妈没有再提起这件事，可是矛盾的"种子"可能已经慢慢发芽。一句简单的"对不起"，成为两位家长和幼儿之间难以逾越的鸿沟，也给教师今后的工作造成了障碍。

在本案例中，教师处理问题还是比较及时、果断和灵活的。当发现幼儿有了纠纷，她第一时间处理，看幼儿伤情，问事情起因，阻止了事件的进一步发展；离园时，能及时向家长说明情况，意在争取家长的谅解和配合。因一时考虑欠周，当事家长事先未经沟通就贸然直面矛盾，导致双方气氛不甚融洽时，教师又能及时让两位家长避开，以免矛盾升级。对于"护短且不理智"的家长，教师又能摆明自己的态度，站在公正的角度要求家长端正认识，道歉认错，同时又教给家长正确的方法：先安抚幼儿的心灵，给予安全感，然后静听幼儿诉说，避免给幼儿任何语言上的误导。

最后，这位教师对自己在处理问题中的失误做了反思：不该未经沟通就让两位家长见面，让家长在没有心理准备的情况下遭遇尴尬，导致事情解决不圆满、不顺利；总结了处理整个事件的心得体会，将家庭教育的理念升华为三个论点。

在处理有家长参与的幼儿矛盾时，教师的身份特殊：既是当事人，也是旁观者，这个特殊身份要求教师处理问题时必须十分谨慎。希望每一位教师都能冷静睿智地处理突发问题，以"大爱"理解和引导家长的"小爱"，相信幼儿都能学会用勇敢积极的态度对待生活中的失误与挫折。

（评析人：张丹枫，常熟理工学院；闫虹文，江苏省徐州市鼓楼区华康幼教中心幼儿园）

6. 老师，你来抓我

江苏省邳州市运河镇中心幼儿园　娄艳

案例背景

《3—6岁儿童学习与发展指南》指出，要重视家庭教育对幼儿终身学习和发展的重要影响，倡导建立良好的亲子关系，创设平等、温馨的家庭环境，注重家长对幼儿言传身教和潜移默化的影响。只有家长和幼儿园共同努力，才能有效地促进幼儿身心的健康成长，否则就会事倍功半。目前在农村幼儿园中留守儿童众多的情况下，如何做好家园共育工作？如何在缺失父母陪伴的幼儿中，正确引导幼儿的成长？如何做好留守儿童的陪伴，走进留守儿童的内心？在日常的保育工作中，教师要做有心人，这对我们的保育工作提出了新要求。

案例描述

今天上午在中班上语言课时，最调皮的浩然一如往常地在做鬼脸，等我转身翻故事书、再转回来的时候，浩然不见了！旁边的幼儿忍不住地大笑起来，说："老师，他在这儿！"我低头一看，他正在桌子底下对我做鬼脸呢！"浩然，你快出来！"我伸手去桌子底下拉他，谁知道他灵巧地从桌子底下的另一边跑了出去。"老师，你来抓我！"这不是挑战我吗，我快步追上去，班里的幼儿都嚷嚷着鼓掌加油，浩然满脸的得意。我快步追上他，把他拉到我面前的小椅子上，继续组织我的教学。谁知道转眼间，他又故意坐到了地上，大部分幼儿又被他逗乐了！我又把他从地上拉起来，按到了小椅子上，他又突然站了起来。幼儿又哄笑起来！我强压住心里的怒火，转念一想，伸手把浩然揽到自己的怀里，在他耳边悄声地说："浩然最乖了，听听老师的故事，好吗？"估计浩然心里想的都是怎么和我对抗，没想到我会这么柔声地和他说话，不仅没批评他，还夸奖他，他便连忙坐下，认真地听起故事。这个恶作剧风波就暂时平息下来。

在接下来的教学活动中，我有意无意地用眼神去鼓励浩然，或者在路过他身边的时候用手摸摸他的头，拍拍他的肩，或者提问的时候故意让浩然回答。没想到，浩然在这节课余下的时间里竟然都是安静、专注的。

课后，我回到办公室一说，原来教师们都知道这个"调皮鬼"：午餐故意吃的满桌都是饭粒，户外活动的时候扯女孩子的辫子，那个小推车的轮子也是他卸掉的……怎么会这样呢？晚上，我和生活老师一起去浩然家家访，了解了浩然的生活环境，就可以解释浩然的行为了。浩然的妈妈在他很小的时候就离开了他，再也没有回来看过他。浩然爸爸因为生活不如意，整天心情不好，外出打工，常年不回家。浩然是和年迈的奶奶一起生活的。奶奶年纪较大，每天还得为生活劳碌，除了在晚上搂着浩然抹眼泪外，其他也就没有对浩然的关注了。这是一个缺爱的幼儿，因为从小没有妈妈，所以母爱的缺失让他极度渴望成人的关注。哪怕是批评，对于浩然来说，也是幸福的。他就利用调皮、搞怪来吸引教师和其他幼儿对他的关注。以后在课上，我总会时不时地摸摸他的头，拉拉他的小手，多和他眼神交流。在浩然生日的时候，教师们提前给他准备了生日蛋糕，全班幼儿都给他准备了祝福，烛光中的浩然笑得特别幸福。

后来我们发现，浩然慢慢地在改变。上课的时候能坐住了，户外游戏的时候，也不会故意搞恶作剧了……

思考与建议

这是一个典型的"留守儿童"和"离异家庭儿童"结合的案例。幼儿在这样的环境中生活，缺乏安全感，他会认为被父母遗忘或不受重视。缺爱的幼儿，极度渴望别人的关注和关爱。

一个好教师意味着什么？首先意味着他热爱幼儿，和幼儿交往是一种乐趣，相信每个幼儿都能成为发展良好的人，善于和他们交朋友，关心幼儿的快乐和伤悲，了解幼儿的心灵。所有教师都知道浩然调皮，都没有家访过，更不了解浩然的家庭情况。我们对浩然只有一味地批评指正、说服教育。这对于一个四岁的幼儿来说，是多么冷漠且苍白无力的教育！幼儿需要的仅仅是教师对他们的关注、关爱，需要的是教师鼓励的眼神、微笑的话语。

马克思曾说："只能用爱来交换爱，只能用信任来交换信任。"蹲下来和幼儿说话，听听幼儿想什么，听听幼儿说什么，我们才会知道给予幼儿什么。

遇到调皮的幼儿，我们只会埋怨、批评。其实仔细深究，每一个问题儿童的背后都有促使其生成的原因。高尔基曾说："谁爱孩子，孩子就爱谁，只有爱孩子的人才可以教育孩子。"让我们好好地学会爱幼儿，好好地做好我们真正的教育。

案例评析

　　学前留守儿童问题，是近年来一个突出的社会问题。由于留守儿童年幼时便与父母长期分开，多由祖辈照顾，父母监护教育角色的缺失对留守儿童的全面健康成长造成了不良影响。他们大多胆小、迟钝、不爱与人交往，有较强的孤独感，又渴望得到别人的关注。这些幼儿家庭环境的不稳定使他们缺乏安全感和归属感，这对幼儿园教师提出了更高的要求。

　　幼儿园教师必须更有爱心和耐心，工作做到细处，落到实处，摸清班里每个幼儿的家庭环境，多关注留守儿童，关注他们的心理需求；要有的放矢，针对不同家庭、不同性格的幼儿，分别采取措施，让他们感受到教师的爱、同伴的爱，让留守儿童像其他幼儿一样，心中拥有一样灿烂的阳光，让教师成为他们心中的依靠。

（评析人：张丹枫，常熟理工学院）

7. 班级幼儿阅读现状分析与点滴思考

江苏省常州市新北区银河幼儿园　李国萍

案例背景

教室中总有这样一个安静的角落：书架上摆着许多的绘本图画书，温馨的环境、柔软的地垫，幼儿在地垫上自由阅读各种书籍。这样的布置通常会维持一个学期，而教师慢慢发现，幼儿到阅读区的次数越来越少，人也越来越少。阅读区往往是教师最放心的一个区域，区域内幼儿人数少，幼儿游戏的状态相对安静，于是教师的侧重点倾向于其他区域，没有过多地关注到阅读区的情况。目前，班级幼儿的阅读习惯、阅读能力如何？阅读区该如何推进？

在幼儿园第六届阅读月的背景下，幼儿通过相关活动了解各种绘本图画书，区域游戏时他们在区域看书。在逐渐热闹的阅读区内，教师对阅读区的幼儿进行了多天的观察，记录区域内幼儿阅读时具体的行为表现，并根据记录的信息进行梳理和筛选，由此更加明晰班级部分幼儿的阅读现状，提出了自己思考后的跟进策略。

案例描述

教师从阅读习惯和阅读理解能力两个方面对幼儿阅读时的行为表现进行了分析，具体内容如下。

一、阅读习惯

（一）看书的姿势正确舒适

教师在区域中提供草莓地垫，幼儿在地垫上进行阅读活动。幼儿或坐或跪在垫子上，有的是将书放在腿上看；有的则是放在地垫上看。幼儿都选择了自己比较舒服的方式进行阅读活动。

（二）正确拿书，封面朝上，翻页时从左到右

大部分幼儿能封面朝上从左到右翻阅书籍。其中，少数幼儿是一页一页翻阅，有的是直接翻开书，翻到哪一页就看哪一页；有的是间隔几页翻阅；

还有的就是随意地翻两下。

幼儿能够正确拿书，正面朝上地进行阅读。但是在翻阅时，能够一页一页翻页看书的幼儿并不多，基本上是间隔翻页，或是随意翻阅。

（三）拿书时一本一本地拿，看完书知道放回书架

大部分幼儿能够一本一本地拿书；部分幼儿能够将看完的书及时放回书架。有的幼儿看完书后就放在地垫上。幼儿知道看完书要放回到书架上，但落实到行动时，有的幼儿却没有这么做。

（四）能够专注看书

大部分幼儿能够专注地看书上的画面。少数幼儿看书时随意翻阅，没有认真看书。个别幼儿能够坚持看完一本书。

二、阅读理解能力

（一）看图书，会看画面，能根据画面说出图上内容

幼儿能够看图书的画面，有时会手指着画面，说出画面上有什么，但往往看的是画面中的个别物体。有一个幼儿对书的兴趣不大，只是随意翻书。

（二）喜欢看，并交流画面内容

幼儿在阅读区有简单的交流，与同伴交流在画面上看到的某个或几个有趣的地方，而观察整体画面内容的比较少。有一个幼儿将自己看到的有趣画面分享给同伴听，同伴被他吸引过来。

（三）根据画面内容产生相应情绪，初步感知故事情节

幼儿看书上的画面内容，看到画面中某一个动作或某一个人物等会有相应的情感，但对于故事情节或画面的整体内容不了解。

思考与建议

区域游戏中幼儿呈现出参差不齐的阅读状态，让我们对幼儿的阅读有了更为深刻的思考，如何能让阅读区"活"起来，让幼儿"会"看书，"懂"阅读，"爱"绘本。

一、图书的选择与投放

阅读区投放的绘本要经过一定的筛选。在小班上学期，我班阅读区的书籍数量稳定在十本左右。到了小班下学期，书籍数量逐渐增加，书籍定期更换。特别是在本次阅读月开展的主题活动"好看好玩的图画书"中，我们筛选

了一些开幕式中的书籍放在书架下的柜子中，供幼儿阅读。在绘本的选择上，我们结合小班幼儿的年龄特点，选取了图多字少、色彩鲜明、情节简单、没有破损的绘本，同时还选择了幼儿熟悉的绘本故事，如在集体活动中读过的绘本。

二、主题课程的关联性

我们结合本次主题活动"好看好玩的图画书"，提供谈话活动"我们一起来看书"、综合活动"我会看书"、手工活动"我爱看书"、综合活动"整理图画书"等一系列课程的支架，让幼儿通过看、听、说、做等方式更加了解看书的规则，更加认识绘本。比如，幼儿阅读图书时要一页一页地翻，看完后放回书架（轻拿轻放）；幼儿要知道绘本封面上有书名、作者，封面上的图画表示什么；幼儿要知道如何整理图书等，这些都要渗透到主题课程中，而不只是让幼儿看书上有趣的画面内容，从而让幼儿真正感知、了解"阅读"。

三、环境创设

阅读区的创设旨在创造一个温馨的氛围，让幼儿能畅游在书的海洋中。在创设区域时，教师考虑了阅读的光线与阅读安静的氛围两个方面，确定了阅读区的方位，将区域规则融合在环境中，用图文并茂的形式呈现在区域中。地上铺着草莓垫，给幼儿视觉、感觉的舒适。还有一面墙是与主题课程相结合的，部分语言、音乐等活动中穿插的故事照片可张贴在墙上，供幼儿回忆故事和说故事。每个幼儿的阅读能力存在一定的差异，能力相对弱的幼儿可以阅读上面的照片，由于是教学活动的内容，幼儿对其都有一定程度的了解。

四、让阅读渗透到一日活动

在区域游戏结束后的交流分享环节中，教师可以有计划地请阅读区内的幼儿交流分享，根据幼儿所说内容进行总结提升，鼓励幼儿进入阅读区，用言语促使幼儿看书。

每周可以选一天作为"图书分享日"，由原来的玩具转化为图书，每个幼儿带一本自己喜欢的书，在餐后活动中与同伴一起分享。

五、学习交流与体验性活动

幼儿园举办的阅读节给幼儿和家长提供了一个亲子交流的阅读平台，幼儿自由进行阅读，感受到阅读是一件快乐的事情，感受到阅读的魅力。教师之间多交流班级内的区域设置存在的问题，群策群力，还可以去其他班级观摩他们的区域是如何创设的，并学习借鉴。

🌿 案例评析

　　本案例是非常真实、细致的。"真实"体现在案例是真实的，案例中的幼儿是真实的，幼儿所呈现的状态是真实的，这种真实让我们近距离地发现班级幼儿当下的阅读现状是怎样的。那"细致"又是什么呢？个人认为是幼儿在阅读区所呈现的种种行为，因为教师的专业观察、精准解读等，让我们看到了教师通过前期持续的观察，用白描的手法记录了幼儿在阅读区的具体行为表现，并对照《3—6岁儿童学习与发展指南》提到的中小班年龄阶段幼儿的阅读习惯与阅读理解能力进行细致的分类，逐一分解，能够更加清晰地呈现幼儿阅读的现状。正是基于对当下幼儿阅读现状的细致分析，教师进一步提出自己后期的跟进策略，这和教师的观念是分不开的。所以本案例反映了当下课程游戏化建设过程中教师的专业智慧："做一个善察、能等、会引"的教师，是值得推荐和分享的。

　　诚然，幼儿犹如花草，它的成长需要适宜的阳光、雨露、养料和细心的培育等。教师在面对幼儿以及幼儿日常生活、游戏中遇到的问题和困惑时，能做的绝对不仅仅是等待，而是基于对幼儿当下需要判断的更加有所作为，通过环境的营造与利用、材料的提供与变更、课程内容的开发与组织等支持、推动、引导幼儿的发展，在其中成长的不仅仅是幼儿，更有我们的教师、我们的课程。唯此，我们的教育不仅可以让幼儿享受幸福的童年，也能让我们的教师享受那份专业带来的职业幸福感。

（评析人：徐志国，江苏省常州市新北区银河幼儿园）

第三部分　社会领域篇

导　述

　　社会化是儿童学习与发展的中心任务之一。因为个体只有习得所在社会群体认可的价值观和行为方式才能成为合格的社会成员。社会领域的学习与发展，其实质在于促进儿童社会化，并在社会化的过程中逐渐形成良好的社会性与个性。社会领域的学习是幼儿学做人、学会共同生活的过程。幼儿社会领域的学习对于幼儿的成长发展十分重要，能够促进幼儿社会性的不断完善并为其健全人格形成奠定基础，对幼儿身心健康具有重要影响。

　　幼儿社会领域的学习与发展是一个复杂的过程，所包括的内容极为丰富，而不同的内容往往又有各自不同的发展规律和特点。《3—6岁儿童学习与发展指南》的社会领域指出，"人际交往和社会适应是幼儿社会学习的主要内容，也是其社会性发展的基本途径"，并且将"喜欢并适应群体生活""遵守基本的行为规范""具有初步的归属感"作为社会适应子领域的三个目标。一般而言，如《3—6岁儿童学习与发展指南》所指出的，幼儿社会领域的学习"主要是在日常生活和游戏中通过观察和模仿潜移默化地发展起来的"，环境的同化作用是幼儿社会学习的重要方式，奖励或惩罚、体验也是社会学习的重要方式。幼儿与成人、同伴之间的共同生活、交往、探索、游戏等，是其社会学习的重要途径，幼儿社会态度和社会情感的培养尤应渗透在多种活动和一日生活的各个环节之中。

　　社会领域最根本的教育原则是关爱、尊重幼儿，建立良好的师幼关系、同伴关系、家园关系，成人以身作则，提供良好榜样等。在引导幼儿社会领域的学习过程中，教师应该明确社会学习是一个综合的学习领域，它与其他领域的学习与发展是密不可分的，常常伴随着其他领域的学习与发展，社会学习往往融合在各种学习活动中，并渗透于幼儿一日生活的各个环节；教师应该避免直接说教，注意在实际生活和活动中帮助幼儿积累有关的经验，注意通过环境影响和感染幼儿；教师和家长是幼儿社会学习的重要影响源，模仿是幼儿社会学习的重要方式，教师和家长的言行举止直接或间接地影响幼儿，形成他们学习的"榜样"。因此，成人要注意自己的言行，为幼儿提供良好的榜样，同时注意幼儿的社会性培养需要家、园、社会保持一致，密切配合。

　　本篇选取的案例符合《3—6岁儿童学习与发展指南》的精神，从人际交往和社会适应两个方面出发，在幼儿与成人、同伴交往的真实情境中，通过教师的引导，形成家园的合力，使幼儿不仅学习如何与人友好相处，也在学习如何看待自己、对待他人，不断发展适应社会生活的能力。希望本篇社会领域的内容能够给读者一些思考和启发。

1. "三不原则"的应用

江苏省兴化市董北实验小学幼儿园　刘冬

案例背景

幼儿之间出现矛盾是常有的事情，但很多教师见不得幼儿闹矛盾。幼儿之间发生什么事情，教师会马上出面，似乎不出面就是没尽到责任，也担心别人说自己工作能力有问题。很多人把现在幼儿的不懂忍让，归因为"独生子女"问题或者"溺爱"问题。其实根本原因是成人对幼儿之间的矛盾介入太多。没必要的介入或不恰当的介入，不仅会把幼儿之间的矛盾人为放大，同时又没有给幼儿留出学会解决人际关系问题的机会，还容易让幼儿变得斤斤计较，心胸狭隘。

那么幼儿之间的矛盾要怎么解决呢？我们可以应用尹建莉的"三不原则"：不介入、不生气、不怕吃亏。

案例描述

一、不介入

中午吃完饭休息的时候，辰辰和浩浩两个人又哭着来"告状"了，大致经过是浩浩抢了辰辰的东西，辰辰抢不过就咬了浩浩，两个人都觉得很委屈，都在等着我来评理。这确实是我经常做的事情，因为两个人经常为抢东西或其他事情发生矛盾。我一般是问清楚打架的缘由，然后判断谁做得不对，要求他承认错误并道歉。我想这也是其他教师解决这类问题的一贯做法。但是两人的矛盾并没有因此减少，反而越来越多，而且两个人也学会推诿责任，有时甚至为了把过错推到对方身上而说谎。

我知道这肯定不是正确的解决方式，当我正要按惯例处理时，突然想到"三不原则"，于是改变主意，一边转身走开，一边笑着对两个人说："以后这事别找老师了，你们自己解决！"

两个人没有想到我今天会是这种态度，然后就真的"自己解决了"。我虽然假装淡定地走开，但是心里真的担心出事。我暗中观察他们，没想到两人的冲突好像解决了。

这样的情况持续了多次后，两人很少吵架了，因为他们学会了协调，也开始懂得互相谦让。

这种看似不作为，却正是培养幼儿健康人际关系的最基本、最简单、最有效的方法。幼儿在一起玩的时候，互相发生小矛盾很正常，成人不用马上出面干涉。这不是真的不闻不问，在不严重的情况下，教师要把矛盾留给幼儿自己解决；在较严重的情况下，教师需要出面解决，关键要保持友好轻松的态度。

二、不生气

雯雯和其他幼儿玩耍时，她手里的拼图还差几块就拼好了，可是小宇没打招呼就拿走了拼图，雯雯只是看了看，接着去玩别的东西了。有时候别的幼儿欺负了她，泪痕还没干，人家过来找她，她就马上高兴地又和他们玩了。

没有接触"三不原则"前，我会很生气，认为雯雯太懦弱，没有自尊，给她讲过道理，却没什么效果。

了解"三不原则"后，我知道了幼儿要寻找同伴并迎合同伴，这是幼儿正常天性的表达。在和同伴发生冲突时，幼儿会根据具体情况，主动退让，并且能通过转移注意力的方式自我调节情绪。这是一种宝贵的潜能，只要没有错误的外力干涉，幼儿都可以在未来的成长中把握好各种交往的分寸。所有这一切都是幼儿用天性中的纯洁、豁达和自爱来发展自己的人际协调能力的。

幼儿可能是强势的，也可能是柔弱的；可能是狡猾的，也可能是老实的。这些特征并不代表他将来就会成为这样的一个人。幼儿的天性各不相同，不要指望幼儿在人际交往上的表现恰好符合成人的想象。只要他和同伴玩耍时是快乐的，脸上的笑容是真实的，那说明他和同伴之间的关系就是良好的。良好的同伴关系能够让幼儿的心灵得到滋养，身体得到健康成长。

三、不怕吃亏

下午带幼儿户外活动时，我突然听到小丽的哭声，原来她从秋千上摔下来了，头和膝盖都摔红肿了。放学的时候，我正要跟小丽妈妈解释，她发现了小丽的伤，第一句话居然是"是谁打的你？"小丽被妈妈一脸怒气吓哭了，我赶紧把事情经过说给小丽妈妈听，然后她对小丽说："我们不能欺负别人，但也绝不能让别人欺负，知道吗？"

她这样做，表面上是出于爱幼儿，事实上她最爱的不是幼儿，而是"不能吃亏"的感觉。我们周围生活中有许多和小丽妈妈一样的家长，甚至有的家长直接告诉幼儿：你不要主动打别人，但是如果别人打你，你必须要还手。

这样的教导，可能暂时会让幼儿学会不吃亏，但人生很长，"吃亏是福"已被无数人信奉为一种生存哲学。"吃亏是福"强调的不是忍气吞声，而是以豁达之心看待世事。所以它不是来自压抑，而是来自气度。如果一个幼儿从小就被教导不能吃亏，怎么指望他能在成年后体悟出"吃亏是福"的深意，怎么能有"退一步海阔天空"的胸襟？

同样有些极端案例也是不可取的。比如，有些家长也信奉吃亏是福的道理，希望培养孩子无私的品格，遇到自己孩子和别的孩子抢东西时，总是要求自己的孩子让步。其实在婴幼儿阶段，幼儿尚未建立合作的概念，自己的玩具不让别的幼儿玩，或者抢别人的玩具，这些都是正常表现。

思考与建议

其实幼儿之间的矛盾无非起源于抢玩具、打闹时没分寸感、不小心碰痛了对方等。成人对待这些小矛盾的态度比告诉幼儿如何做更重要，影响更大。成人要用道德的态度来对待他们，但别用太高的道德标准要求幼儿。生来不会和人相处的幼儿很少，只要成人减少干涉，他们大多都能学会自我协调。

"三不原则"看似消极、不作为，其实意义却非常积极，它避免了成人破坏性的参与，而且内含了一种信念：一定要相信幼儿有自己解决问题的能力。

这种信念的建立非常必要，它组成了科学儿童观的一部分，同样也可迁移到其他问题的解决上。没有这种信念，"三不原则"就失去了支撑的力量。很多成人包括我在内，刚开始接触这三个原则时，都是将信将疑，但是一旦在生活中进行尝试验证，都产生了意想不到的效果。

同样"三不原则"对成人也是有要求的，它的核心内涵包括两个方面：第一，成人给幼儿做出好的榜样；第二，成人要为幼儿营造豁达和善意的环境。这两个方面强调的都是成人自身的修养，也就是说言传不如身教。

案例评析

"三不原则"能够成功运用的前提条件是三条原则同时执行。很多人在执行这一原则时，容易注意到不介入和不怕吃亏，却往往忽略自己的脾气，从而给幼儿呈现出一个不体谅、不宽容、不友好、爱发脾气的坏形象。

因为"三不原则"的核心内涵是榜样和环境。有人担心，如果幼儿犯了错误却不让幼儿道歉，是不是幼儿长大以后会变成一个没有教养，做了错事也不懂得内疚的人？

这种担心完全没有必要，我们要相信：幼儿有自己解决问题的能力——只要他们在成长中获得过友善和尊重，目睹过得体的礼貌和修养，他们就能得到这样的滋养。相反，成人如果对幼儿的一点无心之过不能表现出体恤，逼迫幼儿说"对不起"，这样才会损害幼儿的友爱心。

试想幼儿在众人胁迫下，勉强说出"对不起"后，他的内心是善意了，还是刻薄了；他从此以后是更理性了，还是更情绪化了。这种处理方式，伤害的其实是两个幼儿。那个得到了一句道歉的幼儿，是否也被强化了得理不饶人的观念。

当下还有一种令人担忧的现象，一些人由于自身的不如意或眼界太低，经常给幼儿灌输社会是险恶的，人心是无常的等负面观念，让幼儿从人生初始，就对家门以外的世界抱有不信任和警惕。这不但降低了幼儿在人际交往上的坦荡，也束缚了他接纳世界的心胸，甚至会培养出反社会人格。

对世界怀有美好的信任和具有基本的安全防范常识并不冲突。成人应该把人际交往中各种潜在的危险告诉幼儿。比如，周围发生了什么事情，媒体上报道了什么相关内容，成人就事论事地和幼儿谈谈，让幼儿增加常识。生活本来就是有悲、有喜，有正常、有意外。知道世界有灰暗，不等于要把世界看成一片黑暗；知道世界是光明的，也不等于毫无防范心理。这是家长对社会应有的态度，也是教育幼儿应有的示范。

（评析人：张丹枫，常熟理工学院；樊恒华，江苏省泰州市兴化市教育局）

2. 一百万次的感动

江苏省常州市新北区银河幼儿园　李婷　沈道广

案例背景

主题活动"人们怎样工作"是根据幼儿的兴趣，让他们进行教师职业体验的活动。幼儿从了解、梳理教师的一天工作，到自己去调查教师工作的每个环节要做的事情，最后自己体验教师工作的某一个环节，并且把教师要做的事情用自己的方式进行了梳理和记录。比如，教师需要提前一天准备上课材料，在区域内要观察幼儿游戏……果果积极竞选上课老师，在同伴的推选下他担任了第二天的上课老师。宇昊很高兴地问："果果，我们明天上什么课?"果果说："体育课。"这在无形中对幼儿是一种挑战，但是幼儿感受更多的是乐趣。

案例描述

早上做完操，果果说："老师，我现在可以去摆器材吗?"师："需要帮助吗?"果果："不用。"他然后跑到楼下。五分钟后，他带着幼儿来到碉堡(见图3-1)，他一个人已经把场地摆好了。

图 3-1　碉堡

一、热身活动

果果说："我们现在到这边来做活动。"他边说边指着旁边的空地(见图3-2)。

果果又说："两队变四队。"幼儿开始喊口令：1，2，1……然后果果在前面开始带着压腿、扭腰。他指着宇昊说："和他一样高的小朋友站到前面，很多个子不高的小朋友到宇昊的后面站好。"他指着许斐然说："和他一样高的小朋友站到她的后面。"他指着甜甜说："和甜甜一样高的站过来吧。"还有四个比较高的，果果说："你们一队吧。"见图3-3。

图3-2 热身活动

图3-3 给幼儿排队

二、教师示范

果果说："现在我们按照从矮到高的顺序玩。"宇昊说："果果老师，这个怎么玩？你能不能示范一下。"见图3-4、图3-5。

图3-4 果果示范

图3-5 幼儿观察

三、小组示范

果果说："宇昊，你这一组先来试试。"宇昊带着小组的同伴来到半月摇的位置一个个跳过去（见图3-6）。第一组和第二组跳过后，轮到第三组，这时宇昊停下来，看看后面，说："果果老师，这个太难了，我们跳不过去。"

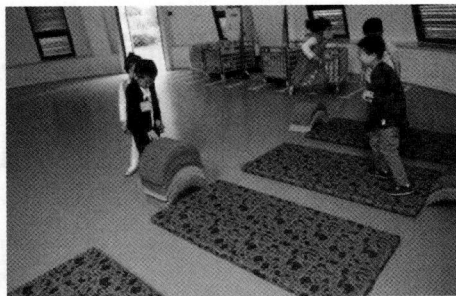

图 3-6 小组示范

（一）差异呈现，调整器材

果果说："谁让你们跳第三个，你们跳两个就好了！"说完，他来到第三个半月摇前面（见图 3-7），说："我来试试看。"他看看脚下似乎跳不过去。宇昊说："这个太高了，需要调整。"果果和宇昊一起把半月摇重新摆放，四个半月摇变成了三个（见图 3-8）。

图 3-7 来到半月摇前面

图 3-8 调整半月摇的高度

（二）出现问题，鼓励示范

斐然来到这里，不敢上去，果果说："你不要害怕，我来跳给你看看。"然后，他站在半月摇旁边从上面跳过去。他一边跳一边说："像我这样不要害怕。"（见图 3-9）果果跳过去之后还把移动的半月摇往前面摆了摆。

图 3-9 鼓励幼儿试跳

（三）观察细节，不断调整

果果一边观察幼儿跳的方法，一边帮助幼儿把移动的垫子摆放整齐，看到煜淇是跨过去的，说："不能这样跳，要像我这样，两只脚一起跳过去。"他一边说一边做示范。在第五排垫子的地方，他把一个半月摇变成了两个半月摇（见图 3-10）。

图 3-10　再次调整半月摇的高度

四、游戏——手拉手跳跃

接着，果果举起手，到空的场地做排队动作，说："来，小朋友们先不要跳了，我们到这边排队。"说完，他走过去，点名没有回到队伍的幼儿，把他们弄乱的垫子继续摆放整齐。

（一）分组站队

接下来，两个幼儿手拉手跳跃，果果说："现在你们先站成一队，2 号的小朋友点名出列。""1，2，你出来……1，2，你出来……"然后他一个个点过去。"请你们和旁边的小朋友手拉手。"果果一个个进行检查，最终幼儿都找到了同伴（见图 3-11）。

图 3-11　分组站队

（二）教师示范

接着，果果说："下面我来示范怎样跳过去。"见图 3-12，他一个个跳过去，一边跳一边把半月摇的位置、高度、宽度进行调整。宇昊产生了疑问，说："半月摇那么窄，我们两个人怎样跳过去。"于是果果把两个半月摇并排放在一起，说："这样有宽的，有窄的，你们自己想办法跳过去。"

图 3-12　果果示范

（三）分组讨论

果果说："六个人一组到旁边讨论两个人手拉手怎样跳过去。"见图 3-13。刚开始进行分组时，有的小组很快组成六个人，果果把他们带到一个空的地方，有的小组没有六个人，他开始进行协调："你到这组，你去那组。"分组结束后，他开始观察每个小组的进展情况，并请一组幼儿示范。

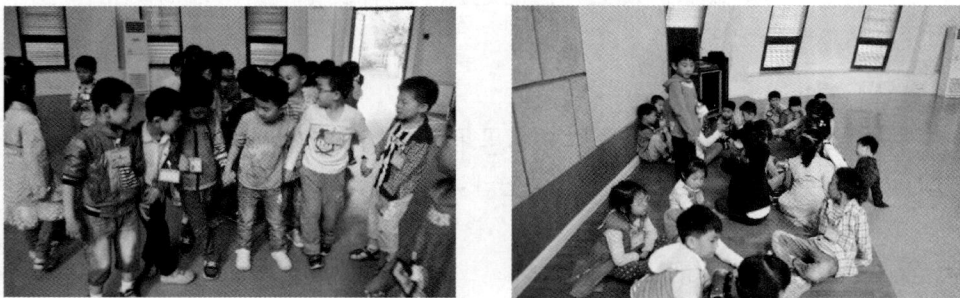

图 3-13　幼儿分组讨论

（四）分组游戏

宇昊和轩轩手拉手到半月摇前面示范，说："我们两个人一起往下跳。"到了只有一个半月摇的地方，两个女孩手拉手，说："我这只脚踩在上面，你也这只脚，这样方向一样，我们一起跳。"果果在旁边一边观察，一边对需要帮助的幼儿进行指导（见图 3-14）。

图 3-14　幼儿分组游戏

接下来，果果说："请你们给自己的小组起一个队名。"不到一会儿，猪八戒队、孙悟空队……腾空出示。每个小组尝试各种各样的跳法（见图 3-15），大家玩得不亦乐乎，果果累地坐在了一边（见图 3-16）。

图 3-15　各队尝试游戏

图 3-16　果果在休息

五、结束活动——打分

果果说："我要给每一个小组打分，孙悟空队十分，因为刚刚喊了一边排队，语岚就过来了，很会听要求；猪八戒队八分，因为刚开始斐然不敢跳，我给她做了示范，她跳了一次，有点胆小，……"见图 3-17。游戏结束后，他找了几个幼儿分工合作搬运器材（见图 3-18），看到已经归队的幼儿，教师问：

"果果怎么还没有来。"俊宇说："他说让我们先回来，他要把半月摇放好后再来。"

图 3-17　给幼儿打分

图 3-18　幼儿分工搬运器材

六、了解活动背后的故事

师："孩子们，今天的课感觉怎么样？"

幼 1："好玩，还想再玩。"

幼 2："刚开始我看到半月摇前面有垫子，还以为是要从垫子上跳过半月摇。"

幼 3："刚开始没有听要求的时候以为会很难，其实不难……"

师："你是怎么想上体育课的？"

果："上次和宇昊聊天，他说喜欢上跳跃的课。"

师："你是怎么想起来用半月摇的？"

果："他说，想用半月摇上课。"

师："你为什么要那样摆半月摇？"

果："我是想让他们跳得高一点，他们平时跳得很低。"

师："你是今天才想到怎样摆的吗？"

果："不是，我昨天晚上就想好了，不过今天在摆的时候又不是那样摆的。我看到蒋老师以前上跳跃课的时候，是有接力棒可以轮流、分组的，所以我也想摆的时候轮流。"

师："今天怎么想起来去碉堡上课？"

果："我看到今天阴天，有可能会下雨。"

师："半月摇前面有个垫子是什么意思？"

果："我怕有的小朋友会摔跤、受伤，所以放垫子保护他们。"

师："你很会带着小朋友做热身运动。"

果："刚开始我也不知道怎么做，但是想起蒋老师以前带我们做过一些。"

师："我发现你今天的排队很不一样。"

果："我是按低、中、高分开排的。我发现平时上课时站在一起很乱，所以我今天想要他们这样站。"

师："我发现你刚开始给宇昊示范，只示范了两组，那是为什么?"

果："因为他们个子矮，高的跳不过去。"

师："你后面怎么还给他们起了队名?"

果："我怕记不住他们是哪一队的，不知道怎么打分，所以让他们起队名，我可以记住他们。"

师："如果再让你重新上一遍，你还想怎样做?"

果："我还会加大难度，在前面放一个筐，跳下来必须要稳才能钻到框里面，这样更有意思、更好玩、更刺激。"

师："说说今天上课的感受。"

果："感觉挺好的，就是有点累。"

思考与建议

一、课程的有效实施

在娃娃课堂体验活动中，幼儿前期对教师的工作做了调查和工作的梳理。幼儿根据自己的已有经验对教师工作进行梳理，对零散的经验进行总结，有午餐、散步、区域、上课……基于每个幼儿都想体验不同的环节，在每个环节中安排一位教师，让更多的幼儿参与其中，体验不同的环节所要做的事情。

根据不同的环节，小组进行再次梳理，并且通过调查其他班级的教师，更细致地了解此环节所要做的事情，通过分享交流来相互学习和补充；最后根据自己的意愿，选择自己想要做的教师，继续梳理属于自己的那份教师工作内容。

二、依据指南分析幼儿行为表现

在指南的社会领域中，人际交往的目标 3 是具有自尊、自信、自主的表现。该目标要求幼儿能主动承担任务，遇到困难能够坚持而不轻易求助。案例中的果果在幼儿提出太高的时候，他能主动试一试，并在尝试之后调整位置。

在指南的社会领域中，人际交往的目标 4 是关心尊重他人。该目标要求幼儿能关注别人的情绪和需要，并能给予力所能及的帮助。案例中的果果看到斐然不敢跳，他主动示范，鼓励豆豆勇敢，并且不断把幼儿弄乱的垫子摆放整齐，方便下一个人跳。

在本案例中，我感动于果果大胆的尝试，他能够自己设计整个活动的方案；感动于他的每一个细节，做前想，做中想，边做边想；感动于他想得如此周到，从分组到中间器材的不断调整都考虑到每一个幼儿；感动于他组织的活动如此有趣，五十分钟的课堂上，大家都在不断地挑战和尝试，他的一个个小主意让我们在旁边自叹不如。

案例评析

在本案例中，教师根据幼儿的兴趣，产生了一系列的活动，由此引发了上课的小故事。幼儿不仅是上了一节课，更让我们看到了他们身上所具备的特质，也正是我们教师平时所观察和看到的一些特质。上课的兴趣来源于幼儿，课堂的实施尊重幼儿。

幼儿根据现场的需要不断调整自己的器材和规则。教师在理念上更是放手让课堂成为幼儿自己的课堂，幼儿在活动中的状态是自然的、愉悦的，更是自由的、自主的。我们的课堂更需要了解幼儿的兴趣，和他们进行对话，这也是我们迈向更专业化的一步。

本案例的教师能够根据《3—6岁儿童学习与发展指南》，每一步追随幼儿，并且有依有据。通过这样的"娃娃课堂"，幼儿在不同程度上都有所收获，这和教师的理念是分不开的。教师通过和幼儿的对话了解幼儿当时的所想所为，为后续的工作做了更多的铺垫。

（评析人：徐志国，江苏省常州市新北区银河幼儿园）

3. 老师，我的孩子笨吗

江苏省南京市溧水区实验幼儿园　刘琳

案例背景

一、时间

晨间幼儿入园。（今天是本学期的最后半天，根据幼儿园的安排，幼儿中午午餐后就会被接回家，本学期就结束了。）

二、地点

中三班活动室及教师办公室。

三、人物

表 3-1　案例人物简况

人物	性别	年龄	学历	个人情况简介	在事件中所起的作用
成成	男	5 周岁	幼儿园	中三班的一名插班生，平时性格内向、腼腆，不太爱说话	事件的中心人物
成成妈妈	女	32 周岁	本科	一名单位中层，平时工作较忙，较少来园接幼儿，与班级教师交流不多	事件的叙述人
成成奶奶	女	56 周岁	无	平时照顾成成的起居生活，经常来园接幼儿，但基本不与教师交流沟通，一般将幼儿送来或接走就回家	事件的引发人
教师	女	36 周岁	本科	中三班班主任，工龄 18 年，关爱幼儿，工作认真；平时乐意与家长沟通交流，与许多已毕业幼儿的家长成了朋友	事件的分析、解决人

案例描述

一、欲言又止的神情

早晨，我站在班级门口，微笑着接待每一个入园的幼儿。这时，成成妈妈来了，她欲言又止地说："老师，我……那个……我有点事想和您谈谈。"我说："好的，请稍等一下。"我向配班老师交代好后，便请成成妈妈进了中三班的办公室。

二、出人意料的问话

刚一坐下，成成妈妈的眼眶就红了，一口气也堵住了喉咙，半天都没说出话来。我拍拍她的肩膀，说："别着急，慢慢说。是不是成成昨天在幼儿园发生什么事了？"听我这么一说，成成妈妈点点头，眼泪在眼眶里打转，说出了一句让我大吃一惊的话："老师，我的孩子笨吗？"

三、潸然泪下的叙述

我压制住要冲口而出的一百个疑问，努力使自己的语调平稳下来，反问道："您怎么会有这样的想法呢？"成成妈妈终于没能控制住自己的情绪，眼泪像断了线的珍珠，大颗大颗地往下掉。我递过去一张纸巾，静静地等待。成成妈妈潸然泪下地开始了叙述："昨天晚上我一下班回家，成成奶奶就气冲冲地对我说，'你一天到晚就知道忙自己的，从来不管管孩子。现在我孙子是班上最笨的了。'我说，'妈，怎么了？成成怎么会是班上最笨的呢？'他奶奶说，'今天下午我去接成成，看见老师给其他小朋友都发了奖状，就成成没有，你说他是不是最笨的！当时我的脸都丢光了，接了成成就回家了。'我说，'应该不会，我明天去问问老师到底是什么情况。'所以今天我想问问老师，我的孩子是不是因为笨所以没有得到奖状？"

四、真相大白的过程

听完成成妈妈的叙述，我微笑着对成成妈妈说："成成奶奶误会了！也怪我们的工作没做到位。您放心，成成是个聪明的孩子，班上三位老师都挺喜欢他的。成成是我们班的插班生，经过一学期的观察和了解，我们发现他属于内秀型，虽然性格比较内向、腼腆，但他的接受能力、动手能力和自我服务能力都很强，绝对不是笨孩子。我们一定要看到孩子的闪光点，肯定孩子的优秀之处。千万不要随便认为孩子笨，防止孩子默认家长对自己的评价，从而更加消极。昨天下午家长来接时，有个孩子的奶奶说，天气预报明天会有大暴雨，而自己的家住得远，接送不方便，再加上明天只上半天，所以就不准备送孩子来了。于是，老师将奖状发给孩子带回家。这时，其他一些来接的爷爷奶奶听说明天有大暴雨，也决定明天不来了，所以老师就把这些孩子的奖状都发下去了，而明天继续来的孩子的就暂时没有发。成成奶奶正好在这个时候走进教室，她来得迟，不了解当时的情况，只是看到别的孩子在拿奖状，而自己孙子没有。也怪我们老师没及时向她解释一下，所以她带成成走时心里肯定有点不痛快。没想到我们一个小小的疏忽造成这么大的误会，还让你们婆媳俩闹得不愉快。真是不好意思。"

五、圆满和谐的解决

"这是我们老师工作做得不到位，所以首先我要先向您道歉。其次，这件事情提醒我在今后的工作中要加强与家长之间的交流沟通，特别是一些爷爷奶奶辈的人，我要更加主动和积极一些。待会儿我打个电话给成成奶奶向她解释一下，免得你们今晚回去见面时尴尬。"成成妈妈这时已经彻底平复了自己的情绪，她如释重负地出了一口气，说："原来是这样。也怪他奶奶不好，要是当时问一下，事情就不会变成现在这样了。"我说："希望我们今后能多交流、多沟通，携起手来共同教育好孩子。"

思考与建议

一、面面俱到的交流沟通

《幼儿园教育指导纲要（试行）》指出，家庭是幼儿园教师重要的合作伙伴。班级教师应本着尊重、平等、互惠的原则，争取家长对幼儿园教育工作的理解和支持。教师也要了解幼儿的家庭特点，有针对性地开展工作。一般来说，家长容易接受新事物，所以教师与家长之间的交流方式比较多样，有校信通、QQ、微信、班级博客等。但对于一些祖辈，教师就要多用心一些。我园地处城乡接合部，许多接送孩子的祖辈看不懂班级门口的通知，不了解幼儿园各种活动。当与祖辈沟通时，教师要拿出耐心，面对面、放慢语速地一个个进行提醒和通知。对于祖辈不理解的事情，教师一定要解释在先，防止事情被曲解后，处理起来更加被动。当祖辈对教师有误会时，教师千万不能得理不饶人，要放低身段，将事情解释清楚，以取得祖辈的理解。在平时的家长工作中，教师要照顾到不同年龄层次的家长，做到面面俱到的交流和沟通。

二、毁誉参半的幼儿奖状

《3—6岁儿童学习与发展指南》明确要求，家庭、幼儿园和社会应共同努力，让幼儿在健康的人际关系中获得安全感和信任感，发展自信和自尊。所以作为精神鼓励的奖状，我园采取的是人人有份的方式。大部分家长在拿到奖状后都会由衷地赞美幼儿。也有少部分家长对此不屑一顾。但我们也不能抹杀了奖状的作用，幼儿需要赏识教育，需要成人更多的鼓励。家长要有一颗平常心，正确看待奖状的作用，让幼儿在自信的同时，明白还需要努力的方向，这才是拿到奖状最应该做的事情。希望有一天，成成在大家的关爱下逐渐外向开朗，能自己主动说出事情的来龙去脉，避免类似误会的发生。

三、不能缺失的父母关爱

现代家庭的父母为了能给孩子带来更好的物质生活而忙于工作，无暇照顾孩子，忽略了对孩子的情感关爱。其实，父母是孩子教育的第一责任人，家长再忙也要抽出时间来陪伴孩子，与教师和祖辈多交流育儿经验。孩子的童年不可以等待。陪伴，永远是父母给予孩子最好的礼物。

四、摆正位置的隔代教育

许多年轻家长因为工作繁忙，把幼儿托付给祖辈照顾。许多祖辈在年轻的时候，因为生活和工作条件的限制，没能很好地照顾自己的子女。当他们有了第三代时，很容易产生一种补偿心理，把对子女和孙辈的爱全部投射到孙辈的身上，对孙辈疼爱有加、处处迁就，并认为自己的孙辈在同龄人中是最棒的。他们没有注意到自己的许多观念和做法都已经陈旧和落后，所以他们在照顾孙辈的基本生活起居上没有问题，但教育的重任仍需要孩子的父母来完成。隔代教育需要祖辈们摆正自己的位置，做到与年轻的父母相互配合，坚持正确的教育原则和方法。而年轻的父母要为祖辈们搭建交流学习的平台，让祖辈们不断接触和学习新知识、新事物，这样才能在教育目标上求得一致，在教育方法上走向趋同。

案例评析

在本案例中，有三个人的心理值得关注。

一、成成奶奶

对于祖辈的成成奶奶来说，成成是世界上最聪明的孩子，幼儿园发的奖状是对成成最大的鼓励和肯定。当她看到别的孩子都有奖状而自己孙子却没有时，她的失落可想而知。因为她基本不与教师交流沟通，所以当时只有将怒气埋在心底，一路发酵和膨胀。在她看来，孙子没有错，错的是工作繁忙的媳妇。所以，当成成妈妈回来时，她失控的情绪正好达到顶点，爆发出巨大的能量，造成了婆媳矛盾。

二、成成妈妈

成成妈妈作为一名单位的中层，平时工作比较繁忙，所以与孩子之间的交流不多，但这并不意味着她对孩子不了解、不关心、不重视。当成成奶奶说"成成是班上最笨的"时，她的第一反应是"应该不会"。紧接着，她就想到要向教师进行了解。所以，第二天，她来到幼儿园与教师进行面对面的交流，了解自己孩子的真实情况。

三、班级教师

作为一名有着18年工作经验的老教师，积累了一定的业务工作经验和家长工作经验，所以当发现家长情绪失控时，教师没有慌张和急躁，而是及时安抚其情绪，引导家长说出心中的真实想法，并根据具体情况做出合理的解释，圆满解决事情，让家长满意、放心。这次事件看起来是家庭的婆媳矛盾，但归根结底是由幼儿园所发奖状引起的，所以班级教师有责任、有义务来做这个"调解人"。

一张小小的奖状，折射出祖辈心理；一个小小的误会，发酵成婆媳矛盾；一次短短的谈话，促进了家园沟通。这样一个发生在晨间入园时的小插曲，经过教师和家长之间的对话，还原出事件的过程和真相。在交流中，家长对自己孩子的在园情况有了更深入的了解，教师也感受到沟通的重要性。

（评析人：张丹枫，常熟理工学院；陈腊珍，江苏省南京市溧水区教育局）

4. 小班幼儿分享行为背后的故事

江苏省南京市葛塘中心幼儿园　徐青

案例背景

对于幼儿园小班幼儿来说，分享就是指与他人一起玩一个玩具，与他人一起吃一块蛋糕，与他人共用一根油画棒……但是，3～4岁的幼儿正处于自我中心发展阶段，他们从自己的角度考虑问题，具有非常强烈的个人独占意识。因此，分享在他们看来往往是一件特别难做到的事情。我们常常听到幼儿园教师和家长都在说："你怎么不带他一起玩这个小汽车呢？好朋友要一起分享。""你不能这么自私，给弟弟吃一点。"……往往被"批评"的那个幼儿都会非常沉默，有的甚至还被夺去"玩具""零食"。强行与他人"分享"，我们看到的是他们愤怒、委屈的泪水，而不是喜悦的笑容。

案例描述

阳仔非常爱拼搭玩具，他的思维比大部分幼儿更加敏捷、活跃，一筐很普通的拼插玩具在他手里会被拼成多种不同的款式，有飞机，有火箭，有轮船，还有机器加油站……每天他都乐此不疲地玩着同一种玩具，当然还有几个幼儿和他有着同样的爱好。于是，问题就产生了。午睡起床后，阳仔穿好衣服后发现那筐他最爱的玩具已经被其他的幼儿拿得差不多了。他想了想走到小译旁边说："我们一起玩，老师说，玩具要大家一起分享。"当时小译刚搭好一个模型，他不太愿意把刚搭好的模型拆掉，于是小译拒绝了阳仔的请求。阳仔看好言相求不成，就准备动手抢，小译当然不答应，结果两个幼儿就在教室里你追我躲。

阳仔每天吃饭都是又快又好，这天他又是第一个吃完。漱完口，擦完嘴，摆好小椅子，他就来到玩具区，挑了一个他喜欢的小玩具——彩色积木。玩了一会儿，其他幼儿陆陆续续吃完了，大家都来到玩具区，萱萱想要和阳仔一起玩那个彩色积木，只见阳仔一边玩，一边大声说："是我先拿到的，你玩其他的。"萱萱说："可是我也想玩，而且老师说过这个积木是可以两人一起分享玩的。"萱萱说着就要动手去拿。阳仔一看，着急地用身体护住积木，说道："是我先拿到的。"

区角游戏的时候，小月、晨曦、牛牛等几个幼儿在玩油泥。油泥工具除了印花模具外，还有一把小刀，大家都想用刀切油泥，于是这把小刀就成了大家争夺的对象。一开始，牛牛拿到了这把小刀，切起了油泥，玩得好开心。没过多久，晨曦就对牛牛说："把小刀借给我用一会儿。"牛牛有点舍不得，把刀子拿在手里小声说："你们不都有模具了。"小月听到后大声反驳他："老师说过，玩具要大家一起分享玩，你玩一会儿，我玩一会儿。"牛牛听后低头想了几秒钟，然后笑眯眯地把刀子递给晨曦："我们一起分享玩。"接下来，小刀就在他们之间轮流分享起来。

思考与建议

《3—6 岁儿童学习与发展指南》的社会领域指出，幼儿学习与发展的目标为"在成人指导下，不争抢、不独霸玩具"；"知道不经允许不能拿别人的东西，借别人的东西要归还"。案例中的阳仔，在他的意识中，分享存在两种不同的标准：第一，自己想玩却没有玩具时，分享就能让他得到想要的玩具。于是，他理直气壮地向正在搭建模型的同伴要起了玩具，甚至直接动手去拿，在遇到反抗的时候，他追着同伴也要把玩具拿到手。第二，当自己拿到足够的玩具时，他就完全不理会分享这个概念。当别人要求分享玩具时，他就只想着怎样才能保护好这个玩具，让这个玩具为自己独享。其实对于分享，小班的很多幼儿都有这种双重标准，阳仔只是其中一个典型。案例中的小月、晨曦、牛牛等幼儿在情感和社交方面发展得比较成熟。他们虽然有的时候没有主动分享，但在别人的劝说下也愿意分享。而真正能做到乐于分享、主动分享的幼儿真的少之又少，只有几个幼儿能做到。所以，我们无法将"忍耐"的美德教给三岁的幼儿，但是依靠幼儿在现实环境中的体会却是可能的。在分享这件事情上，如果我们都能和蔼地、理性地、循序渐进地对待幼儿，相信他们会随着时间的推移越来越懂得分享，在教育的过程中不能拔苗助长、一蹴而就。我们可以通过以下四个方面来培养幼儿的分享意识。

首先，允许他们有双重标准。成人与幼儿最本质的区别，就是幼儿的思维与成人的思维不同。对于三四岁的幼儿坚持自己的想法，我们不要一味地与之争执，我们需要站在幼儿的角度来理解幼儿的内心和思维方式。我们千万不能在遇到幼儿不愿分享的时候批评他们，甚至讥讽他们自私，或者直接粗暴地抢夺他们的东西给别人，这会让他们觉得分享是一件令人讨厌的事情。当他们有了这次不愉快的经历，以后再对他们谈分享就会很困难。

其次，建立"先来后到"的规则。"没有规矩不成方圆"，这句话对于幼儿的成长同样适用，六岁前是幼儿建立各方面规矩的关键时期。我们应告诉幼儿，在玩具比较少的情况下，应该遵守先来后到的顺序，先来的先玩，后来的要等待。在玩的过程中，教师可以提醒先来的幼儿玩一会儿后主动把玩具交给下一个幼儿，并及时鼓励这种行为。

再次，重点表扬主动分享的幼儿。教师可以适当给予他们一些奖励，如小贴画、帮教师的忙等。经常的表扬和赞美会让他们成为其他幼儿心中的榜样。

最后，家园交流。幼儿分享行为的培养是一个持续的过程，这个过程必须要有家长的支持和配合。家长在家至少要营造一个家人相互分享的氛围。例如，家长让幼儿把买来的水果给家人每人分一个；看电视时，这个点看妈妈喜欢的节目，下个点看爸爸喜欢的节目等。

案例评析

皮亚杰认为 2～7 岁儿童的思维发展处于前运算阶段，并将这一阶段分为前概念阶段和直观阶段。前概念阶段一个突出的表现就是幼儿的自我中心，其特点是幼儿完全以自己的身体和动作为中心，从自己的立场和观点出发来认识事物，不能认识到自己的思想与他人的不同，因此不能客观地认识事物、对待事件，更无法理解"分享"这个抽象的概念。换言之，分享对于这个年龄阶段的幼儿来说，是一种既难以理解又特别痛苦的行为。

很多家长和教师都有一个认识误区，认为幼儿具有健康的个性，就应该学习和进行分享，不分享就是自私，这源于家长和教师对于幼儿心理发展缺乏正确的认知。为此，家长和教师需要做到如下几个方面。一是要有正确的认识，理解并尊重幼儿发展阶段的正常心理现象及行为表现；二是要给幼儿的分享行为以正确的方法和引导，不要出于所谓"教育目的"而强制幼儿分享。三是善于鼓励和激励，强化幼儿的良好行为；四是注重家园共育，为幼儿创设一致的环境。需要指出的是，小班幼儿年龄较小，他们喜欢模仿成人及周围人们的活动。因此，教师、家长要重视利用自己的言行感染幼儿，给幼儿树立一个榜样，鼓励幼儿主动学习分享行为。

案例中的教师具有正确的教育观、儿童观，并能够将自己的教育理念与教学实践相结合，将实践中的反思转化为教育行为，注重家园共育，这是非常值得赞赏的。

（评析人：洪金芹，江苏省南京市葛塘中心幼儿园）

5. 丢失的"球"引发的思考

江苏省南京市溧水区白马镇朱家边幼儿园　殷娟

案例背景

"接住幼儿抛过来的球"，这个隐喻深刻地说明了师幼互动中教师应该做的事情。但是，在教师的实际工作中，每一位教师都能够"接住幼儿抛过来的球"吗？每一位教师都能够摆正自己的角色，与幼儿形成良好的师幼互动的关系吗？答案明显是否定的。很多时候，教师都是"抛球者"，所希望的只是幼儿能接住球、接好球，根本不需要幼儿有反馈。教师在互动中居于控制地位，掌握着互动的发展方向和速度，幼儿则处于被动的地位，这就形成了教师高控制、高约束，幼儿高依赖、高服从的局面。面对幼儿的种种表现，教师不但"接"不好"球"，甚至直接把幼儿抛过来的"球"丢掉，长此以往，最终阻碍了幼儿的成长与发展。

案例描述

一、有一种蚊子不吸血

这几天天气越来越热，温度达到了二十八九度。在晨间活动的时候，几个幼儿玩热了，一边脱衣服一边议论："是不是夏天到了？好热！可是蚊子还没有出来！"姚老师听到了幼儿的议论，就请他们来说一说夏天的特征。幼儿各自兴奋地发表了自己的观点，有的幼儿说："夏天很热。"有的幼儿说："夏天有蚊子、苍蝇。"想想却说："我妈妈说有一种蚊子是不吸血的。"姚老师听了稍一迟疑，接着茫然地点点头说："可能是刚生下来的。"接着继续请其他幼儿说，而想想的脸上满是失落。

二、老师，我不想玩了

在幼儿园教研活动中，我和几个教师逐个班级进行观摩。走到大二班的时候，我被益智区的游戏"挑小棒"吸引了，我站在两个幼儿身后静静地观察，他们很投入也很专注，一会儿工夫便分出了胜负。一局结束，两个幼儿似乎不想再玩了，但是看看不远处他们的老师，于是开始了第二局。第二局结束后，其中一个幼儿跑到老师身边说："老师，我不想玩了。"看到他失望而归的样子，我猜老师肯定是拒绝了他的要求。我蹲下来问这两个幼儿："你们不喜欢玩这个游戏了吗？"他们委屈地说："每次有客人老师来，老师都是安排我们玩这个游戏，我想玩玩其他的游戏。"

三、我昨天做了个不开心的梦

开展大班语言活动"甜甜的梦"时，苏老师运用多媒体展示图片：一个幼儿在梦中的笑容。苏老师引导幼儿来猜一猜：这个小朋友做了什么甜甜的梦呢？幼儿根据自己的经验发表不同的想法。当请涵涵发表意见时，涵涵却说："老师，我昨天做了一个不开心的梦。"苏老师听后一愣，然后边做出让其坐下的手势边说："现在还有谁来说一说这个小朋友会做什么甜甜的梦呢？"我发现涵涵一坐下来后就忍不住与旁边的幼儿讲起话来，然后便看到了老师含有批评意味的眼光……

思考与建议

在我们的教育教学实践中，这种丢失的"球"的案例还有很多，造成这种情况的原因主要有以下几个方面。

一、教师控制活动

民主、平等是活动中师幼抛接球的首要原则，但在实践中，我们发现往往是教师在互动中居于主导地位，控制着互动的发展方向和速度，对幼儿在活动中的内心想法和感受视而不见，只是希望幼儿能接住球、接好球。这种交往使教师不能认真地、从容地、恰当地接住幼儿抛过来的球。案例三反映出的就是幼儿主体地位的缺失，它使我们所希望的"幼儿在前、教师在后，活动由幼儿的兴趣生成，教师是幼儿学习的支持者、合作者"的教育理念消失在活动中。解决这一问题的方法在于建立教师正确的教育观，这依赖于教师对《3—6岁儿童学习与发展指南》《幼儿园教育指导纲要（试行）》坚持不断地学习。

二、缺少知识储备

丰富而广阔的知识储备是教师组织活动、充实活动内容的基础。案例一中的教师对幼儿所提问题的模糊回答，不仅容易让幼儿形成错误概念，还中断了幼儿有价值的发现，使一个有可能生成的探索活动消失在一个模糊的回答中。如果教师了解"雄蚊是不吸血的"这个科学知识，能够沉着地回应幼儿，就会掀起整个活动的小热潮。即使教师不了解这个知识，也可以通过把问题再抛给幼儿，也许就生成了一个让幼儿获益良多的主题活动。为此，教师需要加强学习与积累。有了丰厚积累的教师，在活动中才能够游刃有余地接住幼儿抛来的球，带动幼儿主动学习。

三、缺乏教育机智

教育是一种艺术，也是一种智慧，面对千变万化的游戏活动，教师要能够敏锐地观察到幼儿的活动状态，随时灵活地做出回应。如果教师缺乏教育机智，往往会对游戏活动中出现的意外情况束手无策，而为了让游戏活动正常进行，他们采用的方法多是不理睬、忽视、生硬地安排等，致使有价值的球在瞬间丢失。在案例二中，幼儿对"挑小棒"游戏缺乏兴趣。为此，教师需要做到两个方面。首先，教师应该尊重幼儿的兴趣，允许幼儿自由选择；其次，教师应该了解幼儿对游戏失去兴趣的原因，进而从材料、设置上进行调整，而不是将真游戏变成幼儿被动参与的假游戏，丧失了游戏的价值。所以，教师要善于反思，多用批判的眼光，从目标、过程、师幼互动、环境创设、材料的利用、幼儿的学习状态、教师的教学策略等方面进行多角度的反思，以反思促成长。

案例评析

对于这篇案例，我感触比较深的是一种欣喜。随着《3—6岁儿童学习与发展指南》的颁布和江苏省课程游戏化项目的建设，我们的幼儿园教师真的是在理念上更新着、行为上转变着。他们学习着、反思着、观察着，他们的这种变化与成长，必将使更多的幼儿受益。

"接过幼儿抛过来的球"，这对于教师来说是一个非常高的要求，意味着教师要有理念上的认识、知识上的积累、教育机智上的修炼。

面对瞬息万变的知识更新，无论哪一个教师都很难做到"随时随地接住幼儿抛过来的球"，所以面对幼儿抛出的问题，教师可以再抛给幼儿。这未尝不是一种非常好的处理方法。活动从幼儿生活的问题中产生，由幼儿来发起，这不正是我们所希望的吗？

处理好"真游戏"与"假游戏"的问题。真游戏一定是由幼儿发起、幼儿自主选择、幼儿决定游戏方式的。而摒弃假游戏的最好做法就是从源头上做起，幼儿园要禁止游戏设计、游戏比赛、游戏观摩等表面上促进游戏水平、实际上制造假游戏的各类行政活动，让教师放松心态，把游戏的自主

权真正还给幼儿。

教师应提升活动中应答语的个人水平。应答语是我们理解的在"接住幼儿抛过来的球"时教师使用的语言。教师的应答语分为两类：最低水平的应答语就是"恩""啊""好不好""对不对"等无意义的消极应答，较高水平的应答语是教师对幼儿的问题或话语的及时、机智的回应，从而引发幼儿的思考、激发幼儿的兴趣、扩展幼儿的话题等。这是一个值得教师关注与研究的领域，也决定了教师和幼儿交往的水平。

"球"好不好接、接不接得住，需要的是教师对教育事业的热爱。尊重、理解、观察和回应幼儿，使幼儿在与教师抛接球的过程中快乐成长。

（评析人：张海艳，江苏省南京市栖霞区教育局）

6. "小商店"里的买卖游戏

江苏省淮安市深圳路小学幼儿园　陈岸月

案例背景

游戏是幼儿的基本活动，游戏来源于幼儿的生活。在平时的生活中，幼儿对于买东西、卖东西是非常熟悉的。在班级小商店游戏中，幼儿的兴趣非常浓厚，他们会模拟生活中的场景进行买卖游戏。为了给幼儿一个真实的体验，我们在小商店中为幼儿提供了丰富的游戏材料，有标有价格的图书、各种各样的玩具和真实的纸币等。游戏从最初由教师担任卖家，发展到由幼儿担任卖家，再到其他幼儿自主参与担任买家，进行自然的买卖交易。在买卖的过程中，幼儿体验买卖游戏的快乐。幼儿通过游戏了解货币的价值与使用方法，在自主互动中提高了交往能力和解决问题能力。教师让幼儿在真实的场景中进行演练，让幼儿获得相关的经验。

案例描述

壮壮蹲在摊位前很长时间了，他看上了一辆小警车，什么话都没说就把"警车"拽在了手中。毛毛问："你想买这辆小车吗？"壮壮不说话，只是笑着看着毛毛。毛毛又说："给我 5 元钱，你就可以买走这辆小汽车了。"壮壮拿出钱，专心地数着："1，2，3，4，5！"数完后，抬头继续盯着毛毛笑，付钱时只从 5 元钱中抽出 1 张放到毛毛手中，便要拿走小车。毛毛说："你给我的是 1 元钱，要把这 5 元钱都给我才行！"然后让壮壮重新付钱。这次，壮壮又是数完 5 张，还是只给 1 张。就这样反复几次，两人僵持了好久。这时，我引导壮壮："小汽车是几元钱？你付了几元钱？5 张 1 元的合起来是几元呢？"壮壮思考了一会儿，笑着说："要给他 5 张"。

妞妞挎着大肩包来到毛毛的摊位前，看上了有点损坏的毛绒小青蛙，坚持要买，而毛毛却向她推荐崭新的毛绒小兔，妞妞看看毛毛，又看看玩具，离开了，但是没过多久又来了，坚持要买有些损坏的小青蛙。交易成功的妞妞，心里美滋滋地拿着自己一直喜欢的毛绒小青蛙。

文文在摊位前转来转去，毛毛招呼他："你想要买什么，看看这个玩具喜不喜欢？"听到毛毛的招呼，文文摇摇头。

"那你想不想买辆小汽车？"文文又是摇摇头。

"那你看看有没有自己喜欢的。"毛毛又问。

但文文只是沉默。

"那你自己先在这里看会儿。"毛毛最后说。

文文待在摊位前依然不说话，毛毛建议他去玩别的游戏，文文不为所动。大约过了半小时，文文走到毛毛跟前指着一本书，小声说："我想买这本书。"

从以上的案例中我们可以看出，成人总是习惯于用自己的标准来衡量物品的价值。很高兴看到妞妞能够坚持自己的选择，在别的幼儿劝说后依然听从自己内心的声音，买到了自己真正喜欢的玩具。这不就是我们游戏的初衷吗？让幼儿真正做到自主选择，自主买卖，在游戏中体验到自主的快乐。

在买卖的过程中，壮壮对"货币"有了一定的概念，认识了1元的人民币，会点数，但说不出总数，所以交易无法进行。这时教师要敏锐地观察幼儿后才能给予引导和帮助。对于文文来说，这一次的买卖游戏也一定会令他难忘。他能够通过自己的努力，克服内心的阻碍，勇敢地跨出买卖的第一步。所以，教师要给幼儿时间，耐心地等远比帮忙更有价值。

思 考 与 建 议

一、参观超市，引导幼儿学会观察

家长带幼儿逛一逛超市，在实地进行考察，要有意识地引导幼儿观察。首先，要观察超市里都有哪些物品，它们都是怎么样分类摆放的，引导幼儿思考为什么要分类等。例如，超市有不同区域的划分：食品区、生活用品区、儿童用品区、家电区、图书区……分类摆放是为了便于人们挑选购买，也便于工作人员更好地服务。其次，要观察超市有哪些不同类别的工作岗位，不同的岗位人员都做了哪些事情，仔细看一看超市工作人员的工作流程等。例如，观察售货员和服务员是如何帮助顾客挑选物品，他们之间有哪些基本的对话；观察顾客是如何结账的；观察收银员是如何收钱、找钱的等。家长也可以带领幼儿观看相关的录像，了解相关的工作，激发幼儿参与游戏的兴趣。

二、实地演练，再现幼儿的生活经验

在班级实地演习买卖的过程中，演练的次数多了，我们就会发现生活中的许多经验都在幼儿的游戏中体现出来。例如，倩倩和毛毛涂涂画画，上面写着"买一送一"，充满童趣的海报，能更好地宣传自己的"商品"来吸引"顾客"，让自己的"商品"更具吸引力；珍珍大声吆喝，"走过，路过，不要错过，快来买，又便宜又好玩的玩具"，通过叫卖吸引大家来购买；健健剩了 8 元钱，看上价值 10 元钱的毛绒玩具，通过与卖家讲价，买卖交易成功。只要我们将演练的场地交给幼儿，将自主权交给幼儿，就会发现幼儿在买卖过程中的许多趣事都来自他们日常生活中经验的积累。

三、利用生活和游戏的实际情境，引导幼儿理解货币的价值和使用方法

家长在带领幼儿逛超市时有意识地教他们认识价格；买少量物品时，有意识地鼓励幼儿参与计算和付款的过程等，并逐步增加难度，由刚开始只提供 1 元的纸币和硬币，变成要求投放 5 元和 10 元。在此过程中，幼儿学会了如何找钱，在增加游戏难度的同时，也进一步推进了游戏。

四、教师提供支持，起到引领作用

在幼儿的买卖过程中，教师既不能放任自流，也不能过多参与干扰，而要根据幼儿的能力和需求，适时地观察指导，实施调整教育策略。例如，毛毛面前的所有货都卖完了，这时亮亮还有几样滞销品，教师的一个眼神，毛毛立马会意，主动帮助亮亮吆喝："快来看，大减价，千万不要错过。"通过两人合作，他们一会儿就将剩下的物品卖完了。类似这样的情景，当买卖游戏过程不能继续进行时，教师可以适时参与，协助幼儿完成买卖游戏，在推进游戏的同时，也促进了幼儿之间的交往。

案例评析

　　游戏来源于生活，也回归于生活。在本案例中，教师关注幼儿的兴趣，引导幼儿积累日常生活经验。本次游戏是在联系幼儿实际生活及游戏需求的前提下开展的，游戏内容的选择既贴近幼儿的生活需要，也有一定的挑战性。教师在游戏前也做了充分的准备，从而保证了游戏的顺利进行。
　　教师为幼儿创设模拟生活场景的游戏环境，为幼儿提供丰富多样的游戏材料，给予幼儿游戏的大力支持，明确了自己在游戏中的身份，不是指挥者，而是观察者、合作者和参与者。在整个游戏中，教师尊重幼儿，为幼儿创设宽松自由的游戏空间，给予幼儿更多参与游戏的机会，这充分体现了"自由、自主、创造、愉悦"的游戏精神。

商店买卖游戏给幼儿创设了一个很好的平台，通过这个平台，幼儿亲身体验买卖的过程，得到快乐；幼儿进行买卖的过程，收获的不仅仅是一些自己喜欢的玩具，还有人生中非常可贵的社交经验。在互动中，教师可以发现幼儿很多的闪光点，幼儿在游戏中互帮互助，不仅锻炼了社交能力，还提高了语言表达能力。讲价、吆喝、处理滞销商品、付款、清点货款等事项在买卖过程中是必不可少的，幼儿亲身体验这些流程，除了学习一些基础知识以外，还能提高计算技能。

　　通过分析商店游戏的案例，我们也进一步认识到，在幼儿游戏中，教师要学会观察幼儿的游戏发展情况，并能适时地介入指导。例如，当买卖游戏不能继续进行时，教师可以适时参与，协助幼儿完成买卖游戏，这样在提高幼儿游戏水平的同时，也促进自身的专业成长。

　　（评析人：殷秀兰，江苏省淮安市经济技术开发区教育教学研训中心）

7. 小班自主生活游戏弥补幼儿交往能力"短板"

江苏省盐城市大丰区幼儿园　王苗苗

案例背景

如今在"421家庭结构下"的独生子女,存在任性、自私、攻击性强、缺乏爱心和责任感等诸多"自我中心"行为。他们反对父母生二胎,并理直气壮地说出一些荒唐话语,这是值得我们深思的问题。幼儿的交往能力是其良好人际关系、心理健康和谐发展的重要基础,也是其社会性发展和个性形成的重要方面。自主生活游戏是小班幼儿融入集体生活和为以后生存做好准备的前提,是自主探索人与人、人与社会、人与宇宙关系的途径,更是一种弥补交往能力"短板"、促进其全面和谐发展的特殊实践活动和有效手段。

案例描述

自主游戏时,瑶瑶和全全到生活区喂"小动物"(见图3-19)。琪琪想加入,瑶瑶和全全没有注意到她。琪琪就拿起一根牙签捣"小兔子",同时转脸看他们,还是没人理她,她就继续捣"小兔子"。

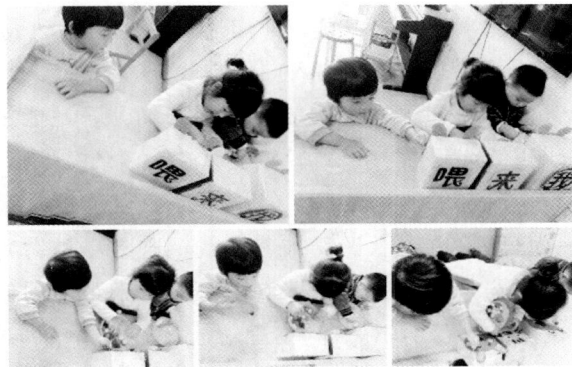

图3-19　幼儿喂"小动物"

琪琪不停捣"兔子",瑶瑶便邀请她一起喂"小动物",并把全全的一把勺子给了琪琪,教琪琪喂"小兔子"。两个人一起喂,一起倒食物,一起捡掉地上的"食物",完全忘记了全全。全全把勺子放在嘴里,见无人理睬,便离开了。忽然，瑶瑶举起勺子说："你应该用这个手拿勺子。"琪琪把勺子换到另外一个手中（右手），可怎么也舀不起食物，最后直接用右手拿起"食物"塞进"小兔子"嘴里，瑶瑶在一旁大叫："不对，要用勺子，看我。"琪琪又试了几次，最后还是用左手拿勺子喂"小兔子"（见图3-20）。

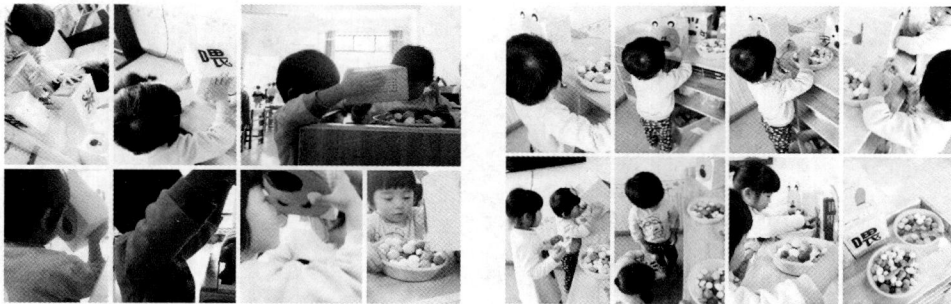

图 3-20 琪琪学习喂"小动物"

琪琪学着瑶瑶的样子倒食物。她把"小兔子"的脸朝向盘子，两手左右晃动，然后又往"小兔子"的嘴里看，接着又举高看，把"小兔子"的头倒过来看，最后把"小兔子"放回去继续喂。后来，琪琪发现了"小青蛙"，走过去把"小青蛙"抱过来喂。瑶瑶一边从"小青蛙"嘴里掏食，一边说："它吃饱了，不吃了。"接着，琪琪又去喂"小兔子"，可眼睛还盯着"小青蛙"，一直到自主游戏结束。

瑶瑶、全全、琪琪能根据自己的兴趣、意愿选择想玩的游戏，符合《3—6岁儿童学习与发展指南》中"幼儿园为幼儿提供自由交往和游戏的机会，鼓励他们自主选择、自由结伴开展活动"的要求。但由于小班幼儿的口语表达和人际交往能力较差、注意对象比较少、视线范围比较窄的年龄特点，他们没有足够的时间、空间关注事物外的信息，他们通常喜欢用行动表达需求。例如，琪琪用牙签捣"小兔子"的办法试图加入同伴游戏。

瑶瑶是一个人际交往和语言表达能力较强的幼儿，她能主动邀请琪琪加入游戏，并告知琪琪该如何给"小动物"喂食。在这个过程中，瑶瑶一直处于"领导"地位，能自主决定、独立做事。但她未经商量就把全全手中的一把勺子给了琪琪，任凭自己的主观意识安排着游戏，这是小班幼儿"自我中心"的典型表现。同时，瑶瑶是个善于观察、有耐心、乐于帮助同伴的幼儿，她能发现琪琪拿勺子的手和自己的不一样（小班幼儿对"左、右"的理解存在年龄特点的限制），主动告知琪琪并不断地示范。由于小班幼儿的坚持性时间不长和生活经验的局限，在琪琪多次尝试（右手）失败后，瑶瑶也放弃了继续帮助。在当瑶瑶看到琪琪脱离自己的"领导"，不听指挥，喂"小青蛙"时，放大声音说话，坚持让琪琪回去喂"小兔子"。这是小班幼儿常以满足自己的需要为准、不能控制自己情绪的典型表现。

爱模仿是 3~4 岁幼儿突出的年龄特征。他们喜欢模仿教师、家长和伙伴，他们在模仿中学习、成长。琪琪自己尝试"倒食"时，她学瑶瑶把"小兔子"翻过来，但受经验不足的限制不能确定是否全部倒出，她又借助其他感官，通过翻、晃、看、举、倒等办法"倒食"。其间，琪琪不是消极被动地模仿，而是在模仿中加入了自己个性与情感表现的创造。可见，琪琪是一个能够认真观察、主动想办法解决问题的幼儿。

游戏结束时，瑶瑶和琪琪能将游戏材料整理如初，可以看出她们具有良好的游戏规则意识。

思考与建议

针对"左右手拿勺子"的分歧，结合指南中"尊重幼儿发展的个体差异"的阶段性特征，教师开展"不一样的我"的欣赏活动，让幼儿知道不能用自己的想法去改变别人，学会尊重、理解他人的"不同"，不强硬要求同伴"必须和自己拿勺子的手一样"。

想加入同伴的游戏却不知道该如何提出请求是案例中琪琪和全全遇到的共同困惑。教师要能够领悟指南中社会领域关于"能与同伴友好相处"的教育建议，结合"我们一起玩"的主题活动，利用语言、动作、角色扮演等方法启发幼儿灵活加入同伴游戏，实现自己的想法，增强自信心。

案例中的瑶瑶以自我为中心的"领导"行为是 3~6 岁幼儿所具有的典型行为表现。教师可以运用指南中"利用相关图书、故事，结合幼儿的交往经验，和他们讨论什么样的行为受大家欢迎，想要得到别人的接纳应该怎么做"的方法，利用"爱指挥的小乌鸦"故事，引导幼儿理解"人与人之间应该友好相处，有事情大家一起商量，而不能一个人说了算"的道理。

教师要理解指南中"幼儿以直接经验为基础"的学习方式和特点，带领幼儿观摩、参与中大班幼儿的区域活动，让他们感受游戏氛围，积累游戏的经验，在模仿中创造性成长，形成具有自身特色的游戏经验。

教师要提供合作游戏的机会，让幼儿在合作中感受游戏的乐趣。教师可以开展体育游戏"运粮食"，让幼儿齐心协力合作完成"抬粮""装粮""运粮""卸粮"游戏，感受到每个同伴的重要性，学会合作、共同游戏。教师及时介入游戏，给予指导。在"全全吸引大家注意力无效"的情况下，教师可以主动引导全全用语言表达自己的想法，鼓励他们三人合作，也许就会出现"瑶瑶、琪琪、全全甚至更多同伴一起游戏"的热闹场面。

案例评析

在本案例中，我们清楚地看到小班幼儿年龄小，经验缺乏，常以自我为中心，思维直观、具体，自主性还没有得到充分发展。案例中的教师置身游戏之中，同时游离游戏之外，把整个过程交给幼儿，在观察、拍摄、记录的过程中发现问题，解决问题，给幼儿提供了足够的自我成长空间。至于玩什么、怎么玩、跟谁玩，教师全部让幼儿自己做主。这种氛围不仅可以充分发挥幼儿的主体性，还能增强幼儿的适应能力和交往能力。同时，教师还尊重幼儿的个体差异。

除此之外，教师带领幼儿观摩、参与中大班幼儿的区域活动，开展"我们一起玩"主题活动，讲故事"爱指挥的小乌鸦"，提供合作游戏的机会等，这些都发展了幼儿克服困难、勇于尝试的意志品质和主动、乐观、合作的态度，弥补了幼儿交往能力的"短板"，同时也锻炼了幼儿的动作、言语、认知等能力。

由此看出，教师善于在日常生活中发现、保护幼儿的游戏，理解指南中"幼儿的学习是以直接经验为基础"，观察幼儿的需要，明确游戏发展的方向，真正做到了把游戏还给童年，让教育回归生活。

相信只要教师将指南的精神学以致用，珍视游戏的价值，发挥幼儿"群体资源"的"模仿"功效，继续放手、仔细观察，适时引导幼儿主动参与游戏、创造游戏、再现游戏，幼儿一定能在多彩的游戏环境中自由探索、自主发展，形成自信、独立的社会个性，快乐且健康成长。

（评析人：张丹枫，常熟理工学院；俞惠霞，江苏省盐城市大丰区幼儿园）

8. 用爱拥抱你，哭闹的宝贝

江苏省盐城市大丰区实验幼儿园　陈莎莎

案例背景

托班幼儿是幼儿园中年龄最小的，他们在适应能力和身心发展方面都不如其他年龄阶段的幼儿，尤其是入园后的适应能力。他们需要很长一段时间才能融入幼儿园的集体生活。面对陌生的环境和教师，哭闹是托班幼儿最常见的反抗方式，如何让托班幼儿尽快适应新环境，摆脱焦虑不安的情绪，让幼儿喜欢教师和幼儿园，这对于新教师来说是一个难题，也是一个挑战。我曾请教年长的幼教前辈，他们告诉我要用我们的爱去呵护幼儿。所以尽管整天被幼儿的哭闹包围，我也没有退缩，依然坚定地相信，用爱去拥抱、接纳他们，就一定会得到幼儿的信任和爱。

案例描述

我所在的幼儿园是一所新办园，今年幼儿园招收了三个托班，我被分配到托三班担任班主任，如何面对这些三岁多的幼儿，真是很具挑战性的。对于大部分幼儿，我还能够与他们进行最基本的交流；但对于个别语言发展缓慢的幼儿，我有时会不知道他们在说什么或者想做什么。

早上，我带着激动的心情准备迎接那些可爱的幼儿。可当我见到他们之后，他们一直在不停地哭闹。当我靠近他们时，他们哭得更加厉害。我知道，对于幼儿来说，面对一个陌生的环境、陌生的人以及和父母分离带来的焦虑和恐惧，他们只能用哭闹来缓解。那一天早晨，整个班级都是混乱的，教室的三个门也都是关着的，几乎所有的孩子都哭着喊着"我要出去"或"我要去找爸爸妈妈"。看到这样的一幕，我没有想到幼儿会如此的害怕与恐惧。整个教室弥漫着焦虑、烦躁不安的情绪。可能突如其来的分离已经带给幼儿极大的恐惧感，陌生的教师就更让他们没有什么安全感。于是，我决定给每个幼儿一个大大的拥抱，让他们在我的怀抱中感受到我对他们的爱，渐渐地，有些幼儿开始慢慢地放松下来，他们的情绪也缓和了一些。

不知不觉，已经到了午饭的时间，第一天的这顿午餐让教室变得一片狼藉。

我们忙得满头大汗，却没有一丝成就感，虽然这和我们三位教师没有经验有关，但显然我们还是缺乏心理准备，没有章程，缺乏组织幼儿的经验和办法。

午饭过后便是午睡时间，大部分幼儿都能在我们的哄、抱之下，乖乖地睡到自己的小床上，因为我告诉他们睡醒后爸爸妈妈就来了。就这样，很多幼儿都能渐渐进入睡眠状态，可仍然有个别的幼儿不相信。比如，我们班的昌建，他让我印象最为深刻，因为所有的幼儿都能睡到自己的床上等待爸爸妈妈来接他们，只有他不愿意睡到床上。于是我告诉他如果今天起床后爸爸还没有来，那以后他就可以不午睡了。这样的一个交换条件让他乖乖地睡到了自己的床上。在幼儿起床后，他们的爸爸妈妈都来接他们了。看到他们一张张开心的笑脸，我也感到特别开心。在未来的日子，我将用爱去陪伴他们，就让我从这第一天的哭闹开始吧。

思 考 与 建 议

第一天的哭闹结束后，我便开始总结反思一日活动中的各个环节，有哪些成功经验，有哪些失败之处，分析为什么会在某些环节混乱无序，应该怎么解决？并和另外两位教师进行沟通，讨论应对的办法，具体内容如下。

一、清晨接待从拥抱开始

我们决定从第二天开始，晨间接待时依然拥抱每个哭闹的幼儿。越小的幼儿对成人的依赖程度越高，也越喜欢成人的拥抱和爱抚，这会让他们找到安全感。当幼儿被迫离开依恋的家人时，教师的笑脸和拥抱尤为重要，能尽快地让幼儿熟悉和喜欢你。拥抱是传递爱的简单却温暖的好方法，也是安抚哭闹幼儿的第一个有效手段。

二、渗透在一日活动中的爱

(一)明确每个环节的任务，常规教育巧妙转移注意力

当幼儿断断续续哭闹，总是沉浸在分离的焦躁不安中时，我们会把幼儿带入一日活动的各个环节。我们会明确地告诉幼儿，这时应该做什么，用有趣的活动吸引幼儿，同时在每个环节中引导幼儿遵守规则。我们始终用笑脸陪伴每个幼儿，渐渐地，幼儿会小声哭，直到完全不哭，我们的笑容从未离开幼儿。

(二)把关爱融入生活，见证幼儿的点滴进步

爱幼儿不仅仅体现在陪伴和教育中，还要关心和爱护每个幼儿。比如，

班上某个幼儿生病了，一个电话、一声问候不失为一种师幼关系的良好开端，幼儿来了之后，你的一声"好些了吗"会令他感觉到老师是关心他的；在吃饭的时候，说一句"多吃一点我们才有力气，才能长大"会让幼儿倍感温暖。每当幼儿胆怯地说"老师我不会"时，你笑着对他说"加油，只要再多做几次，就一定能学会！"这样，在生活的点点滴滴中融入我们的爱，幼儿也会乐意改变，甚至连家长也会感动。所以，幼儿的不断进步也成了我工作的动力。

开学至今已经有一段时间了，经过三位教师的共同努力，幼儿已经爱上了幼儿园。现在，我们班的幼儿不仅能自己吃饭，还知道了午饭后要进行散步、睡觉的生活规律。从对幼儿园的恐惧到现在热爱幼儿园，从开学的哭闹到来园后能开心地与爸爸妈妈说再见，幼儿的这种转变让我感到欣慰，更使我感到我所做的一切都是值得的。

没有爱的教育如同一方没有水的池塘。爱是师德的灵魂，爱是生命的主旋律。我愿意在这平凡的工作岗位上用质朴的爱去奏响每一个幼儿生命的旋律！

案例评析

本案例描述了托班幼儿入园后的种种状况，教师面对因为分离产生恐惧和焦虑而哭闹不止的幼儿，从毫无经验的应付到有目的、有计划的训练，并在工作中总结出如何更好地爱幼儿，让幼儿爱上幼儿园和教师的策略。

一、爱的拥抱：用温暖的怀抱缓解幼儿的恐惧

年龄越小的幼儿越会依恋亲人，尤其是依赖每天陪伴他们的父母或者爷爷奶奶。因此，突然的分离，把他们留在陌生的环境和陌生的教师身边，恐惧感充满他们的内心。他们没有任何办法解决，只能用哭闹来反抗。此时教师说多少安慰的话都比不上一个温暖的拥抱，这会让幼儿有安全感，缓解他们的恐惧。

二、爱的陪伴：用无时不在的笑容和语言转移幼儿的焦虑

在幼儿断断续续的哭闹中，我们作为他们唯一可以依赖的人，需要时时陪伴他们。让幼儿知道这个集体是怎么组成的，有小伙伴，有三位教师。最初的适应期需要三位教师不离左右，用无时不在的笑脸面对幼儿，用各种话题转移他们执着的提问和要求："妈妈什么时候来""老师，你打电话给我妈妈"等。教师的笑容和开心的话题会有效地转移幼儿的焦虑情绪。

三、爱的引导：用各种形式引导幼儿理解并遵守活动规则

托班的幼儿虽然年龄小，但我们也需要训练他们的一日常规意识和良好的生活习惯。在稳定大部分幼儿的情绪后，我们便开始教他们根据自己的照片找自己的座位，辨认自己的小茶杯和毛巾等；引导幼儿了解一日生活规律，什么时候该做什么事；通过故事、儿歌等方法教会幼儿如厕、洗手、排队、吃饭等活动规则。这些生活习惯教得越早，幼儿适应越快，并能懂得遵守这些规则。

（评析人：顾春梅，江苏省盐城市大丰区实验幼儿园）

9. 爱"可是"的天天

案例背景

20世纪以来，攻击成为心理学研究的一个重要课题，攻击性行为的发展与控制问题也一直是发展心理学最为重要的研究领域之一，尤其重视对儿童攻击性行为的研究。

大多数专家学者普遍接受的攻击性行为的定义是，任何一种意在伤害另外一个意欲躲避这种伤害的生命体的行为或语言。外国学者按照攻击性行为的表现形式和相应的类型学知识将攻击性行为划分为身体攻击、言语攻击和间接攻击。

天天性格活泼好动，渴望与同伴相处，却总是容易冲动，将自己的攻击性行为施加于同伴、教师身上。面对自己爱打人的缺点，他总以许多的"可是"逃避责任、否认自己打人的事实。

天天入园近一年，针对天天时常发生的攻击性行为，我们进行了为期大半年的观察。在观察与访谈中，家园共同合作，天天的攻击性行为慢慢得到纠正。

案例描述

一、前期观察——"耳光"事件

体育课上，幼儿排着队，学着小兔跳圈。天天跳完一圈，又站到了队伍最前面，政政大喊："老师，天天他又站我前面了。"天天看着我说："可是我还没有玩呢。"

我轻声说："天天，你刚才已经玩过了，按照规则你应该排到队伍最后面，轮到你时再跳。"天天反驳道："可是兔宝宝还没有回家。"了解了天天的习惯，我说："兔宝宝让你排好队，才能成功回家。"还没等我转身，天天一把抓住跳圈的政政，挥了一个耳光。

"老师要批评你了，没有排好队，又打了人。"我严肃地说。天天立马号啕大哭道："可是你们都欺负我。"我解释道："朋友怎么会欺负你，你先动手打你的小伙伴。看，政政的脸疼得通红。"天天故作委屈地说："可是我不想来幼儿园了，我要把这里炸掉，消灭你们。"

这时，我发现天天总是以自我为中心的理由转移话题，于是就问："那你打政政了吗?"天天答道："我没有打人。"我正视天天的双眼说："小朋友打了人是小事，但是你不承认自己的错误，要明白没有人愿意和撒谎的孩子做朋友。"听到拒绝性语言，天天爆发了，对我拳打脚踢地喊："可是你骂我，我要变身，你还是老师吗?"

二、后期观察——"控诉"事件

自由绘画时间开始后，天天跑到座位上，拿起蓝色蜡笔，却迟迟不下笔。一会儿，同桌的润润告诉我说："天天还没画，他不会画。"

幼儿画得都差不多了，这时，天天捂着脸大声哭着喊道："他们说我画的是个脏兮兮的小黑鱼。可是这明明是蓝色小鱼;可是他们竟然敢说我;可是他们还说我脑袋上长犄角……"

不等我询问，天天先把自己哭诉成一个弱者，俨然想用自己的"可是"，营造出伙伴不尊重他的情景。了解事情后，我告诉天天："小朋友看你画的和自己不一样，觉得你的小鱼与众不同，没有想到合适的词语，不小心说你画的小鱼是脏兮兮的。不过你也有不对，不应该画在其他小朋友的作品上，你这么做，别人的小鱼也会伤心的。""可是……"天天听着，依旧想争辩。

在前期观察中，天天的行为属于典型的身体和言语攻击型。通过一学期的共同纠正后，他的攻击行为减少了。但在后期案例中发现，面对同伴对自己的言语攻击时，天天又会表现出明显的挫折感。

思考与建议

如何纠正天天的攻击性行为，促进其身心健康发展，我认为应该在对其进行行为分析的基础上提出相应的教育建议。

一、行为分析

(一)个体因素

1. 遗传因素

攻击性行为受遗传因素的影响，并不是父母将一系列攻击性行为遗传给了幼儿，而是父母情绪中容易激动和性格急躁、冲动等自然特征会遗传给幼儿，遇到合适的环境，逐渐会发展成攻击性行为。

2. 心理发展特点

小班幼儿容易模仿，控制、认知能力低，以自我为中心。进入新的生活环境，天天缺乏同伴交往中正确的经验和行为指导。同时，他对教师身份缺乏认知，主观认为批评中的教师扮演了坏人角色，对自己有敌意性。

（二）环境因素

1. 家庭教养方式

不同形态的家庭教养方式对幼儿的行为具有不同的影响。天天处于溺爱放任型家庭，家人对他千依百顺，为他产生的攻击性行为寻找借口，这成为天天爱"可是"的精神支持。教师与其外婆交流时，外婆会做"嘘"的手势，逃避并制止教师对天天不良行为的批评。隔代的异常溺爱，造就了天天逃避挫折，强化了天天的攻击性行为。

在后期案例的"控诉"事件中，天天一旦不如意就会出现哭闹，这反映出家庭中家长的忍让和默许强化了幼儿哭闹的成功性。

2. 同伴交往关系

同伴关系不良的幼儿在交往中被拒绝后，经常会对同伴进行攻击。天天的"不友好"，使他面临想交又交不到朋友的现实情况。

3. 现代媒体、动画片等传播方式

通过观看电视上的暴力行为，幼儿也会习得攻击他人的行为。随着现代网络技术的发达，大量参差不齐的动画片涌入幼儿的视野。在言语攻击上，天天会使用"变身""爆炸""消灭"等词语。他的母亲表示，这些词语大都来源于平时所看的动画片。

二、教育建议

（一）树立正确的家庭教育观念

教师应利用专业知识和经验间接、委婉地转变家长不科学的教育观念，在帮助家长尊重天天想法的同时，更应提高天天的行为认知和自控能力。

在幼儿发生攻击性行为时，教师要寻找家庭中开明的家长，帮助其了解幼儿攻击性行为的成因与危害性，引导家长正视幼儿的错误行为，不逃避；及时纠正，以身作则，帮助幼儿掌握正确处理矛盾的方法。

（二）创设健康的幼儿园氛围

教师要以身作则，时刻保持良好的言行，营造适宜幼儿生活与学习的健康环境。

教师要创设友爱的班级环境，减少攻击性行为的信息源，不播放暴力性动画片；建立班级条约，让幼儿明确攻击他人是不受同伴欢迎的。

教师要优化幼儿的学习与生活环境，满足每一个幼儿活动所需的材料，减少他们抢占游玩场地、争抢玩具等攻击性行为的产生。

（三）运用正确的强化疗法

强化疗法又称为操作条件疗法，分为正强化、负强化、正惩罚和负惩罚四种形式。

教师应善于发现幼儿的优点，利用优点改善幼儿的不良行为。天天好面子，教师可以分配给其力所能及的事情，获得肯定后，再对天天的正确行为进行正强化。

教师应利用多种教育形式，帮助天天认识犯错误是应该受到批评或者惩罚的，并且对天天的攻击性行为进行负强化。

（四）正确进行挫折教育

挫折感是一种普遍的心理状态，幼儿在不能面对挫折时，常常用攻击性行为来保护自己。这就要求教师和家长应正确对待并进行挫折教育，开展角色游戏，创设挫折情境，适时地进行正面干预，帮助天天养成不逃避、不退缩的行为习惯。

案例评析

幼儿期是幼儿身心迅速发展的时期，这一阶段的发展对于幼儿今后乃至一生都至关重要。

在本案例中，教师留心观察并了解天天的攻击性行为，从多角度分析行为归因并采取科学的教育手段。值得肯定的是，教师进行家园合作，既要向家长、幼儿提出合理具体的要求，自身也耐心地、坚持不懈地改善有攻击性行为的天天。

案例中天天出现的攻击性行为与自身的挫折感分不开，教师应深入挖掘。从抗挫折的角度来看，教师应采取具体、直接的教育方法，增加天天的自信心，同时培养其健康积极的抗挫折能力；让天天明白犯错误时应勇于承担、不退缩，逐渐淡化其攻击性思想意识，在反复的实践与强化的基础上，形成其健康的行为品质，促进其身心健康和谐发展。

（评析人：唐云，江苏省盐城市大丰区实验幼儿园）

10. 以爱为本的教育

江苏省苏州市工业园区新城花园小学附属幼儿园　郭音池

案例背景

随着经济的蓬勃发展，许多幼儿家长因为工作的压力，长期在外无暇顾及子女的成长和教育，把幼儿交给祖辈养育，造成了"幼儿在家上学，父母外出打拼"的现实状态，这些幼儿因父母教养角色的缺失而缺少完整的家庭教育，缺少监护人仔细的学习引导和管理，使他们在成长过程中心理上存在着很多问题，从而表现出幼儿在社会性发展过程中存在的障碍，如不能融入集体环境，与同伴之间不能正常相处等。但是对于这样的幼儿，改善幼儿现状的核心是为有特殊需求的幼儿提供支持性的服务，而教师在面对这样的幼儿时，除了运用专业的理论支撑来改善他们的行为方式外，更重要的是要有耐心，要走进他们的内心世界，实施爱的教育。

案例描述

我的班级有一个父母长期在外、由祖辈抚养的幼儿，他的情况较为特殊，医学鉴定他有轻度的自闭倾向。在和其他幼儿相处时，他有时会出现伤害其他幼儿的情况，班级中的其他家长开始时不接受他，我经过多方沟通和努力，在两年的共同学习生活中家长给予了更多的理解，这个幼儿也得到了很大的进步。

一、初遇愕然

烈日炎炎的夏日，我走进了小班新生轩轩的家中，我热情地向他打招呼，但并没有得到任何回应，他被奶奶强行拉过来，我趁势拉起轩轩的手，将我的温暖传递到他的手心，并笑着对他说："可爱的轩轩，老师来看你了！"这个清秀的男孩甩开我的手，径直走到房门处玩开关，一开一关的动作一直持续到家访结束，这开关的声响打破了我心灵深处的平静，一股酸涩的味道侵袭而来，久久萦绕在我的脑海。

二、携手茫然

开学第一天，一些幼儿还不适应幼儿园，但也只是以哭闹抗拒，而轩轩直接就用耳光打在了我的脸上，当时在旁的家长都愕然了，我虽然有一点尴尬，但还是耐心地安抚着轩轩，给予他妈妈般的温暖。我不厌其烦地教轩轩喝水、吃饭、如厕、穿脱衣服，一个月后其他的幼儿都有了进步，轩轩还是止步不前，不和任何人有眼神的交流，也不和其他幼儿说一句话。餐点活动时，轩轩经常把自己的饭菜打翻在别人身上；课堂活动时，轩轩会突然大叫或站起来跑来跑去；午睡时也是哭闹不止，吵得其他幼儿无法安睡。

三、希望点燃

两个月后轩轩情绪稍微稳定，我再次来到了轩轩的家。"看！郭妈妈给你带来了什么？"我慢慢地打开手里的那张大大的卡片，一颗颗粉色的爱心跃然纸上——"轩轩，这些小小的心是我送给你的，意思是我很喜欢你！"轩轩终于被这礼物吸引，激动地拿起蜡笔在卡片上乱画起来，轩轩奶奶来制止，我却示意她微笑地观察轩轩画画，这个男孩脸上难得露出了开心的笑容，与此相对的是奶奶激动的泪水，这一刻，我备感欣慰。

四、感动欣然

每天放学后我都会再陪轩轩一会儿，有一次我弹钢琴给他听，他听得很入神，直到我弹奏结束时，他情绪激动地扑向钢琴，正巧将琴盖压到了我的手上，虽然剧烈疼痛，但我很开心，因为终于找到了通往轩轩心灵深处的入口，于是我开始了陪轩轩学琴的奔波之旅。他虽然喜欢钢琴，但无法控制自己有意注意的时间，学习方式完全是无意的，学习的进程非常慢，轩轩妈妈很着急，一度想放弃，我的内心也很着急。但是面对轩轩时我才知道，唯有默默的支持与陪伴才是最好的教育。突然有一天，我们在唱《小星星》时，轩轩跑到钢琴旁边，熟练地演奏起来，其他幼儿直夸轩轩好棒。当我告诉轩轩妈妈时，她激动得热泪盈眶，连声道谢。其实只有我心里知道，我要的不是感谢，而是感动，感动于轩轩每一次如花绽放的笑容。

思考与建议

一、父母家庭教育的缺失影响幼儿的社会性发展

案例中轩轩的父母长期在国外就职，但并没有条件将轩轩一起带到国外

生活、教育。轩轩从出生开始就一直由爷爷奶奶抚养长大，爷爷奶奶疼爱有加，也发现轩轩和同龄的其他幼儿有差距，但并没有到专业医院等地方进行检查，只是觉得幼儿长大一点会好些的。轩轩虽然有爷爷奶奶精心的养育照顾，但缺乏父母陪伴的幼儿早期依恋关系建立的不好，现在已经明显出现了性情内向、孤僻、焦虑紧张、缺少安全感、人际交往能力较差等问题。其实幼儿已经出现问题后，家长就要更加及时关注，早期治疗对于幼儿的康复会有更好的效果。

由于轩轩父母工作忙，缺少与轩轩的沟通，不能直接抚养他，这对于轩轩的心理发展会有消极作用；祖辈对轩轩的过分溺爱，造成他任性、爱发脾气，使幼儿心灵变得敏感和脆弱；他对人际交往也不感兴趣，所以会常常做一些看似反社会的行为。另外，轩轩的生活环境单一，经常一个人在家玩，不与同龄伙伴接触，使他缺少与别人交往的机会，来到幼儿园不知道如何与同伴交往。因此，轩轩的教育和培养必须从引导他愿意与同伴交往、克服任性等方面着手，并且要培养他做事专心以及耐心的品质和行为习惯。

二、用爱的教育走进幼儿的内心世界

想要走进一个幼儿的内心世界，就要熟悉他们，了解他们，关心他们，建立师生之间的真诚和依赖，并与他们的家长真心实意地沟通交流，教育才有机会继续。面对这样的情况，教师要如实反馈给家长，建议带幼儿进行正规的检查。轩轩父母很重视，立即回国带他去医院检查，咨询了心理医生，最后确诊幼儿有轻度的自闭倾向。只有父母更多的陪伴才会让这样的幼儿慢慢缓解病情，但由于工作原因，轩轩父母不能给予他更多的照顾，只能联系心理医生，让爷爷奶奶定期带他治疗。这时教师就要给予幼儿更多的爱，虽然这份爱不能弥补父母身份的缺失，但在一定程度上能让幼儿感受到爱的存在。只有让轩轩感受到他是在关爱、平等的和谐氛围之中，他才能敞开心扉，尝试着投入他感兴趣的活动，这种融洽的师生关系对于幼儿的心理发展更为有利。

从某种意义上来讲，幼儿的成长伴随着这样或那样问题的出现，教师在帮助幼儿解决问题时，处理问题的方式方法很重要。艺术地处理问题不但体现教师高超的教育教学艺术，而且有利于问题的圆满解决，拉近师生的距离。教师要关注幼儿的生活细节，根据他们的情感表达了解他们的心理状态。父母不在身边的幼儿很缺少爱，也渴望得到教师、同伴的关注，所以对于这样的幼儿，教师要视同己出，把他们当作自己的孩子，因为没有真实的爱就没有真实的教育。同时要特别留意他们的一言一行，选择适当的话题慢慢与之接触，抚慰他们失落的心灵。

案例评析

一、爱是一种情感的交流

案例中的教师对幼儿充满爱的教育活动是她用行动来播种、用汗水来浇灌、用心血来滋润的。这个情感交流的过程是漫长的，需要教师真正的付出，有的时候付出还不一定能看到回报。幸运的是案例中的这个幼儿让大家看到了希望，因为他在两年时间内有了很大的进步。高尔基说："谁爱孩子，孩子就爱谁。只有爱孩子的人，他才可以教育孩子。"的确，爱是一种情感交流，当你把炽热的爱通过你的点滴传递给幼儿时，就会激起幼儿对你情感的回报，从而乐于接受你给予的一切。

二、爱是一种行动的体验

教育是爱的共鸣，是心与心的呼应。教师要用爱的行动让幼儿重新点燃希望之火。案例中的轩轩的进步不是偶然的，而是长期教育过程的一种结果。在教育教学过程中，教师用爱的行动一直与幼儿保持着亲密和谐的关系。正是因为这种爱的体验，轩轩才会自尊自信，心情轻松愉快，心理也能得到健康发展。相反，如果幼儿在生活中总是得不到教师的关注，他们就会产生自卑、恐惧、焦虑等不适心理，情况就无法得到好转。

三、爱是一种理解和尊重

对于案例中的特殊幼儿，教师需要多一分理解和尊重的爱，我们的教育理念是主张每一个幼儿都应在教育主流中，强调平等的受教育权。让普通幼儿与特殊幼儿在同一个学习环境中都有认同感和归属感，这不仅是强调幼儿的立足点平等，更是强调为特殊幼儿提供支持性的服务，这样的融入过程其实对班内的幼儿都有好处。对于特殊幼儿来说，他们需要接受更多的正常环境的刺激与教育；对于普通幼儿来说，从小能够与特殊幼儿相处可以发展他们的包容与接纳的态度，这对于正处在个性和道德品质形成的萌芽时期的幼儿来说，也是进行良好品德教育的途径。

在本案例中，教育的责任不仅仅是教师单方面的，更应该是家长的责任，家园合作共发展，幼儿才会有更好的成长空间。

（评析人：陆叶珍，江苏省苏州市工业园区新城花园幼儿园）

11. 小学，你准备好了吗

江苏省无锡市侨谊幼儿园　刘骏

案例背景

大班的下学期，幼儿、家长、教师之间谈论的话题，离不开"小学"。幼儿之间会谈论："我准备上金桥小学。""我要上连元街小学。"家长之间会谈论："我们已经报名了几个小学，不知道孩子能不能考上。"教师之间会谈论："孩子们马上要毕业了，是不是能适应小学的生活呢？""临近毕业，孩子们为上小学应该做些什么准备呢？"虽然，每个人的想法不同，但最终目的是一致的。大家都在为上小学而积极、努力地准备着。

我们大班的课程中有一个主题"幼小衔接"，随着这个主题的开展，幼儿将感受幼儿园与小学的不同，探索关于入学的相关知识。我们准备和幼儿一起制作主题墙，画一画幼儿最想了解的关于小学方面的知识。在游戏环境中，我们将为幼儿创设"小小课堂"，让幼儿扮演小老师和小学生，体验小学生活。

案例描述

园长将我们大班的教师召集起来，计划在大班中开展一个崭新的"幼小衔接体验式"主题活动。我们这一批大班的幼儿将是试点对象。这个活动会把幼儿带到一个崭新的环境，让他们体验一个月的幼小衔接课程。顿时，这个消息就像在我们每个大班教师的心中投下的一块巨石。"为什么？""怎么做？""可以做吗？"……我们心中的疑问一个接一个。幼小衔接的课程在本园就不能开展吗？为什么要换环境？园长说："你们问到关键了，就是换环境！"幼儿马上面临的就是上小学，而上小学很关键的就是"换环境"。幼儿马上就要投入一个全新的环境，在这个新环境中，幼儿该如何去适应，幼儿会有什么反应，这些都是教师可以关注和研究的内容。

当教师告诉幼儿下周要到侨谊幼儿园金科分园去学本领时，幼儿欢呼雀跃，他们感觉就像是一次郊游。这说明幼儿对换环境的理解，似乎还不能和自身相联系。只有极少数的幼儿问道："老师，你和我们一起去吗？"教师开玩笑地说:"如果我们不去,你们愿意去吗?"幼儿摇摇头。教师接着说:"放心,我们会一起去的。"幼儿开心地笑了。看来,幼儿都是以积极的心态来面对新环境的,虽然少数的幼儿会有担忧,但他们都是乐于接受新鲜事物的。

家长的反应似乎比幼儿要多。首先是支持幼儿园课程的家长,他们的第一个反应就是每个活动的开展都是教师最辛苦。不管幼儿去哪里,都是为了幼儿好,这是不容置疑的。在幼小衔接的课程中,幼儿更多地是体验小学的课程,这是家长十分欢迎的。其次是家长的一些担忧。最需要关注的是,换了环境,幼儿不适应怎么办?

一系列幼小衔接的活动如火如荼地展开着,侨谊小学的语文教师、数学教师,扬名中心的科学教师、音乐教师,南湖小学的体育教师……幼儿零距离地和这些小学的教师进行接触,他们有趣的课堂深深地吸引着幼儿。

帅气的体育教师和幼儿进行小学体育课的体验。男教师有力的口令、标准的示范动作,给幼儿留下了深刻的印象。幼儿不由自主地喜欢上了这位男教师。

戴眼镜的科学教师和幼儿一起做实验。幼儿要开动脑筋,自己想办法不能让玩具倒下,他们在玩中学到了知识。

语文教师、数学教师用有趣的图片,配以文字,让幼儿在游戏中学习,他们抢着回答问题,学习的兴趣空前高昂,让学习成了一种趣事。

思考与建议

《幼儿园教育指导纲要(试行)》明确指出:"环境是重要的教育资源,应通过环境的创设和利用,有效地促进幼儿的发展。"所谓幼儿园环境,是指幼儿园内幼儿身心发展所必须具备的一切物质条件和精神条件的总和。这次幼小衔接体验活动是一次大胆的尝试,不管成功与否,活动的目的就是要让幼儿在这个课程中能够发展自身的环境适应能力。幼儿马上就要进入高一级的学府进行学习,他们即将面临的是一个崭新的环境。如何能够尽快地适应新环境,对于幼儿来说,也是一种能力。

任何活动都离不开家长的理解、支持和配合。当我们开展这次幼小衔接体验活动时,家长是有疑虑的。为什么要到一个新的环境体验呢?家长可能不理解环境变化对于幼儿的影响,其实在这个课程中,对环境变化的体验也是很重要的一个组成部分。但是,家长的理解只停留在表面上。如何能让家长放心，让家长理解，让家长配合？我首先想到的是让家长亲自感受幼小衔接课程的环境。所以，教师请家长来幼儿园观摩幼儿的活动，与幼儿一起互动，零距离地感受幼小衔接课程的环境，了解到为了让幼儿能够顺利地开展幼小衔接体验活动，教师创设了如此好的环境，能够让幼儿在这样的环境中获得长足的发展。

幼儿园环境是幼儿赖以生存的基本条件，在早期教育日益发展的今天，幼儿的生存质量得到普遍关注，幼儿园环境创设是改善幼儿生存环境、提高幼儿生存质量的基本保证。所以，创设环境将成为幼儿园教育的基本内容。由此出发，我们结合了幼儿园特色人格课程环境的叙事研究，在这次的幼小衔接体验课程中，大胆地融入了"环境体验"课程，为幼儿的学习提供了大量的人力、物力，目的就是让幼儿亲自感受环境变化后自己所做出的反应。教师可以根据幼儿的反应，及时做出调整，也能够及时进行疏导和帮助，让幼儿顺利地渡过环境适应期，让幼儿都能够接受环境的改变，而不是被环境改变。虽然是短短一个月的体验活动，但在这次的活动中，园长、教师、工作人员等许许多多的人都为此付出了辛苦的劳动。

案例评析

引用《三字经》中的一段话："昔孟母，择邻处。子不学，断机杼。"战国时期，孟子的母亲曾三次搬家，这是为了使孟子有个好的学习环境。可见环境对幼儿学习的重要性。教师从幼儿现有生活的迫切需求出发，敏锐地发现大班幼儿最重要的需求——幼小衔接。小学对于大部分的幼儿来说是陌生的，有的可能是恐惧的。园长应该提供让幼儿适应小学的环境。如何引领和指导教师开展幼小衔接活动，关键是要深入幼儿的生活，而并不是停留于表面。只有深入幼儿的生活，才能让幼儿生活在这样真实的环境中，他们才能真正学到有用的东西。要让幼儿生活在这样的一个环境中，环境的力量促使幼儿朝着有益的方向发展。物质环境，促使幼儿感受着幼儿园、小学之间的变化，体验着小学课程的精华；心理环境，促使幼儿以积极、向上的心态，为进入小学做准备。幼小衔接的体验式课程留给幼儿对小学生活无限的憧憬和向往。这次幼小衔接体验课程，开启了幼儿园与小学接轨的新模式。这样的课程，是幼儿需要的课程；这样的环境，是更加适宜幼儿发展的环境。我们一直在强调"什么样的课程适合幼儿"，在幼

儿有需求时，我们为幼儿创设他们需要的课程，这才是最适合幼儿的。当然我们更需要的是在实施这样的课程时有反思、会总结、积极改进的教师，这样的教师是反思型的教师，是研究型的教师，是每个学校迫切需要的教师。

（评析人：张丹枫，常熟理工学院；姚雯文，江苏省无锡市侨谊幼儿园）

12. 茶社趣谈

江苏省宿迁市宿豫区第一实验小学幼儿园　李丹阳

案例背景

日常生活是幼儿游戏的来源，如本地风景、当地饮食等，这些文化内容丰富，具有地方的人文特点。在区角创设中，我们努力结合身边的人文特色，挖掘有益的教育因素，融入区角游戏。引导幼儿开展此类游戏活动，恰当地将地方特色融入游戏环境的创设，让幼儿在游戏中体验特色文化，既有机地渗透了教育因素，又让幼儿在潜移默化中进行本地文化的传承。

案例描述

一、茶社产生

有一次，一个幼儿把水端到棋社里喝并把水打翻了，有的幼儿解释道："他在模仿校门外茶社里老板下棋的场景。他想像老板那样怡然自得地一边品茶一边下棋。可惜没有茶叶。"有的幼儿建议从家中带些茶叶。我把幼儿的问题记录下来，区域结束后在班级中引发了一场关于"茶社"的讨论。一个幼儿问："我们没有茶叶和茶具怎么办？"这时另一个幼儿站起来说："我家有茶叶，我爸爸特喜欢喝茶，我明天可以带一点儿过来。"……第二天，幼儿根据自己的约定都带来了茶叶和茶具，我们共同收拾了一个区角，商议决定给这个区角取名茶社。取完名后，幼儿就迫不及待地扮起了老板、顾客……在游戏中我发现了以下三个问题。

①喝茶的幼儿并不能安静地等待，出现乱跑现象。

②幼儿角色互换。比如，顾客变成了老板或营业员。

③幼儿对于钱币的认识和换算不准确。比如，一杯茶1元，顾客给老板5元，老板不知道应该找多少钱。

为什么会出现这种情况呢？我陷入了反思，并再次引发幼儿进行讨论，让他们自己寻找解决问题的方法。"如果你是老板，你会怎么做？如果你是营业员或者顾客，你会怎么做？"幼儿在讨论中加深了对角色的理解。在钱币的换算上，我在纸币的投放上下了功夫，提供了5以内的点卡，有1元、2元、

5元等点卡，而且加大了1元和5元的投放。在环境的布置上，我投放了各种图书，摆放了花卉，幼儿一边看书一边赏花，他们都乐在其中。

二、茶社转变

在茶社中，一个幼儿把自己带来的茶叶图册剪成了几个部分。我问他："你为什么把书剪了？"幼儿回答："老师，每次我来茶社喝茶时都分不清什么茶叶，我想把它剪下来贴在茶叶上，这样就知道是什么茶叶了。"幼儿的话让我恍然大悟，同时也提醒了我，我们共同将剪下来的图片贴在茶社的展板上，也给茶叶做了一个标签。时间久了，班级的幼儿认识了许多茶，如菊花茶、花茶、龙井茶等。

三、茶社变身

幼儿纷纷戴上帽子、系上围兜，扮演自己喜欢的角色。一名"茶艺师"说："每天都用这套茶具，一点儿意思也没有，我家里就有一套特别漂亮的茶具，明天我让我妈妈带来给你们玩。"旁边的几个幼儿听到后也都纷纷介绍起了他们的茶具，其中一个幼儿说："自从我们班开了茶社以后，我爸爸周末时经常带我去茶社喝茶，那里面可好玩了，里面的茶具真的特别漂亮。"第二天，不少幼儿果真把家里的茶具带来了，有紫砂的，有瓷质的，有玻璃的……有套特别漂亮的白瓷茶具引起了我和幼儿的注意，但是这套茶具应该怎么使用呢？我们邀请了一位家长以助教的方式给幼儿上了一节茶艺课，讲述泡茶的过程和注意事项。讲述完后，幼儿就有模有样地泡起了茶。

一段时间后，我发现这些茶叶和茶具已经不能满足幼儿的好奇心。他们开始研究茶叶的不同之处，想要亲手"种"出一些茶叶。怎么办呢？我们共同查阅资料后，投放了一些黏土、皱纹纸和包装盒，用于制作包装茶叶。就这样，加入茶社的幼儿越来越多，茶社也慢慢地扩大了起来。

思 考 与 建 议

在"茶社"这一区角中，教师和幼儿共同迎接困难、解决问题，这不仅让师幼关系更近一步，也让幼儿学会在面对困难时要开动脑筋，必要时要求助他人。在真实的茶社情景中，幼儿的语言表达能力和交往能力得到了提升。家长都纷纷表示愿意大力支持班级工作，并要求参加家长助教活动。

通过之前和幼儿的互动，我深刻意识到幼儿每天都在不断地进步成长，这要求我们也应该不断地学习，丰富自己的经验与知识。

从最初的洒水事件到现在的茶社，教师、家长、幼儿都付出了很多的努力，如茶叶收集、家长助教、师幼共同布置整理场地等。幼儿在亲眼看、亲手摸、亲手做、亲手泡、亲口品尝中感受到了茶所带来的生活乐趣……这不仅仅是一个社会生活的实践过程，也是一个学习的过程。生活化的学习方式不仅引起了幼儿的兴趣，更萌发了幼儿积极主动探索实践的欲望，使幼儿在亲身体验中习得知识、获得能力、发展思维。当幼儿获得一些知识经验后，教师应该鼓励他们将其运用到生活中，从而让他们体验到知识运用的成功与快乐。区角活动作为一种教育游戏活动，受到了幼儿的普遍欢迎。它重在创设一种宽松、和谐的环境，给幼儿提供了丰富的活动材料，而教师在此过程中只是一个观察者、引导者。这种个别化的教育形式尊重幼儿的个体差异，满足幼儿个体发展的需要，这也是当前《幼儿园教育指导纲要（试行）》提出的"尊重幼儿在发展水平、能力、经验、学习方式等方面的个体差异，因人施教，努力使每一个幼儿都能获得成功和满足"的最有效措施。

案例评析

"茶社"的诞生与游戏的开展一直都是在不断的实践中得到完善的，教师始终以幼儿为中心，通过观察，追随幼儿的发展，提供材料、场地等，为茶社游戏的开展做好保障工作，同时我们也发现该班级在课程理念上的转变，引发了如下思考。

一、家长、幼儿、教师等都是区角游戏的创设者

案例中的茶社来源于幼儿与教师的一次对话，而茶社的材料来源于家长的支持，教师提供了场地和讨论的机会，这些都充分说明区角游戏的创设与开展需要多方面的配合，幼儿、家长、教师都是区角游戏的创设者。

二、理解角色游戏和生活体验类游戏

幼儿园经常有这样的场景，在小吃一条街游戏区，幼儿搓起了面团，吃起了水果沙拉，拿出了真实的碗筷等，就如茶社中幼儿沏茶、喝茶一样，虚拟的角色游戏区带来了真实的生活体验，幼儿扮演了不同的角色，获得了角色的体验，但饮食卫生怎样来保证呢？生活体验类游戏与角色扮演是否可以融合？这些问题还有待思考和解决。

（评析人：张华，江苏省宿迁市宿豫区第一实验小学幼儿园）

13. 关爱同伴，幼儿园盛开友爱之花

江苏省宿迁市宿豫区丁嘴中心幼儿园　陈娟

案例背景

幼儿是以自我为中心的，自我中心主义是幼儿认识领域的特点，而在独生子女家庭中，这一特点表现得更为淋漓尽致。在这些家庭中，幼儿扮演着"独特"的角色，是家庭中的"小皇帝""小太阳"，这种天然的优越感使他们性格孤僻、以自我为中心，不愿关心别人，不会关心别人。成人习惯于向幼儿屈服，屈从幼儿的意志，而幼儿之间则无法相让，种种矛盾由此而来。如果能在幼儿之间形成一种关心同伴的美好情感，那么他们会生活得更快乐，也因此变得更可爱。正如《幼儿园教育指导纲要（试行）》所要求的，使幼儿"乐意与人交往，学习互动、合作和分享，有同情心"，更有利于其成年后与他人建立良好的人际关系。

案例描述

一、贝贝，需要我帮你吗

午睡起床后，贝贝在穿鞋子，突然诺诺扬起小手，给了贝贝一巴掌，贝贝看着自己系了一半的鞋带觉得委屈极了，泪水在眼眶里打转，而诺诺则是一副生气的样子。

我问诺诺为什么生气，她的回答让我惊讶。她说："因为贝贝穿鞋子的时候穿得很慢，我正好在她的后面。"我假装不明白地问贝贝："贝贝，你是故意的吗？"贝贝摇摇头，诺诺还是很难过。我接着问："那你今天穿鞋为什么那么慢呢？""因为我的鞋带特别难系！"贝贝说。这时，我们的身旁已经围了一圈的幼儿，我问圣戒："如果你在贝贝的后面，你会怎么做呢？"圣戒开口便说："我会问，贝贝，你平时穿得挺快的，今天怎么了？要不要我帮你？"有的幼儿抢着说："我会告诉贝贝，你坐下来穿好吗？"我笑了，再看诺诺已经不生气了，我轻声地问："诺诺，他们的办法好吗？"聪明的诺诺脸红了，她马上对贝贝说："对不起，贝贝，你的鞋带还没系好，我来帮你！"

其实幼儿的内心是纯真的，也是极其敏感的。积极的引导自然产生积极的情感，如果对此事不加理睬，视而不见，不仅伤害了贝贝，也会造就诺诺自私的情感，同时也影响了其他幼儿。

二、做个健康的孩子

午睡起床后，幼儿陆续离开午睡室。一眼望去，艺馨的小枕头鼓鼓的，我很奇怪地问子乐："子乐，艺馨的小枕头怎么鼓得那么高？"子乐轻声地说："老师，艺馨把好多小朋友的枕芯都塞在她的枕套里了！"

离园的时候，幼儿陆续被接走，调皮的艺馨还没人来接。我向她招招手，轻声地说："艺馨，你喜欢睡高枕头吗？"她似乎很意外，可她还是点点头。其实我知道，她每天中午睡不着，睡了高枕头一是好玩，二是可以清楚地看到隔壁床上的幼儿，如果别人没睡，她正好找人说话。但我没有说穿她，却说道："艺馨，小朋友睡太高的枕头对身体不好，而且你的枕头里塞了那么多枕芯，别的小朋友怎么办呢？"她马上说："老师，我要做个健康的孩子，我马上把枕芯还给别的小朋友！"

三、把好的东西留给别人

午餐的时间到了，一碗碗饭端上来，今天有幼儿爱吃的鸡腿，鸡腿总是略有大小，贤荛一眼扫过去，就挑了鸡腿最大的那碗，其实我已经发现多次了，但是今天我仍然装作没看见，只是告诉贤荛，辉辉从来不争也不抢，总是把好的东西留给别人。这时大家都用敬佩的目光看着辉辉，而贤荛把鸡腿最大的那碗轻轻地推给辉辉，说道："辉辉，今天你吃大鸡腿！"

四、说给若熙的话

早上，若熙的奶奶来请假，若熙被水烫到了，要在家休息几天。几天过去了，若熙还是没有来，几个幼儿问起若熙的情况，我想了想，说："把你们想说给若熙的话说出来，画出来，我帮你们去看若熙，说给若熙听，带给若熙看！"于是，一句句稚气却不乏关怀的话语传到了我的耳朵里，一幅幅漂亮的画传到了我的手上。

思考与建议

幼儿在与同伴交往中存在的一个突出问题就是以自我为中心，现在他们在家中都是享有特殊地位的独生子女。他们为人处世总以自己的兴趣和需要为出发点，很少关心他人。在自己的兴趣和需要受到影响时，他们往往情绪变化过快或过激，出现一些不友好的甚至有攻击性的行为。

一、用巧妙引导点拨幼儿

调皮的幼儿也有可爱的一面。教师不观察他，不理解他，自然也就走不进他的心灵。教师对调皮的艺馨稍加提醒，她就明白了教师的意思，知道自己的行为究竟是对还是错，知道自己该怎么做。

二、用榜样激励鼓舞幼儿

辉辉和贤莞都很能干，辉辉是大家的榜样，贤莞悟性很高，就是有些自私。对于这样的幼儿，教师如果当面指出，一定会伤害她的自尊心，这样轻轻的一句话，既提醒了大家，又保护了她的自尊心。

三、用情感体验感染幼儿

从这一件件小事中可以看出，教师只要对幼儿加以及时的、正确的引导，美好的情感会在幼儿身上焕发出光彩。

四、用文学作品熏陶幼儿

文学作品对于幼儿的影响是无形的，教师注意收集以关怀同伴为主题的童话故事。例如，故事"萝卜回来了"，传达给幼儿的是一个分享的理念；故事"孔融让梨"告诉幼儿对兄弟姐妹、好朋友都应该谦让；"三只蝴蝶"中三只蝴蝶相亲相爱，不愿分离，为了大家在一起而拒绝三次避雨机会。这些都是很好的教育题材。在区域活动的时候，教师在离园前讲给幼儿听。阅读区也投放了此类通俗易懂的阅读材料，供幼儿阅读，让他们感受作品中的美好情感，同时多媒体的运用也能更好地发挥作用，生动的语言、鲜明的动画形象使幼儿的印象更为深刻。总之，文学作品的作用是不容忽视的。

五、用家园合力成就幼儿

在与同龄人一起生活的过程中，幼儿能够相互学习怎样玩耍、怎样相处、怎样生活。良好的同伴关系是良好人际关系的开端。教师和父母都要鼓励幼儿主动交往，让幼儿明白人与人之间是一种相互依存的关系，每个人都需要别人的帮助，每个人也都应该尽可能地帮助别人。教育幼儿关心他人，当同伴摔倒时要主动把他扶起来，把好玩的玩具与同伴一起分享。关爱教育能推动幼儿积极情感的发展，促进幼儿健康心理素质的形成。从自私自利到关爱同伴，让幼儿学会友好相处，形成助人为乐的行为习惯和初步的社会化情感。

关心他人是一种美德，幼儿因为具有这样的美德而更加可爱，社会因为大家拥有这样美好的情感而更富有人情味。

案例评析

这是一个平平常常的，但对我们又很有启示的案例。日常生活中蕴含着很多发展幼儿社会性的契机，但往往被人们忽略，或者由于成人的包办代替使教育时机白白浪费。教师要能够抓住这一时机，培养幼儿关爱同伴的品质。教师要为幼儿创设条件，让他们有更多的自主交往时间，在交往实践中关爱他人。我们在幼儿的交往中可喜地看到了他们的能力、潜力和主动、热情、细致的关心，他们爱护和帮助他人。

著名教育家叶圣陶曾说："教育就是培养习惯。"培养幼儿关爱他人、善于同情体贴他人、处处为他人着想、热情地帮助他人的良好行为习惯是奠定幼儿良好人格的重要方面。因此，从小培养幼儿有爱心、关爱父母和同伴的品质，会对幼儿一生的幸福产生十分有益的影响。在幼儿园中，幼儿一起生活，一起游戏，每天都有小插曲。

只要我们具有挖掘日常生活中教育契机的意识和能力，把发展的机会留给幼儿，每一位教师都能将社会性教育自然地融入一日生活。

（评析人：张丹枫，常熟理工学院）

14. 关于社会活动"播报心情"的课例研究

江苏省徐州市贾汪区江苏师范大学附属实验幼儿园　张冬景

案例背景

在现代社会中,人们的心理健康状况越来越受到关注。人们关注青少年的叛逆心理,关注成年人的生活压力,关注老年人的晚年心理,但是似乎很少有人关注到幼儿的心理。幼儿的身体健康和心理健康是密切相关的,我们要高度重视良好人际环境对幼儿身心健康的重要作用。中班阶段幼儿的社会领域发展目标主要是会用礼貌的方式向长辈表达自己的要求和想法;能注意到他人的情绪,并有关心、体贴的表现等。也许有人会认为,幼儿是不成熟的个体,他们的心理不值得关注,或者没有办法关注,因为他们的身心发展还没有完全成熟。但是,越来越多的例子证明,幼儿时期的心理阴影会对一个人的一生造成深刻而无法磨灭的影响,这不得不值得我们高度关注,本次社会活动"播报心情"就是在这样的背景下开展的。

案例描述

一、活动目标

①学会用表示天气的符号正确地表达人的心情。

②能理解他人的喜、怒、哀、乐等情绪,学会用恰当的方式主动帮助心情不好的人。

③能积极主动地参与同伴的活动,敢于在众人面前表达自己。

二、活动准备

PPT课件、自制电视机、画纸、彩笔、钢琴曲背景音乐。

三、活动过程

(一)导入活动

师:"小朋友们,在家里有没有看过'天气预报'节目?今天老师给你们带来一段天气预报节目。"(教师播放天气预报视频，请幼儿仔细观看，引导幼儿回答天气预报是怎样表示不同天气的。)

教师总结：不同的天气可以用不同的天气符号来表示。

(二)主要过程

1. 听一听故事，让幼儿理解故事，理解他人的心情，并能主动帮助他人

师："小朋友们，你们知道吗？森林电视台不仅可以预报大自然的天气，还能播报小动物的心情呢？下面我们一起听一听，森林电视台的动物心情播报节目！"(配班教师在自制电视机的后面，播报小动物的心情，幼儿仔细观看倾听。)

......

师："原来森林电视台的小动物的心情和天气一样，可以用晴天、阴天或雨天来表示。"(教师引导幼儿了解晴天、阴天、雨天分别代表什么样的心情。)

......

师："今天，狮子先生的心情是雨天。小朋友们想一想，狮子先生的心情为什么是雨天啊？"(教师请幼儿做出猜测推理。)

......

师："刚才小朋友们都做出了自己的猜测，现在老师请小朋友们看一看，狮子先生到底发生了什么事情？"(教师播放课件，引导幼儿观察，狮子先生是因为生病心情才会不好的。)

师："你们能不能想办法帮一帮狮子先生，让他的心情变成晴天呢？"

(教师请幼儿自由回答，说出自己帮助狮子先生的方法。)

......

2. 问一问、播一播心情，主动参与同伴活动，大胆在众人面前表达自己

师："现在请小朋友们采访你周围的好朋友或者老师，问一问他们今天的心情怎么样？"(幼儿自由采访周围的同伴、教师，教师播放背景音乐，采访完之后，请个别幼儿到前面去播报心情。)

......

师："现在心情播报完毕，想一想我们能用什么方法让爸爸妈妈知道自己的心情呢？"(教师请幼儿自由作答，说出自己的想法，并把自己的心情画出来告诉爸爸妈妈。)

......

幼儿画完之后，有时间的话就让他们说一说自己的心情，没时间的话就课后再评议。

四、活动延伸

教师用幼儿的作品来装饰教室，开展心情角活动。

家园合作共同为幼儿创造一个良好的生活环境和氛围，及时了解幼儿的心情，并能及时发现幼儿的不良情绪，从而用正确的方法调节幼儿的情绪。

思考与建议

中班社会活动"播报心情"是根据幼儿的心理发展特点和《3—6岁儿童学习与发展指南》中社会领域的发展要求设计而成的。我希望通过有关心理健康的课程，了解幼儿的心理状况并及时帮助幼儿调整心情状态，让家长和教师进一步了解幼儿真实的心理状况，从而用正确的方法来引导和改善幼儿的不良情绪，共同为幼儿的心理健康营造一种和谐的氛围，为幼儿的健康心理打下良好的基础。

对于这次的教学活动过程，我进行了深刻的思考并提出以下的建议。

一、备教案，更要备幼儿

在第一个环节的导入部分，我设计的是播放天气预报视频。以前我一直认为幼儿应该不太了解天气预报，在他们的眼里只有动画片。但是在播放完视频之后，我发现幼儿很了解天气预报，他们知道怎样用语言来表示不同的天气。所以在准备教案的同时，教师一定要对幼儿的经验进行充分的了解，这样才会在上课的时候有条不紊地进行。

二、提问的时候，少提一些封闭式问题，多提一些开放式问题

封闭式的提问方式比较易于幼儿回答问题，不需要做太多的思考。像"是不是""对不对""好不好"等，这样的多次提问会使幼儿懒于思考，易于疲劳，而且容易分散幼儿的注意力，所以封闭式问题不能太多。教师要多使用开放式的提问方式，让幼儿有充分的思考时间，这样的提问方式还能很好地发展幼儿的语言表达能力，所以开放式问题要多一些，但是一定要尽可能地让开放式提问和封闭式提问交叉进行。

三、教学的语言不能太成人化，要抑扬顿挫

因为教学经验不足和自身的特点，我喜欢用成人化的语言进行教学，语音、语调没有做到抑扬顿挫，所以造成幼儿听课易于疲劳，注意力比较容易分散。在以后的教学中，我要尽可能地使自己的语言抑扬顿挫，抓住幼儿的注意力和兴趣点。

四、对幼儿心理健康的关注刻不容缓

幼儿的心理健康对他们一生的影响非常深远。很多幼儿心情不好时，家

长和教师又不能帮助幼儿及时加以调整，所以造成幼儿存在或多或少的心理问题，对其个性和社会性的发展极为不利。为此，对于幼儿心理健康的关注刻不容缓。

希望通过本次社会课程的学习，幼儿可以学会用正确的方式表达自己的心情，并能理解他人与自己有不一样的心情。教师和家长应该时刻关注幼儿的心情变化，并能积极引导幼儿时刻保持好心情，共同创造一个有利于幼儿身心和谐发展的环境。

案例评析

采用多种方式促进幼儿心理的健康和谐发展是幼儿教育必须高度重视的方面。中班社会活动"播报心情"基本达成了教师的预期目标，幼儿学会了用表示天气的语言正确地表达人的心情，并能理解他人的喜、怒、哀、乐等情绪，学会了用恰当的方式主动帮助心情不好的人。同时幼儿能积极主动地参与同伴的活动，敢于在众人面前表达自己。该活动的前期设计和活动材料准备都比较充分；活动构思的逻辑性较强，组织流程较为合理，教育方法选择恰当，教师的授课风格质朴自然，又具有很强的逻辑性与简练性，教师的语言表达较为准确流畅，能较好地激发幼儿的思维，较好地调动幼儿积极主动参与活动的兴趣。同时，教师能够兼顾到活动进行时个别幼儿的非常态表现，并给予及时的信息反馈。

教师对该活动进行了比较深入的反思，值得一提的是认识到备教案，更要备幼儿。教师的主观判断往往与幼儿的实际情况有所不同。例如，幼儿对天气预报及其语言表达模式的熟悉程度较高，而教师未能准确判断幼儿的已有认知经验，致使导入环节缺乏新意，幼儿的注意力和兴趣程度没有达到预期的效果。为此，提出如下建议。

首先，尽管是模拟天气预报的一种心情播报，但教师应注意语言的儿童化、语言的生动性和直观性，这样才能更好地让幼儿理解。

其次，正如教师自身所反思的，教师抛给幼儿的"球"应该减少封闭性，给幼儿提供更多开放性的思考和回答的空间。

最后，教师在引导幼儿播报心情时，应注意鼓励和引导幼儿做到表述完整。

（评析人：刘剑眉，江苏师范大学附属实验幼儿园）

15. 换勺风波

江苏省仪征市刘集镇幼儿园　赵康艳

案例背景

《3—6岁儿童学习与发展指南》指出："家庭、幼儿园和社会应共同努力，为幼儿创设温暖、关爱、平等的家庭和集体生活氛围，建立良好的亲子关系、师生关系和同伴关系，让幼儿在积极健康的人际关系中获得安全感和信任感，发展自信和自尊，在良好的社会环境及文化的熏陶中学会遵守规则，形成基本的认同感和归属感。"沙池区是幼儿园的一个特殊区域，它能很好地释放幼儿爱玩的天性，给幼儿提供了更多的自由交往和游戏的机会，有利于幼儿自主选择、自由结伴开展活动。在这个区域中，幼儿会有怎样的交往方式？对于游戏中的工具是如何选择的？会与同伴交换使用工具吗？

案例描述

今天下午又轮到我们班去沙池区玩了，所有幼儿都非常开心。来到沙池区后，大家都拿了自己想要的工具，小宇拿了一把小漏勺和一个小桶，一个人在沙池区一角静静地玩着，他让沙子从漏勺里漏到小桶里，时而抖一抖漏勺，时而倒一倒，很快小桶就要装满了。他一系列的动作吸引了旁边的浩洋，浩洋拿着工具走到小宇身边，提出了换勺子的想法，小宇直接拒绝了。"用我这个勺子，下面挡住了，漏不掉。"浩洋一边解释一边用手中的勺子挖起沙子演示给小宇看，试图说服小宇跟他换勺子。但小宇摇了摇手中的勺子说："我不需要它。"浩洋仍不放弃，说："那我不和你做好朋友了。"听完浩洋的话，小宇有些迟疑，说："你可以去找。"他边说边四处张望，似乎在寻找着。"让我用用，马上就还给你。"浩洋不依不饶地说着，不管浩洋说什么，小宇就是不愿意借漏勺，最终两人不欢而散。

没过一会儿，浩洋大声地叫起来："老师，你看我的'蛋糕'，快来看。"同时和浩洋一起玩的蓝希也向我发出了邀请。他们的呼喊也引起了小宇的注意，小宇站起来看了看他们，又看了看手中的小桶，目光闪烁，似乎想去又不想去。这时，我走过去对小宇说："浩洋他们好像是在做'蛋糕'，不知道做得怎么样，你愿意和我一起去看看吗?""可以，我们一起走，老师。"

　　来到浩洋那里，小宇便和他们一起做起了"蛋糕"。航航和文强也加入其中，大家都忙着做"蛋糕"。正当大家忙得不亦乐乎的时候，蓝希也向小宇借漏勺，小宇仍然不同意，蓝希则拿起自己手中的勺子，挖了一勺沙子倒进小宇的漏勺里，小宇没有拒绝，而是主动和蓝希合作，一个挖一个漏，看着是那么和谐。此时，文强和浩洋为要不要挖陷阱争执起来，但文强最终说服了浩洋，于是大家决定把陷阱填满。

　　填满了陷阱，小宇向大家展示了他的漏勺，航航说："这是可以漏的。"航航看了又看，便提出要换勺子，小宇脱口而出"不行"，起身就要离开，刚走两步，发现航航没有追过来，便又回去和大家一起玩了。刚玩一会儿，航航趁着小宇倒沙子，赶忙拿起小宇的漏勺说："我跟你换一个，玩具要分享玩才好。"小宇坚决不同意，夺回了勺子，就在他们争执时，小宇发现不远处的宝琳手上也有一把漏勺，宝琳似乎感受到大家在关注她的漏勺，语气很强硬地说："这是思雨给我的，我才不给你们。"航航气愤地说道："我才不要呢。"说完就不理睬他们，去和浩洋他们一起玩了。而小宇却拿起手中的漏勺向宝琳挥了挥，向四处张望后，便蹲下来一个人玩了。

思考与建议

　　在今天的活动中，小宇选择了一把漏勺，而他也因为这把漏勺，经历了三次换勺风波，每一次小宇都很坚决地说"不行"，无论浩洋还是航航，都没有改变小宇拥有漏勺的想法。第一次，浩洋提出了换勺子，浩洋不仅向小宇解释了自己勺子的用法、与众不同的地方，最后还以不会再做朋友的理由，想迫使小宇和自己换勺子。从浩洋不依不饶的行为中可以看出，浩洋是个非常有想法、有主见的幼儿。浩洋虽然没有换到勺子，有些失落，但是浩洋的情绪并没有受到太大的影响。第二次，蓝希提出了换勺子的要求，虽然没有亲手使用漏勺，但在和小宇的合作中也体验到了漏勺所带来的乐趣。第三次，航航在其要求未被满足的情形下，采取了较强硬的手法，直接拿走，但结果是不仅没有换到勺子，而且也影响到了自己的情绪。

　　三次风波，只有一次是愉悦的，可以发现小宇似乎还未意识到对于大家都喜欢的东西要轮流分享。在这三次风波中，作为旁观者的我，一直未介入他们的游戏，也没有直接告诉小宇对于大家都喜欢的东西应该怎么做，也没有因为幼儿的争抢行为而批评他们。而是在活动结束后，我和幼儿就"对于大家都喜欢的东西该怎么玩"这个话题进行了讨论，帮助幼儿建立"分享玩、合作玩、轮流玩、交换玩"这样的概念。有了这些概念以后，我把三次换勺子的事件和幼儿分享，让大家说说谁做得最好，及时表扬了蓝希，再一次升华了"合作玩"的意义。同时，我组织了一些需要大家齐心协力才能完成的活动，让幼儿在具体活动中体会合作的重要性。

在整个活动中，小宇的游戏轨迹是，由开始一个人游戏到和同伴一起游戏，再到一个人游戏。参照《3—6岁儿童学习与发展指南》"社会适应"的目标可以分析出，小宇是愿意和同伴一起玩的，但缺乏主动性，所以在发现小宇也想参与浩洋他们的游戏时，我便以"参与者"的身份，引导他参与到浩洋的"做蛋糕"游戏中，虽然其间也有小插曲，但能够发现幼儿已能够达到《3—6岁儿童学习与发展指南》所提出的"能与同伴友好相处"的要求。

🌿 案例评析

《3—6岁儿童学习与发展指南》关于社会领域的教育建议提出："创造交往的机会，让幼儿体会交往的乐趣。""幼儿园应多为幼儿提供自由交往和游戏的机会，鼓励他们自主选择、自由结伴开展活动。"在沙池区，幼儿自主选择自己喜欢的工具，和自己的好朋友一起做自己想做的事情，能体会到自由交往的乐趣。在组织沙池区活动时，教师也要关注幼儿社会认知方面的发展。

在本案例中，由一把漏勺引发了幼儿之间的矛盾，而在幼儿一日活动中，相类似的矛盾也是时常发生的。当矛盾发生时，教师如果立刻介入进行干预，这种做法虽然能防止矛盾激化，但也会使幼儿失去一个理解他人的立场、观点与情绪的机会。在大部分情况下，幼儿在游戏中发生矛盾很正常，而且引发具有伤害性后果的概率并不大。因此，教师在发现幼儿发生矛盾时，可以提醒自己先观望，不要马上介入，然后再仔细观察，找出矛盾的源头。三次换勺风波是由游戏材料的缺乏引起的，教师一直没有介入，静静地做一位旁观者。从整个观察情况来看，幼儿并没有因为换不到勺子而发生多大的矛盾，虽然有不愉快的情绪，但也没有影响到幼儿玩沙子的兴趣。因此，对于中班幼儿来说，因材料的缺乏引起的矛盾，在没有成人帮助的情况下幼儿也是可以自己解决的。

在活动结束后，教师的及时评价能够帮助幼儿获得更多的游戏经验。在评价时，教师要更多地引导幼儿关注游戏中的人际关系、游戏规则和理解他人等社会认知方面的内容。在本案例中，教师组织了"对于大家都喜欢的东西该怎么玩"的谈话活动，帮助幼儿积累分享经验，并对游戏中幼儿的表现做出评判，帮助幼儿获得情感上的升华。社会学习具有潜移默化的特点，尤其是社会态度和社会情感的学习，往往不是教师直接"教"的结果，幼儿主要是通过在实际生活和活动中积累有关的经验和体验而学习的。

　　本案例中的教师是一位有心人，善于观察，能做到关注幼儿在活动中的表现和反应，敏感地察觉他们的需要，及时以适当的方式应答。教师在观察到小宇"要不要参与同伴的游戏"那种犹豫不决的态度时，便以参与者的身份邀请小宇一同加入同伴的游戏。幼儿园的活动是丰富多彩的，无论在哪个活动中，教师都应该用心观察幼儿、理解幼儿。只有心中有了对幼儿的理解，教师才能真正领会《幼儿园教育指导纲要（试行）》和《3—6岁儿童学习与发展指南》中的科学理念，才能反思长期以来的一些做法是否符合幼儿发展的规律。

（评析人：刘晓艳，江苏省仪征市振兴幼儿园）

第四部分　科学领域篇

导　述

　　提到"科学"学习，往往使人与严谨的实验、规范的公式、重复的练习等课堂学习联系到一起。但是对于 3～6 岁的幼儿来说，科学领域的核心指向"激发探究兴趣，体验探究过程，发展初步的探究能力"，科学学习的方法强调的是"引导幼儿通过观察、比较、操作、实验等方法，学习发现问题、分析问题和解决问题；帮助幼儿不断积累经验，并运用于新的学习活动，形成受益终身的学习态度和能力。"由此可见，幼儿期科学领域的学习，更加注重的不是知识与技能的掌握，而是一种思维、方法的习得。

　　在《3—6 岁儿童学习与发展指南》中，我们可以通过一些关键词的出现频率感知教育理念的变化过程。"生活"一词出现 81 次，"经验"一词出现 16 次，"活动"一词出现 83 次，从而可以解读出在幼儿学习与发展的过程中真正起到关键性作用的概念。在 3～6 岁幼儿科学领域的学习中，教育者必须尊重幼儿的兴趣，创造各种机会，支持和引导幼儿在生活、活动中，通过直接感知、亲身体验、实际操作获得直接经验，并且在教师的帮助下，向获得间接经验发展。我们还必须尊重一个事实，即幼儿主要是通过直接经验来进行学习的，适合幼儿的学习方式从操作体验、观察感受、媒体中介、语言讲解到文字介绍，效果依次减弱。从以上分析中，我们能够辨别并且找到支持幼儿科学领域学习的最合适的方法。

　　随着江苏省推进课程游戏化的建设，教师已经有了一种意识，即课程应尊重幼儿的兴趣，应做到"幼儿在前，教师在后"，教师是幼儿学习与发展的观察者、支持者、合作者和赞美者，而非课程的设计者、实施者、评价者。这种教师角色意识的转变很好地体现在科学领域的诸多优秀案例中。我们欣喜地发现，教师更加注重观察幼儿，观察他们的学习与发展水平，观察幼儿之间的差异以及幼儿自身不同领域间发展水平的差异；教师更加关注幼儿，关注他们的兴趣所在，关注他们周边资源的价值；教师以一种尊重的态度去审议与建设课程，调整环境与材料，并且注重以幼儿生活中可见、可闻、可触摸、可探究并且贴近幼儿生活经验的各种现象和问题为课程建设的基础。这样的课程是伴随着幼儿生长、发展的课程，也是促进教师专业化发展的课程，是一种具有生命力的课程。

　　这是一种令人欣喜的变化过程，是教师理念的更新与变革。只有教师的理念发生了这种更新与变革，幼儿才能够真正成为学习的主体，课程才会成为幼儿发展的真正动力。

1. 为小鸟做窝

江苏省句容市下蜀镇亭子幼儿园　李颖

案例背景

近年来，在《3—6岁儿童学习与发展指南》精神的指导下，幼儿园教育强调幼儿活动的过程性轨迹和关键性经验的获得，关注教师专业发展，在实践中进行适宜的师幼互动，不断挖掘领域活动、教学、区域活动的核心功能。在此，我根据我班幼儿科学领域活动的观察，撰写了"为小鸟做窝"的活动案例。

在早晨锻炼时，宜杨满头大汗地跑到幼儿园银杏树下休息，在树下发现一只孵出不久的小鸟，便大喊起来，吸引了我班其他幼儿的围观。幼儿七嘴八舌地讨论这只鸟宝宝，他们认为鸟窝太小了，小鸟乱爬就会掉到树下。我抓住这个时机，建议幼儿为小鸟多做几个窝，幼儿都很赞同，于是为小鸟做窝的准备活动便开始了。

案例描述

我请幼儿和家长回家时，一起去路边的树林里寻找鸟窝并拍摄照片。晨谈时，我向大家展示各种不同材料、结构的鸟窝图片和鸟儿做窝的视频。我还鼓励幼儿和家长共同收集制作鸟窝的材料，幼儿积极地带来了泥巴、干树枝、报纸、纸板、稻草、干玉米须、蛋壳等。

在活动中，我对幼儿说："鸟儿知道你们要为它们做窝，非常高兴。它想要个很漂亮的鸟窝，让鸟宝宝睡上去觉得很温暖。你想使用哪些材料？怎样做鸟窝？"幼儿相互讨论起来，争相表达了自己的想法，我请他们自选材料，相互合作做鸟窝（见图4-1、图4-2）。

图 4-1　做鸟窝　　　　　　　　　　图 4-2　做鸟窝的材料

挑选了彩色皱纹纸、卡纸的幼儿开始剪起来。宜杨把剪下来的皱纹纸打开说："好长。"刘梦琪笑着说："你可以把它剪成短短的，像我这样。"

剪好后，他们用固体胶把皱纹纸往卡纸上东粘一下，西粘一下，尤雅看到后说："鸟窝的底下不是圆圆的吗？你们的鸟窝有好多洞，小鸟住在里面会掉出来的。"宜杨说："那我把中间多粘点。"

同样用皱纹纸做鸟窝，偏偏有个幼儿做的不一样。我发现胜昔在剪纸板，就问她剪纸板做什么（见图 4-3、图 4-4）。她说："我的小鸟是住在树杈上的，我要用它做树杈，我家的小鸟喜欢一边玩，一边晒太阳。"

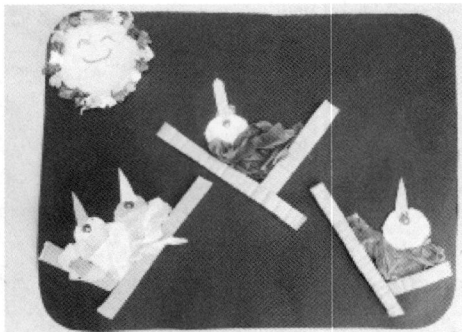

图 4-3　剪纸板　　　　　　　　　　图 4-4　胜昔的鸟窝

思奇拿了几张报纸，说道："小鸟的窝要厚厚的，睡在上面才舒服。""我也要。""思奇，给我一张。"几个人拿着报纸开始做鸟窝。可是忙了一会儿，有的幼儿把报纸压扁，有的幼儿把报纸揉皱，有的幼儿把报纸扔到一边看别人做，我问他们："你们想做什么形状的鸟窝？"梦琪说："我想做个圆形的。""那你再试试，把你压扁的报纸做成想要的形状。"她把报纸展开，团成一个圆球，"小鸟睡在哪里？""睡在鸟窝里面。""对，再看看你的鸟窝。""我可以在中间留出一个地方给小鸟睡。"她用手指在纸团中间压出一个窝，摆放到纸板上，可是报纸却慢慢地向外松散开来，宇奇说："有的小鸟窝外面是用东西编起来的。"梦琪说："可以用泥巴。"她把泥团搓成一个长条，围在压好的报纸外面，其他幼儿也学着做起来。他们搓出来的泥条有的长，有的短，有的粗，有的细，但是很好地解决了一个问题，就是把压好的报纸包起来。做得差不多的时候，思奇说："只用泥巴做的窝不好看。"于是她打量了一会儿材料架，拿来一桶剪好的细柳枝，她把细柳枝折断插在泥条的缝隙里。柳枝上有些绿绿的叶子，她把鸟窝围了一圈，其他幼儿也用柳枝做点缀（见图4-5）。

图4-5　用柳叶做点缀

图4-6　用草环做鸟窝

在"稻香节"活动中，幼儿扎成的稻草棒现在也有了用处（见图4-6）。雨琦把草棒弯成一个环，可是一松手，草环又变成草棒，我对她说："你是想让草棒两头连到一起，是吗？想想可以用什么办法？"她说："像系鞋带一样。"可是不容易操作，她很失望，我对她说："编草棒时，我们用几根稻草就缠成一把稻草，让它们不分开，现在我们也可以试试。"她把草棒两头交错，还请我帮忙拿好，然后拿起稻草绑了几圈，不是用力大，稻草断了，就是绑得太松，但是在我的鼓励下，最后成功了。她把草环放在纸板上说："我的鸟窝也做好了。"我又问她："鸟宝宝睡上去会更温暖，你还想使用哪些材料？"她看了看剩下的材料，拿了一些干玉米须铺在草环里。

思考与建议

在活动过程中，从感受欣赏到表现创造，每个幼儿心里那颗美的种子都在悄悄发芽、生长，最终开出了五彩缤纷的花朵。我将爱鸟、护鸟、帮助鸟类的情感贯穿始终，为了营造这个氛围，我出示的图片既让幼儿体验情感和感受温暖，又让幼儿注意到鸟窝结构和材料的不同，为后面创作做准备。

通过这样的活动，我希望幼儿乐于感知周围世界，形成解决问题时良好的情感态度。因此，我不做过多的干预，而是在幼儿需要帮助时给予具体的帮助，让他们用自己喜欢的方式表达自己的所见所闻。同时，我在活动过程中不断了解幼儿的心理发展，给予适当的指导。

幼儿以活动过程本身为目的，在活动中进行语言交流，对丰富的材料进行观察、比较和选择，发现长短、粗细、软硬等特征，获得一些其他领域发展所需要的态度、能力与知识技能，从而获得多方面的发展。在造型材料相对固定的基础上，我们要为幼儿提供开放性的辅助材料，如树枝、麻布、麻绳、棕榈、果壳、扁豆、树皮、羽毛、沙子、树叶、小石子、棉絮、花瓣等。这些材料给幼儿提供了更大的想象和创作空间，也让每个幼儿的作品独具特色。在之后的美工区活动中，幼儿想出了捏泥团挖坑、晾干后添加羽毛和树叶等方法。他们不满足于我们提供的材料，按照自己的经验和想法带来了其他材料和大家分享。在活动中，他们很好地迁移了日常手工活动中泥塑和编织的经验。另外，我们还要为幼儿创设丰富的活动氛围。例如，我们带领幼儿把用彩泥制作的小鸟放入自己制作的鸟窝，使作品更生动形象；展示这些鸟窝，幼儿也从中体验到成就感。

　　在此类活动中，教师需要赏识幼儿，细心观察他们的活动，适时地提出问题，引导幼儿思考。例如，什么材料能遮挡风雨？怎样做鸟窝不会松散开来？并让幼儿进行归纳。

　　我们期待着更多的小鸟在我们的家园安家落户，与我们一起共享蓝天、白云、绿草和花香，也让幼儿幸福成长。

案例评析

　　我们要从日常的积累和不断的观察中感知幼儿的变化，聚焦《3—6岁儿童学习与发展指南》，追随幼儿。

　　本案例中的教师能够突出幼儿的主体性，在了解幼儿经验水平的基础上，有梯度地进行活动。教师对幼儿的活动表现，给予了充分的理解和尊重，没有一味地追求结果的"完美"而对幼儿进行千篇一律的训练，保护了幼儿想象和创造的萌芽。在活动准备过程中，教师耐心引导幼儿去发现他们感兴趣的事物，欣赏自然界和生活环境中美的事物，关注其形态特征，注重幼儿自身的自主感知、想象与感受，鼓励幼儿发现一个属于自己的童趣世界。教师提供的材料丰富且具有挑战性，能够激发幼儿的探索和表现，活动的多元价值也得到了很好的呈现。

　　教师可以在以后的活动中多给自己几个问题提示，让活动的每个环节更加适合幼儿活动的需要。

（评析人：王海英，南京师范大学）

2. 如何把握教育契机

案例背景

在幼儿园中我们常常发现，一样微小的东西，一件不起眼的事情，幼儿之间的争执，都会引起幼儿的关注。通过多年的教学实践，我充分认识到，必须重视幼儿的各种感受和心理需要，哪怕是一点一滴也不容忽视。要用耐心开启幼儿紧闭的心锁，要用爱心浇灌幼儿纯净的心田，要用细心呵护幼儿稚嫩的心灵。那怎样在平时的日常活动中抓住教育的契机对幼儿进行适时的教育呢？这就要求教师有一双慧眼，对幼儿的行为表现及时关注并加以引导，切不可熟视无睹，错过了教育契机。

案例描述

在"夏天到"的主题活动中，幼儿和我一起讨论怎样才能使自己感到凉快。大家想出了用空调、用电风扇、找有风的地方等很多方法。突然，一个幼儿说："老师，跑的时候有风，越跑越凉快。"这个幼儿的想法出乎我的意料，面对这一突发情况，我首先想到的是不应该反对，应让幼儿说说自己的看法。

于是，我反问道："真的越跑越凉快吗？"幼儿的意见分成两派，有的认为越跑越凉快，有的认为越跑越热。（中班幼儿对凉快的认识比较混乱，如果教师凭权威告诉幼儿正确答案并不具有说服力，因此我决定让幼儿亲身体验。）我提议幼儿一起到外面跑步，感受跑步后是凉快还是热。

到了外面，持两种观点的幼儿都兴奋地在操场上奔跑起来。几分钟后，有三个女孩子跑到我身边大叫："热死了，我都出汗了。"我把幼儿集中起来问他们的感受。虽然有一部分幼儿感到热，但另一部分以小文为代表的幼儿仍认为跑起来有风、凉快。（可能是跑的时间不长，幼儿体会不深。）因此，我提议认为越跑越热的幼儿休息，认为越跑越凉快的幼儿可以继续跑。这时留下来的幼儿有五六个。

五分钟后，大部分幼儿开始出汗，于是我再次将幼儿集合起来，请他们说说自己的感受，他们的意见仍然不统一。（为什么幼儿都出汗了，却没有体会到热，我认为可能是奔跑以后他们比较兴奋，没能静下心来思考问题。）我提议幼儿先到班内休息一会儿。

这时以小文为代表的三个男孩子，提出休息不凉快，跑起来才凉快。面对他们的锲而不舍，我允许他们到教室外面继续跑。到了教室，我先让认为热的幼儿说说为什么越跑越热，再让其他幼儿感受自己是否出汗，思考教室内电风扇底下的凉快和跑的凉快是否一样等问题，让幼儿逐渐体会到只有静下来在有风的地方，才能真正感受到凉快，正确理解凉快是通过自己的身体感受来确定的。这时，教室内的幼儿提出要去外面劝劝还在继续跑的三个幼儿，我表示赞同。（幼儿的相互关心，让我感到十分高兴。从中班开始，我们一直在鼓励幼儿合作交往，因此我也希望通过幼儿之间的交流，发展他们的合作能力。）

于是，几个男孩子主动劝那三个幼儿，其中的两个幼儿回到教室，在电风扇下休息，可小文仍在跑，那几个男孩子告诉我：“小文不听劝，还要跑。”这时的小文面色潮红，汗水不停地往下滴，体力已快达到极限。（平时性格文静的小文，今天却很执拗，我清楚地意识到，要用道理说服他。）于是我走出去，把他抱进教室。

进教室后，我问小文：“你越跑越凉快，头上为什么有那么多的汗？“不是汗，你看没了。”他边说边在衣服上擦。我又问：“那你的脸怎么那么红？你和凡凡一起照镜子比比看。”两个幼儿照镜子回来后，我让其他幼儿说说为什么他们的脸色不同，幼儿的感触很深，意见十分一致地说出：小文脸色红是因为一直在跑，身体太热了。听了同伴的话，小文低下了头。我没有着急让小文当众表态，而是让其他两个幼儿感谢大家。然后，我让其他幼儿说说在室外如何让自己凉快，并再次让幼儿到楼下找荫凉的地方。在幼儿分散找的时候，我问小文：“越跑越怎么样？”他轻声说：“热。”我又说：“小伙伴刚才是因为关心你才叫你别跑的，下次听听别人说的是不是有道理，好吗？”他点点头。

思考与建议

案例中的教师对幼儿之间的争执，没有直接给出答案，而是引导幼儿用亲身体验的实验活动证明自己的观点，适时地抓住了教育的契机，最后得出了正确的结论。幼儿时期是一个人养成良好行为习惯和个性品质的重要时期，也是幼儿教师所有工作的重点所在。而良好行为习惯和个性品质的养成需要日积月累，循序渐进。在教育活动中，教师要注意以小见大，从生活实际和现实情境出发，善于观察幼儿，把握恰当时机，并运用幼儿喜闻乐见的、以体验式和互动性为主的教育方法，循循善诱，因势利导，这也彰显了教师的教育智慧。

案例评析

科学启蒙教育是在潜移默化中进行的，由于每个幼儿的情况都不一样，这就使得幼儿的个性特点、学习品质等都存在差异，因而教师需要注重个性差异，有针对性地进行个别教育，在日常生活中注意观察每个幼儿的行为，及时发现教育契机，进行多样化的个别引导。本案例值得深入挖掘的教育契机——小文的执拗，这已经成为摆在教师面前突出的问题。具有强烈教育责任感、深知教育优于一切的教师采取了多种教育策略：启迪幼儿的切身感受，借助同伴的舆论影响，引导幼儿体会被关爱的幸福，给予幼儿充分的理解和足够的思考空间，循循善诱，终于使执拗的小文心悦诚服。

我想以后的小文偶尔还会执拗，但从这件事情中他一定知道了学会倾听他人意见的重要性，他也将会逐渐懂得：事实是不可辩驳的真理。相信幼儿在今后的成长过程中，一定会对运动与热量的产生、风与凉快的感觉等形成更加正确的认识。他们在孩童时期的体验将会被调动起来，并为正确认知的形成提供丰富的感性基础。

幼儿阶段是人一生的启蒙时期，培养幼儿良好的行为习惯对于幼儿的健康成长有着举足轻重的作用。幼儿期最正规、最科学的教育来自幼儿园。幼儿园为幼儿的健康成长创设了健全的物质和精神环境，培养幼儿良好的行为习惯应贯穿在幼儿的一日活动之中。教师应严格要求幼儿，并耐心帮助和引导他们按照良好的行为标准去做，特别是在实施素质教育的过程中，培养幼儿良好的行为习惯更应得到重视，引导幼儿亲身体验实践活动，适时地抓住教育契机，最后让幼儿得出正确结论。

总之，幼儿教育的内涵与追求就在于小处见精神，细处见教育。教师要做到心中有目标，眼中有幼儿，处处有教育，教育契机体现在点滴之中。

（评析人：樊志红，江苏省兴化市市直机关幼儿园）

3. 老师，什么叫比赛

江苏省南京市高淳区宝塔幼儿园　唐荷花

案例背景

《3—6岁儿童学习与发展指南》指出："给幼儿提供丰富的材料和适宜的工具，支持幼儿在游戏过程中探索并感知常见物质、材料的特性和物体的结构特点。""引导幼儿根据常见物质、材料的特性和物体的结构特点，推测和证实它们的用途。"《幼儿园教育指导纲要（试行）》指出："科学教育应密切联系幼儿的实际生活进行，利用身边的事物与现象作为科学探索的对象。"瓶子和盖子都是幼儿比较熟悉的；活动结束以后，最后一个环节的"盖瓶盖"比赛引发了我对目标和过程的设置以及幼儿的发展与已有经验之间关系的重要性的进一步思考。

案例描述

本次活动的最后一个环节是盖瓶盖比赛，幼儿在由教师设计的层层递进的环节中，通过自己的多次操作与实践不仅学会了根据瓶口的大小、形状、颜色、有无螺纹等特点给瓶子和盖子进行配对，而且还掌握了拧瓶盖的技巧，完成了活动目标一和目标二。在比赛前，我先向幼儿交代了比赛的规则，然后在他们准备好后发出指令开始比赛。在我的预想中，幼儿在听到指令后，一定会在紧张热烈的比赛气氛中很快完成他们的比赛活动。但事与愿违，我预想的高潮并没有出现，指令发出之后，幼儿的反应并不热烈，他们都在自顾自地、不紧不慢地找着盖子，慢慢地盖上瓶盖。小雨在盖完一个瓶盖后就站在旁边看别人盖，问他为什么停下来，他回答不想盖了；苗苗在盖完一个瓶盖后就走了。无论我用什么方法来调动气氛，幼儿都不为所动，丝毫没有一点儿竞赛的气氛。当我宣布第一组最先完成比赛任务获得第一时，获胜的幼儿没有想象中的开心欢呼，没有获胜的幼儿也没有任何的沮丧，这样的一个场面让我觉得很尴尬，整个活动就在这种尴尬的气氛中结束了。

活动过后，为了解幼儿各种活动表现背后的原因，我组织幼儿进行了一场关于竞赛活动的谈话。当我问他们为什么不比赛的时候，他们反问我："老师，什么叫比赛？"

思考与建议

《幼儿园教育指导纲要（试行）》指出："通过引导幼儿积极参加小组讨论、探索等方式，培养幼儿合作学习的意识和能力，学会用多种方式表现、交流、分享探索的过程和结果。""要尽量创造条件让幼儿实际参加探究活动，使他们感受科学探究的过程和方法，体验发现的乐趣。"所以，盖瓶盖比赛在整个活动中是非常重要的，它的重要作用体现在以下几个方面：一是为幼儿积极动手操作、体验成功快乐的目标服务；二是可以帮助幼儿巩固复习已经掌握的拧瓶盖技能；三是可以充分调动幼儿的积极性，将气氛推向高潮，让他们充分体验到快乐满足。给幼儿一个快乐的情绪体验，是整个活动的高潮部分，也是整个活动最精彩的地方。但实施过程中没有达到预期的效果，幼儿对教师精心设计的游戏活动没有表现出很大的兴趣，也没有表现出集体荣誉感和合作竞争意识。为此，我陷入困惑，进行了深刻的分析与思考。

首先，小班幼儿对荣誉感的理解大多局限在自身，还不懂得为别人的成功而高兴；合作行为经常在游戏中出现，但时间很短并且都是无意识的、偶发的；他们的认识主要受外界事物和自己的情绪所支配，他们的许多活动也都是"情绪化"的。所以教师要根据小班幼儿心理发展的实际情况来分析幼儿的活动表现，而教师有着与幼儿心理发展水平极不相符的期望，所以失望是必然的。

其次，教师要根据《幼儿园教育指导纲要（试行）》，从本地、本园的条件出发，结合本班幼儿的实际情况，制订切实可行的工作计划并灵活执行；教育活动目标要以《幼儿园工作规程》和《幼儿园教育指导纲要（试行）》所提出的各领域目标为指导，结合本班幼儿的发展水平、经验和需要来确定。现在是小班上学期，幼儿刚入园两三个月，刚刚适应幼儿园的集体生活，倾听和理解等各方面的能力都还没有得到很好的发展，此类游戏活动更是没有参与过，他们不理解此类游戏的规则是很正常的。教师在进行教育活动之前没有深入了解本班幼儿的已有经验和发展水平，生搬硬套别人的教学方案，得不到理想的教育效果是在所难免的。

最后，建构主义学习理论强调以幼儿为中心，不仅要求幼儿由外部刺激的被动接受者和知识的灌输对象转变为信息加工的主体、知识意义的主动建构者，而且要求教师由知识的传授者、灌输者转变为幼儿主动建构意义的辅助者。在这次活动最后环节的设计上，教师仅仅关注了形式，只是通过一个游戏活动来完成目标，没有考虑到幼儿真正的内在需要，没有考虑如何激发幼儿的操作兴趣，更没有了解幼儿游戏活动的不同方式和不同水平；仅仅关注了教师的教，忽视了幼儿的学，没有让幼儿真正成为学习的主人，因此导致活动本质上的"有教无学"。

案例评析

通过对整个案例的描述和分析可以看出，教师能从科学活动"瓶子和盖子"中幼儿的表现入手，找到自己教育教学中的不足，具备了反思的精神和能力。事实上，一个教学活动再完美，或许都有不够完善的细节，而且面对的只是刚入园不久的幼儿。案例中的教师反思的不是幼儿的表现，而是自己在进行教育活动之前，没有深入了解本班幼儿的已有经验和发展水平。然而这样的反思或许太过于千篇一律，或许还不够具体，或许还不能够更好地去解决此类问题。

其实，在很多时候，我们常常会高估了幼儿。我们以为"比赛"太简单，这时的幼儿对"比赛"应该是了解的；我们认为瓶盖是幼儿常见的，他们对瓶盖应该是感兴趣的……于是，我们会因为活动环节没有达到预期的效果而陷入困惑。

如果在科学活动"瓶子和盖子"之前，教师就在班上的区角中提供许多瓶子和盖子让幼儿玩耍；如果在科学活动"瓶子和盖子"的最后不出现"比赛"的话语，而是告诉幼儿"我们一起来玩一玩瓶子找盖子的游戏，看谁找得快"；如果教师对最后环节的期望不是最精彩的话……也许，之前的问题也都迎刃而解了。

请不要高估了幼儿，因为他们还只是孩子。更请记住，我们教师在和幼儿一起活动时所扮演的角色——支持者、合作者，而非评价者。

（评析人：张丹枫，常熟理工学院；唐爱菊，江苏省南京市高淳区教师发展中心）

4. 有趣的渔网

案例背景

　　我园坐落于风景秀丽的水网圩区,并且固城湖有着丰富的水产资源,而这也成为我们重要的课程资源。有一天,我在整理自然角的时候,幼儿兴奋地围了过来,听到阳阳说:"老师,这条最大的鱼是我带来的。"康康说:"我也带了两只螃蟹,一只大的,一只小的。"江江接着说:"我带了两只大虾。"我随口问:"那你们知道是用什么工具把它们捕上来的吗?"幼儿几乎齐声地说:"用渔网。"我接着问:"是什么渔网呢?"江江说:"虾网。"康康说:"地笼。"阳阳说:"不对,是丝网。"幼儿七嘴八舌地争论起来,看到幼儿对渔网如此感兴趣,我意识到这是一个非常好的教育契机。在幼儿对渔网产生兴趣的基础上,让他们去发现和探索,加深他们对渔网的理性分析是极其有价值、有意义的,这也是符合《3—6岁儿童学习与发展指南》提出的"亲近自然,喜欢探究"和"具有初步的探究能力"的要求。于是,中班科学活动"有趣的渔网"便产生了。

案例描述

　　整个活动由两个环节组成,围绕两个问题展开,运用了经验认识、观察探索、视频欣赏、比较分辨等多种教学形式,并把探究结论归纳在两张记录表上,思路清晰,目标明确,层层递进。幼儿在看看、摸摸、猜猜中,运用多种感官,较好地掌握了科学知识要点,在探索过程中产生了浓厚的兴趣,这些充分体现了以幼儿为主体的教学原则。

　　一、对渔网外形特征的认识

　　(一)认识渔网的外形特征

　　活动前,教师利用收集的各种渔网创建了一个渔网店,并带领幼儿参观渔网店。实际的场景让幼儿很自然地进入活动,激发了幼儿参与活动的兴趣。

教师在观察过程中提出问题，让幼儿讨论：你们在渔网店发现这些渔网有什么不同？引导幼儿从渔网的形状、颜色、粗细等方面进行观察，并能大胆说出各种渔网的名称以及渔网的颜色和形状的不同等。

幼儿通过直观的方法，把原有知识与新的知识相结合，获得了最直接、最具体的科学经验，了解了不同渔网的外形特征。这种方法充分调动了幼儿的主动性，培养了幼儿细心、认真观察的科学态度，达成了第一个教学目标。

（二）进行集体记录

教师出示记录表《有趣的渔网（一）》，把幼儿讨论的结果用图标的形式记录下来，巩固幼儿对渔网外形特征的认识。

应用记录表能够使幼儿在活动中的思维更清晰，表达更有条理，也使幼儿探究科学的经验和能力逐步提高；帮助幼儿形成正确的科学意识、科学观念，培养幼儿用事实说话、实事求是的科学品质。

二、对渔网功能的了解

（一）初步了解渔网的功能

教师提出问题让幼儿讨论："你们知道这些渔网主要是用来做什么的吗？"有的幼儿说："是用来捕鱼的。"有的说："捕虾的。"有的说："捕蟹的。"……面对幼儿的回答，教师只是出示了《有趣的渔网（二）》记录表，让幼儿猜想这些渔网能捕到哪些水产品，交代好要求，让幼儿把猜想的结果用简笔画的形式记录下来，并让幼儿把自己的猜想结果在集体面前大胆地表述。

幼儿大胆地质疑与猜想的过程，是幼儿自主思考的过程，这种质疑与猜想不是凭空的，而是对观察对象的特征进行质疑与猜想，这也是培养幼儿严谨细致的科学态度的关键。

（二）验证猜想的结论

大家都有自己的猜想，那么到底谁的是正确的呢？教师让幼儿通过观看PPT，发现渔网的奥妙。在第一次观看时，有一半以上的幼儿找到了答案；在第二次观看时，教师进一步引导幼儿观察，最终幼儿根据观察到的事实得出自己的结论：三种渔网都可以捕鱼、捕虾、捕蟹，网洞大的捕大的水产品，网洞小的捕小的水产品。然后教师让幼儿再进行验证记录。

幼儿在产生问题、提出问题猜想后，需要通过观察、操作和实验等探究实践活动来验证自己的猜想，获得新经验的建构，这是幼儿科学活动的主体部分，也是幼儿内部知识建构的关键。幼儿的年龄特点决定了幼儿的认识对象是感性的、具体形象的。因此，在活动过程中，教师应尽可能引导幼儿通过观察、发现、判断来纠正自己错误的猜想。这不仅能使幼儿获得较为深刻的知识经验，而且进一步培养了幼儿的观察力、注意力、想象力、思维能力和解决问题能力，达成了第二个教学目标。

（三）了解更多的渔网种类

教师边播放 PPT，边介绍推网、拉网、拖网等，让幼儿知道渔网的用处很大，能捕捉鱼虾、螃蟹、黄鳝、甲鱼等多种水产品，是人们的好帮手。水乡的发展离不开渔网，培养幼儿热爱家乡的情感，达成了第三个教学目标。

幼儿期是一个更多地依赖情感而不是依赖理智生活的时期，幼儿的情感很容易受到感染，所以不管在何种层面上，情感都是不可忽略的，情感教育应该成为我们教育的核心。教师通过借助生动、具体的媒体，培养幼儿关注周围世界和实际生活的态度，拓展幼儿的经验与视野，加深幼儿热爱家乡的情感。

思考与建议

在科学活动中，教师首先要注重引导幼儿通过直接感知、亲身体验和实际操作进行科学学习。

有趣的渔网这一科学活动来源于幼儿的生活，贴近幼儿的生活经验，可探索性比较强，因此对幼儿来说既熟悉也富有一定的挑战性。整个活动以展示、观察、寻找、交流为主要方法。为了让幼儿发现渔网的功能，教师在活动前反复思考，上网查资料，与家长进行研讨等，在此基础上，设计了两张记录表，分别为渔网外形特征的记录表和渔网功能的记录表。在功能记录猜想的过程中，部分幼儿记录单一，猜想错误，他们认为每一种渔网只能捕一种水产品，通过观看 PPT，幼儿对渔网的功能有了清晰的认识。

其次，科学活动最有效的方式是幼儿通过动手操作，自主发现。

本次教学的重点目标是对渔网外形特征的认识，而难点是了解渔网的功能。为了更好地突破难点，教师采用的方法是借助媒体手段，既直观又形象。幼儿的探索欲望是高涨的，在活动中由于条件限制，教师没有让幼儿亲手操作来验证猜想的结论。在反复的试教、讨论中，教师决定把这个问题抛给家长，因为"家庭是幼儿园重要的合作伙伴"，让家长带领幼儿走进自家鱼塘，去进一步验证猜想的结论。因为一切的知识和经验都来自自己的观察和实践，通过实践中的观察、探索与研究，幼儿所获得的相关知识和经验，比任何活动都更加直观、丰富和全面，更能体现科学活动的价值。

为了拓展幼儿的知识面，在科学区域活动中，教师让幼儿继续探究渔网的其他用处，从而将探究活动引向生活。

案例评析

一、活动基于幼儿的生活经验

　　水乡是本园幼儿生活的故乡，渔网是幼儿常见的捕鱼工具，而鱼、虾、螃蟹等是他们最熟悉的水产品。教师以幼儿的生活经验为基础，选取幼儿熟悉的内容作为学习探究的对象，一方面容易引起幼儿学习的兴趣，另一方面也可以增强幼儿探究的欲望。教师在活动准备过程中，让家长和幼儿共同参与，借此引导幼儿走进社会，亲近自然。

二、活动符合幼儿的认知规律

　　幼儿的学习是以直接经验为基础的，他们对生活中的各种事物和现象充满了好奇心和学习兴趣。在本案例中，教师根据幼儿学习的规律，组织幼儿先认识渔网的外形特征，让幼儿在初步认识渔网的基础上产生整体的认识，然后通过讨论使幼儿初步了解渔网的功能和作用，最后借助多媒体使幼儿对渔网的种类和用途形成比较全面的理解。另外，本案例体现了直接感知—实际操作—亲身体验的活动过程。在整个教学过程中，教师通过引导、观察、记录、讨论等方式，充分调动幼儿的探究兴趣，使他们一直处于积极的学习状态。

三、活动能够培养幼儿的综合能力

　　在认识渔网、让幼儿感到渔网"有趣"的教学过程中，教师培养了幼儿的多种能力。观察是幼儿认识事物的主要手段，也是幼儿认识世界的基础。教师组织幼儿观察渔网的外形、辨别不同渔网的特征，然后通过讨论，充分发挥幼儿的聪明才智，扩大幼儿的知识面，同时还让他们用图标记录渔网的特征。在初步认识渔网的功能时，教师没有自己讲解，而是用问答的方式引导幼儿自己讨论，并让他们用简笔画的形式进行记录。最后幼儿自己通过讨论、总结、归纳得到渔网"有趣"的结论。在认识渔网的过程中，幼儿的观察力、注意力、想象力、思维能力和解决问题能力等都得到了培养。

同时，教师还注重幼儿学习品质的培养，在认识渔网的过程中幼儿始终表现出积极的态度和良好的行为倾向，他们积极主动、认真专注、敢于探究、乐于想象。所有这些都为他们将来的发展奠定了基础。在教学过程中，教师注重引导幼儿进行大胆的质疑与猜想，让幼儿自主思考、自主探究，这是更加可贵的。

（评析人：邢益水，江苏省南京市高淳区教师发展中心）

5. 自然乐园里发生的那些事

江苏省南京市高淳区东坝幼儿园　郭曼芳

案例背景

《幼儿园教育指导纲要(试行)》指出："在幼儿生活经验的基础上，帮助幼儿了解自然、环境与人类生活的关系。"我工作的幼儿园地处乡镇，幼儿的生活经验大多与淳朴乡村有着密切的联系。相比城市的幼儿来说，他们与大自然接触的资源要丰厚得多。我园响应课程游戏化项目，积极打造一个有着小树林、大草坪、树梯、桑茶园、沙水池等具有自然特色的乡村幼儿园。我们从乡村自然环境资源在课程游戏化中的运用着手，探索这两者的结合会产生什么样的反应。在这样的背景下，我们中三班的幼儿每天看着幼儿园一点一滴的新变化，他们发现的小眼睛似乎更加明亮了。

案例描述

一、我们一起植树

幼儿园正在添置桑树林，恰逢我们班在户外上课，幼儿看到正在植树的爷爷，很好奇，于是我带着他们去看爷爷植树。当我组织幼儿站在一旁观看时，熠熠挖了一个坑洞，模仿爷爷在种一棵树枝。熠熠的举动让我意识到自己的失误：幼儿不满足于观看，需要的是"实战"。于是，我与爷爷商量让幼儿自己植树。爷爷帮我们将植树的前期准备刚做完，我甚至没有解说植树流程，他们就开始了各自的分工，有的幼儿去沙水池拿来了铲子和水桶，有的幼儿扶着树苗，有的幼儿拿铲子填土，有的幼儿运水浇水，忙得不亦乐乎(见图4-7)。我注意到刚刚种树枝的熠熠，他与暖暖合作植树，暖暖扶着树，熠熠负责填土，两个人忙得有模有样。填完土以后，熠熠用手里的铲子和其他幼儿换了水桶，给小树浇了水，他们才算大功告成。熠熠跑过来，一脸幸福地对我说："老师，你看，这是我和暖暖种的树。"见图4-8。

图4-7 植树的幼儿

图4-8 熠熠和暖暖种的树

活动结束后，幼儿排队回班，他们不由地唱起了一首我从来没听过的歌："有了树木就有森林，有了森林才有我们的家……"

在随后的集体教学中，我为幼儿介绍了桑树和它衍生出来的蚕，并在自然角中放置了一些蚕卵。幼儿一边等待着蚕宝宝的出生，一边关注着桑树的成长，他们都希望用自己种出的桑树叶喂养蚕宝宝。

二、一只小蜗牛

幼儿园刚建造木质梅花桩和树梯不久，幼儿就跃跃欲试了。在下午户外自由活动时，我看见他们先走过梅花桩，再爬上树梯，把什么东西放到了树杈上。原来，他们自创了一种叫作疗伤的游戏：小药师们采好"草药"，爬上树梯，将其放置在树杈中间，由一个幼儿扮演医生，医生治病时需要先走过梅花桩，再爬上树梯取树杈中间的"草药"为病人疗伤。我看到他们自创的游戏挺有意思，也给出了建议：我带着小药师们认识了三种"草药"（不同的杂草），让医生必须集齐三种"草药"才能治好病人。虽然游戏并不完善，但毕竟是幼儿自己想出来的成果，他们玩得不亦乐乎。在一群忙碌的身影中，我发现妙妙似乎总在地上采"草药"。她盯着草丛，蹲在那里一动不动。我很好奇，但没有打扰她，看看她会做些什么。她紧盯一处，伸出手指戳了戳并且迅速收了回来。她有些紧张地把某个东西放在手上向我跑过来："老师，你看，一只小蜗牛！"见图4-9。她满脸欣喜地说："它伸出触角了！"我问她："你是怎么找到的？"她说："昨天尚老师告诉我蜗牛喜欢潮湿的地方，我刚刚拔草药的时候看到的。"我继续问："尚老师还说了什么？"她说：

图4-9 妙妙和她的小蜗牛

"蜗牛喜欢吃树叶，爬的时候还会留下一条线。"我夸她："真棒，把你的发现跟同伴一起分享吧！"

看到妙妙手上有蜗牛，其他幼儿纷纷围了过来，你一言我一语地问这问那。妙妙像个小老师一样讲了蜗牛的知识，他们听了都跑到草丛里找蜗牛。等回到教室后，我发现他们的收获不少：五只活着的蜗牛，还有一个空壳。幼儿自己分析出，这个壳是蜗牛被晒干了的结果。妙妙把蜗牛放到了自然角。在随后的日子里，她时不时到自然角看看，她发现蜗牛喜欢吃蔬菜……

思考与建议

在幼儿园创设的这样一个半开放的自然环境中，幼儿自由发挥，充分调动自己的各方面经验，在实践运用的过程中积累新的知识，在不断反复中，他们成长了。他们会结合生活经验去植树，会根据电视上的情节去自创"疗伤"游戏，会根据在集体活动中所学的蜗牛知识去探索和验证，甚至发现更多新的知识。这正是杜威所倡导的"教育即经验的不断改造或改组。"这更是课程游戏化的现实需求，让幼儿在生活和游戏中不断获得新的经验。而作为新教师，我常常惊讶于他们一次次展现出来的实力，显然我对中班幼儿的探索、发现和创造能力的认识还远远不够，低估了中班幼儿对知识经验的迁移能力。

我们是幼儿成长道路上的支持者、参与者和引路人。在幼儿与自然相互作用的同时，我们需要做到以下几个方面。

一、积极与幼儿一起发现自然界的问题，做个忠实的引路人

对于"树怎样种""树梯怎么玩""小蜗牛会出现在哪些地方"等问题，教师要让幼儿先试着积累平时的经验、迁移出经验。教师要把握幼儿生活经验的盲点，提出问题，激发他们进一步探究的兴趣，逐步培养他们探索发现的能力。在上述案例中，是不是幼儿种完树，抓住小蜗牛就可以了？答案是否定的。新的问题正在生成，幼儿探索的脚步也刚刚开始。

二、信任幼儿的探索能力，培养他们解决问题的能力，成为积极的赞美者

在本案例中，我还不够信任幼儿，让他们在一旁观看，没有让他们试一试。所以，我们要学会更多地信任幼儿，学会放手。正如苏联教育家苏霍姆林斯基所说，只有当教育建立在相信幼儿的基础之上时，它才会成为一种现实力量。我需要做的是在信任的基础上提示他们解决问题的方式方

法，从多方面鼓励幼儿学会自己寻求解决问题的途径，这比直接给出答案更为重要。

三、将自然资源的环境与其他区域相结合

自然乐园的创建不能仅仅局限在户外的探索上。如今，我们的科学区、自然区都增设了以自然材料为主的特色游戏。角色游戏也有了创新，借助幼儿好奇探索的小眼睛，我们开设了新的角色游戏区：中药房，包括采药、配药、捣药、按方拿药等多个环节。在今后的活动中，我们将结合课程游戏化的精神与《3—6岁儿童学习与发展指南》的要求，进一步将自然资源运用到幼儿教育生活的方方面面，真正实现课程的游戏化、生活化。

幼儿在解读自然界的时候，作为幼儿的引路人，我们也在解读，我们在解读幼儿和幼儿眼里的世界。他们和我们都在成长的路上！

案例评析

本案例让我们看到了幼儿的无限潜力，也看到了游戏的强大力量。在案例一中，幼儿在看成人植树的同时，自发自主地进行了模仿游戏。这样一个小游戏的举动让我们了解到幼儿强烈的植树愿望，发现了他们的需要，从而为他们提供尝试动手做的机会。在这样的操作过程中，幼儿的经验往往是综合的，他们调动了语言、社会、动作等多个领域的能力，在自己的兴趣和需要的基础上主动地尝试和配合。这正是陈鹤琴所倡导的"活教育"：大自然、大社会都是活教材。

幼儿有着与生俱来的好奇心和探究欲望。好奇、好问、好探究是他们的年龄特点，更是他们获得新经验的重要途径。幼儿喜欢接触大自然和新鲜事物，喜欢到大自然中去。他们常常被周围事物吸引，驻足观看。刚刚发芽的小草、老爷爷种的桑树、墙角里爬动的小蜗牛都会吸引幼儿的注意。在幼儿的自由活动中，教师的观察能力尤为重要，教师要能发现幼儿的兴趣点和能力，而不是单纯地发现幼儿的问题，学会做一个忠实的记录者和积极的赞美者。教师在幼儿的自由活动中观察他们的行为，发现属于幼儿自己的游戏，能够认识到幼儿是一个积极主动并且有着巨大学习能力的学习者。同时，教师要把在户外活动形成的关于儿童观、游戏观的认识逐渐迁移到室内，相信幼儿，把主动权还给幼儿，真正做到"幼儿在前，教师在后"。

如今我们的课程游戏化项目正如火如荼地开展着，对于教育一线的教师来说，让课程游戏化的思想、观念、要求和方法转化为学前教育工作的实际行动，转变为幼儿教育的实践，落实到教育教学工作中是一个艰巨的任务，同时也是一个重要的机会，更是一份沉甸甸的责任。总之，我们希望所有的付出和努力，都能转化为幼儿快乐成长路上的奠基石。

（评析人：张丹枫，常熟理工学院）

6. 小眼睛看大世界

江苏省淮安市实验小学幼儿园   王志娟

案例背景

自然角是大自然的缩影，是教育环境中重要的一部分。自然角内的动植物是有生命力的，它们生长发展的过程具备特定的教育功能。现代教育家陈鹤琴提出，幼稚园需要布置一个科学环境，尽可能地领导儿童栽培植物（花卉、蔬菜），布置园庭从事浇水、除草、收获种子等工作，并饲养动物……

幼儿园环境的现状表明，自然角虽然在很多班级中已经建立起来，但作为摆设的居多。教师往往不知道如何设置自然角，如何指导幼儿参与其中。对于小班来说，幼儿的养护行为大多停留在观赏，没有目标、计划和探索，自然角的价值没有得到很好的体现。因此，我根据小班自然角的现状，以"我与种子宝宝共成长"为例，帮助幼儿了解自然知识，让幼儿接触自然、长期观察、亲自管理、动手操作，拓宽幼儿的视野，激发幼儿的好奇心，促使幼儿全面发展。

案例描述

幼儿看到大大小小的种子，不知道是什么，也不知道怎样种植。旺仔说是鱼子，因为都是一粒一粒的，然后其他幼儿就说是鱼子。我说："看看它们的形状、颜色。"果果说有大的，有小的，畅畅说有红色的，有黄色的……我接着说："拿起种子捏捏看，到底是不是鱼子？"旺仔说："是硬硬的，鱼子应该滑滑的。"畅畅也拿到一个说："这个上面有点淡淡的黄。"幼儿开始用笔把看到的东西画下来。画好后，旺仔说有很多小的鱼子。畅畅说有好多黑的沙子。琪琪说这是一个个硬的沙子，有黄色的，有黑色的。

我问道："上次老师请大家观察记录的这个像鱼子、像沙子一样的东西是从哪里来的呢？怎样才能存活呢？"有的幼儿说是长泥土里的，有的幼儿说是长在沙子里的，有的幼儿说不知道。琪琪小声地说："是种子妈妈生出来的。"我又问："今天老师带来了沙子，我们来看看、摸摸、比比，它们一样吗？"

幼儿都说不一样。我接着说："那这个到底是什么呢？刚才我听到一个幼儿说对了，我们请他来说一说。"琪琪："这是植物的种子，是植物的宝宝，我们把它种在泥土里，帮它浇点水，再过几天它会自己发芽，长出小叶子。"我说道："有谁看到过种子发芽？"幼儿说道："我在奶奶家里看到过的。""我在我家阳台看到过，有的叶子还长得很大呢。"于是，我接着说："如果把同样的种子放在不同的地方，都会发芽吗？"幼儿争先恐后地猜测。有的说会发芽，有的说不会发芽。我们便用同样的种子种在不同的材质里，有的种在泥土里，有的种在沙子里，有的种在海绵里，有的种在水里……

因为没有办法直接看到种子发芽、长出大大小小的叶子，我便让家长共同参与进来，用直观的照片形式隔天记录植物变化的过程，让家长在每个幼儿的种子下面附上自己植物生长过程的照片，同时也让幼儿每天早晨入园后为自己的小植物浇水，并且自己记录看到的植物变化图。

几天过去了，琪琪说："我的种子长出好多的叶子，它们长大后会结出果实吗？"幼儿看到自己的种子发芽都很兴奋，都期待自己的种子结出不同的果实。大宝说："我的种子会长出豌豆。"旺仔说："我的种子会长出黄瓜。"畅畅说："我的种子会长出西瓜。"……幼儿带着自己对植物的期待不断观察着自己植物的变化。

思考与建议

小小的自然角蕴含了一个大大的世界。小班幼儿受到较多能力、经验的限制，就更需要让自然角发挥作用。

一、激发兴趣，做自然角的主人

幼儿对于新鲜的事物具有强烈的好奇心，这份好奇心驱使着他们主动接近、专注观察、探索其中的奥秘。在进行自然角养护观察时，教师要充分发挥幼儿的主动性，问问他们已经知道了什么，还想知道什么。幼儿带着疑问和探究的心，那么他们在后续的观察活动中也会更加专注。同时，幼儿乐于分享自己的经验，让他们谈谈自己已经知道的，这会让他们非常自信。例如，在"我和种子宝宝共成长"活动中，幼儿已经有一定的经验，教师再引导幼儿说说"你还想知道什么？"幼儿又会提出很多问题。

二、有序组织，推进阶段式观察

自然角内的动植物是有生命力和生长规律的。因此，我们的观察应该顺应其生长规律。在观察前，我们应制订初步的观察计划，组织幼儿进行阶段式的观察，每一阶段还应有重点的观察指导。例如，在小班下学期，我们可以根据季节和动植物的生长特点，将自然角的养护观察分为两个阶段：一是毛毛虫变蝴蝶的养护观察阶段，二是种子的发芽阶段。有了重点，幼儿的观察就会有计划性和针对性，更有利于他们形成科学的观察态度。在每个阶段中，教师还应有意识地分成不同的小阶段。小阶段的划分依据主要是动植物的生长特点。例如，在种子发芽中，第一阶段，用了什么方法让种子发芽的；第二阶段，看看种子发芽了吗，发芽后是什么样子的；第三阶段，对比观察，同样的种子种在不同的环境中有什么不同。这样一步步规划好观察的重点，幼儿在第一次种子发芽实验中就会获得更多的经验。动物观察也是如此，教师先让幼儿谈谈对毛毛虫了解多少，还想知道什么，根据毛毛虫的生长变化过程，引导幼儿观察毛毛虫食物、结茧、破茧。在每一阶段后，教师可以让幼儿谈谈下一步做什么，还可以让幼儿自己尝试规划观察重点，进一步提高他们的观察能力。

三、及时记录，提升经验

幼儿的思维发展是从记忆开始的。因此，幼儿在自然界的科学探究中进行记录，不仅能形成他们对所观察事物的思考与理解，还能交流观察发现和观察中所看到的不同现象，从而形成全面细致的观察与了解。不间断的记录也能让幼儿养成良好的学习习惯和态度。在每次观察后，教师要鼓励幼儿以自己喜欢的方式将观察所得记录下来，也可以让家长将阶段性的变化拍下来，帮助幼儿记录时间、语言。幼儿描述自己的作品，也是对自己的观察发现进行总结，从而通过一系列的记录逐步建构自己的经验。

案例评析

自然角作为一种活的课程越来越受到重视，尤其是在城市化的进程中，幼儿的生活越来越远离自然，他们熟悉很多现代化的产品，却离自然越来越远。因此，自然角就渐渐成为幼儿了解自然的窗口。

《幼儿园教育指导纲要（试行）》指出："科学教育应密切联系幼儿的实际生活进行，利用身边的事物与现象作为科学探索的对象。"幼儿园开设自然角，就要让其成为幼儿探索的热点和学习的视角。环境是人类赖以生存和发展的物质、社会、心理条件的综合，是幼儿发展的重要资源。幼儿只有

在符合其身心发展需要的环境中，才能更好地发挥学习积极性，他们的身心才能得到健康全面的发展。对于幼儿来说，自然界的很多原始材料本身就充当了探索材料，所以能更直接地为他们的探索提供支持。

自然角蕴含了一个大大的世界，教师要让幼儿以主人的身份来照顾、观察自然角。幼儿在真实有趣的环境中开展活动，想象力、创造力、责任感等方面都会得到很大的发展。在幼儿产生问题的时候，在幼儿不能运用自己已有的经验进行探索的时候，教师应该给予他们必要的帮助与引导。教师的作用是提供开放性的问题，引导幼儿运用多种感官参与活动，用自己的方式探索操作，从而解决他们想要了解的问题。无论环境的创设、内容的选择还是幼儿的观察指导，都需要进行充分的思考。兴趣先行、阶段规划、指导观察、记录提升、经验分享，把握好这些关键，让幼儿成为观察的主人，让自然角真正发挥其价值，服务于幼儿的成长。

（评析人：倪春玲，江苏省淮安市实验小学幼儿园）

7. "电影院"游戏不火了

江苏省淮安市实验小学幼儿园富康分园　丁凤玲

案例背景

　　人们的生活水平在不断提高，大家会不约而同地来到电影院观赏国内外优秀影片。身边的幼儿常会聚在一起讲述着在电影院里的所见所闻。《3—6岁儿童学习与发展指南》指出，成人要善于发现和保护幼儿的好奇心，充分利用自然和实际生活机会，引导幼儿通过观察、比较、操作、实验等方法，学习发现问题、分析问题和解决问题；帮助幼儿不断积累经验，并运用于新的学习活动，形成受益终身的学习态度和能力。因此，结合幼儿感兴趣的这个话题，我们利用废旧KT板制作了桌面操作材料"小小电影院"，幼儿刚接触这个材料时非常感兴趣，可是在经过一段时间后，发现光顾"电影院"的幼儿越来越少。

案例描述

一、游戏初期

　　"小小电影院"的材料第一次呈现在中班幼儿的眼前时，他们异常激动和兴奋，因为它的外观不仅像电影院里的座位，而且里面的观众都是幼儿喜欢的卡通动物形象。幼儿具有观看电影的生活经验，他们对于"X排X座"已经非常了解。但是，也存在个别幼儿不了解的问题，可是通过幼儿之间的模仿和交流，很快就得到了解决。在游戏刚开始时，出现了这样的一幕："我是第一个来的。""我才是第一个拿到的。"放眼望去，原来是亦轩和雅琦在为一个"电影院"材料争抢。他们的吵闹声被旁边游戏的鑫浩听到了，鑫浩说："你们太吵了，我都不能玩游戏了。"他抬起头看了看亦轩，说："亦轩，你是男生，要让着女生。"亦轩看看站在一旁的我，又看看雅琦，向雅琦说了一句话，就转身准备离开。雅琦伸手拉住了亦轩，说："亦轩，我们一起玩。"亦轩拿着座位指示卡，雅琦拿动物照片，他们在"你说我做"中合作进行着游戏。

二、游戏中期

　　虽然"电影院"游戏的座位卡有很多的版本，但是经过一段时间后，"电影院"游戏已经被幼儿渐渐熟悉，光顾的幼儿渐渐减少，游戏时间也在渐渐缩短。小冉来到"电影院"内，在动物卡片篮中不停地拨来拨去，一会儿拿着座位提示卡当做"扇子"扇风，一会儿又跑到其他区域游戏的伙伴旁指指点点，嘴里还不停地说道："不是这样的，应该放在这里，让我来教你。"被打扰到的同伴伸手就去推小冉的手，在"你推我推"中，吵闹声盖过了游戏声。

三、游戏近期

"电影院"游戏的投入已经有了一段时间，幼儿不再光顾，材料在搬搬拿拿中也有了一定的损坏和丢失。为了改善这一状况，我们将动物换成幼儿，游戏玩法不改变，内容进行了调整和改变。当幼儿的照片呈现在座位提示卡上时，幼儿大声喊道："那是我的座位号，座位是在 X 排 X 座，我要玩'电影院'游戏。"幼儿的兴趣又被重新激发出来，有的幼儿在认真安静地游戏，有的幼儿就站在一旁等待交换游戏。

通过"电影院"游戏的三个阶段——初期、中期和近期的观察，我感受到游戏的开展不是一成不变的，需要随时根据幼儿的需要进行合适地调整、添置或舍弃，不断地跟进游戏，对游戏中出现的情况和幼儿在游戏中的表现给予及时的分析和反思，这样游戏才会显得生动、有趣和富有生命力，幼儿在语言表达、社会性交往能力和逻辑性思维方面也会有很大的提高。相信通过开展这样的游戏，幼儿的游戏水平一定会得到稳步提升。

思考与建议

一、注重游戏观察，反思游戏方式

《幼儿园教育指导纲要（试行）》提出："教师应成为幼儿学习活动的支持者、合作者、引导者。"如何成为幼儿活动的支持者、合作者、引导者呢？作为教师，我们要有一双会"发现"的眼睛，观察每一个幼儿在游戏中的表现，对幼儿在游戏中的行为进行分析和反思。例如，这样的游戏有助于幼儿的发展吗？为什么他们对这种游戏不再感兴趣？是游戏太难，幼儿无从下手？是游戏较简单，没有挑战性？还是因为游戏没有新意，不能吸引幼儿加入？诸如此类的问题都需要教师在游戏中充当观察者的角色，对幼儿的游戏活动进行有效的观察。教师只有在游戏中认真观察、反思分析幼儿的各种行为，才能为游戏有价值地开展奠定良好的基础，这样才能做到既适合幼儿的现有水平，又具有一定的挑战性。

二、注重游戏跟进，提升游戏水平

《3—6岁儿童学习与发展指南》指出："幼儿的思维特点是以具体形象思维为主，应注重引导幼儿通过直接感知、亲身体验和实际操作进行科学学习，不应为追求知识和技能的掌握，对幼儿进行灌输和强化训练。"在"电影院"游戏中，幼儿结合生活中的亲身体验、直接感知来操作游戏材料，这样要远远比教师课堂上的讲授更有利于幼儿理解。在生活中学习，在学习中生活，虽然"电影院"游戏来源于生活，但却高于生活。为此，在操作游戏中，教师通过有意识的思考，发现富有价值性的探究，以幼儿为本创设适合幼儿的游戏，有条不紊地开展游戏，让幼儿在游戏中成长，在游戏中发展。

三、注重领域整合，促进幼儿发展

幼儿在游戏中协商与计划，学习如何交流思想，学习如何口头解决争执，最终在不断增强独立性的同时，获得与同伴友好相处的技能。在"电影院"游戏中，幼儿通过交流、沟通，在了解同伴的需要之后，能够主动关心同伴并给予一定的帮助，从而学会与人友好相处，增进与同伴之间的感情，以自己的人格魅力赢得同伴的信任，让自己拥有更多的朋友。同时，幼儿通过相互交往，他们的语言表达能力也会得到很大的提高，《幼儿园教育指导纲要（试行）》和《3—6岁儿童学习与发展指南》都强调了"幼儿的语言能力是在运用的过程中发展起来的"。因此，在游戏中，幼儿向同伴讲述自己的需求，这对于幼儿的语言发展也是有帮助的。所以，领域多方面的整合，会在游戏中显现出来，对于幼儿的发展具有极大的促进作用。

案例评析

一、研幼儿

《3—6岁儿童学习与发展指南》提出："幼儿的学习是以直接经验为基础，在游戏和日常生活中进行的。要珍视游戏和生活的独特价值，创设丰富的教育环境，合理安排一日生活，最大限度地支持和满足幼儿通过直接感知、实际操作和亲身体验获取经验的需要。"看电影是幼儿喜欢的生活内容，找座位是他们必要的生活经验，"电影院"游戏来源于幼儿的实际生活，具有生活和游戏的独特价值。

二、品游戏

"电影院"游戏是一种仿真的操作游戏，幼儿在游戏时能联系自身的生活经验，能直观地参与游戏，身临其境地体验游戏所带来的成功和快乐。在创设游戏的过程中，教师能根据本班级幼儿的年龄特点，选择适合幼儿游戏的材料和方式，使其不仅符合幼儿的现有游戏水平，而且具有一定的挑战性。在"电影院"浓郁的生活氛围中，幼儿自由选择自己或同伴的照片，自主探索不同的座位号码，创造性地进行同伴互动，获得愉悦的情绪体验。

三、重过程

观察幼儿游戏的最终目的就是让教师能不断反思教育方案，改进教育策略，不断对幼儿在游戏中的不同表现做出积极有效的回应。在区域游戏中，教师应耐心细致地观察幼儿，参与幼儿的游戏并能积极反馈，这是教师指导好游戏的关键。通过对游戏过程的了解，教师不但能真正地走近幼儿，而且还能更真实地从本质上认识幼儿、了解幼儿，促进幼儿的发展，实现游戏活动的独特功能，促进幼儿快乐游戏，快乐成长。

（评析人：邹秀珍，江苏省淮安市实验小学幼儿园富康分园）

8. 玩转磁铁

江苏省溧阳市实验幼儿园　虞萍

案例背景

教师只有在观察和分析幼儿游戏行为的前提下，才能获得介入和指导游戏的依据，游戏中的指导是以幼儿的需要为前提的。我们发现，教师对幼儿游戏的指导常常表现为两种形式：要么放任不管，要么过度干预。例如，某班科探区的幼儿在玩游戏"灯泡亮起来"时，幼儿把两节电池连在一起，灯泡不亮，幼儿反复调整电池位置，灯泡始终不亮，教师就手把手地教该幼儿，"要正负极相连，要把电线和灯泡接上。"边说边示范，幼儿在教师的指导下，很快就成功了，可是幼儿的探究兴趣也没有了。针对这些问题，我撰写了观察案例"玩转磁铁"，描述了我和幼儿一起经历的探究过程。

案例描述

一、黑板上的磁铁

在自由活动时间，幼儿不约而同地围在黑板前，玩弄着黑板上五颜六色的磁铁（见图 4-10）。集体活动的音乐信号响了，幼儿还是不肯离开。怎么办？我有两种选择：一种是以命令式的口吻强行让他们回到座位，按计划开展活动，另一种是静静地观察，我选择了后者。只见乐乐把磁铁从黑板上"剥"下来，又吸上去，这样反复数次，乐此不疲。笑笑把黑板上的磁铁移来移去，一会儿排成一横排，一会儿排成一竖排，嘴里轻声地说："一条五颜六色的毛毛虫。"帅帅在一旁说："笑笑，给我玩玩，好吗？"笑笑说："等一会儿，马上给你。"笑笑把磁铁从黑板上一个一个"剥"下来，一共"剥"了三个交给帅帅，说："帅帅，给你，你到那边去玩。"笑笑指了指黑板后面。

图 4-10　幼儿在黑板上玩磁铁

二、磁铁只吸铁的东西

恒恒和小宝是好朋友，两人在科探区玩了一会儿磁铁，拿着磁铁跑到电脑柜旁，把磁铁吸在电脑柜上，恒恒说："小宝，你看，这个也能吸住。"小宝把磁铁放在木门上，手一松，磁铁掉了下来，又把磁铁放在圆玻璃上，磁铁同样往下掉，最后磁铁吸在了门锁上，小宝开心地笑了，大声叫起来："恒恒，快来看，磁铁能吸住锁。"见图 4-11。两个幼儿继续在教室内探索，磁铁吸住了窗户边的栏杆、钢琴、建构区的奶粉桶……

图 4-11　磁铁只能吸铁的东西

帅帅拿着一个小磁铁，先用磁铁吸塑料直尺，没有成功，他又用磁铁分别吸花布、回形针、铅笔、纸杯等，发现只有小铁盒盖和回形针能被磁铁吸住，大铁盒刚被吸起来又掉下去了。这时，帅帅找了一个大一点的磁铁，尝试用大磁铁吸大铁盒，刚开始磁铁能吸住大铁盒，可当帅帅要用磁铁把铁盒提起的时候，铁盒就离开了磁铁，反复几次都失败了。帅帅离开了科探区，在黑板上玩起磁铁，我以为他要放弃继续游戏了，没想到他在黑板上找了两个更大的磁铁，用两个磁铁吸大铁盒，这次铁盒被吸起来了，帅帅对旁边的小宝说："看，我把铁盒吸起来了！"见图 4-12。

图 4-12 我把铁盒吸起来了

图 4-13 区域交流时间

在区域交流时间，幼儿说了今天科探区的发现，小宝说："我发现磁铁能吸住钢琴、电脑柜、锁，桌子、门、积木这些东西都不能被吸起来。"见图 4-13。恒恒很肯定地说："这个是磁铁，只能吸铁的东西。"帅帅说："我今天用大磁铁把这个大铁盒吸起来了。"

三、跳舞的回形针

成成把回形针放在铁盒里，把磁铁放在铁盒的外面，轻轻移动磁铁，回形针也跟着动了起来，成成惊喜地大声说："你们快看，回形针动了，太好玩了!"科探区的其他幼儿被成成的新玩法吸引了，"回形针会跳舞，真神奇!"明明也学着成成的方法玩起来，乐乐看旁边已经没有铁盒，拿起一张泥工板，在泥工板的上面放了一个回形针，用手拿着磁铁在下面移动，回形针跟着磁铁来回走动，乐乐自豪地说："看，这个泥工板也可以玩。"成成提议："我们再用别的东西试试。"明明在建构区找了一块薄积木，发现磁铁隔着木积木也能让回形针动起来，成成找来一块厚木积木，用同样的方法尝试，这次回形针一动不动(见图 4-14)。为什么同样是木积木，实验的结果会不一样呢？在区域交流时，我把这个问题抛给幼儿。乐乐仔细看了看两块积木，说："成成的积木厚，明明的积木薄，磁铁只能隔着薄积木让回形针动起来。"帅帅说："不对，这个磁铁太小，找个大一点的就可以。"有些幼儿同意乐乐的说法，有些幼儿同意帅帅的意见，有些幼儿要自己试一试。

图 4-14 跳舞的回形针

四、磁铁有魔力

欢欢把小磁铁吸在一起，用食指点数一遍，一共十个，就像一条五彩毛毛虫，他拿着"毛毛虫"的头（最前面的一个磁铁）左右摆动，"毛毛虫"的身体也跟着移动。接着，欢欢拿着一个磁铁放在"毛毛虫"前面大约三厘米的地方，慢慢左右移动磁铁，"毛毛虫"也跟着左右移动；欢欢加快了磁铁移动的速度，"毛毛虫"也跟着快速移动。欢欢把磁铁靠近一点，"毛毛虫"就被吸上来了；磁铁离远一点，"毛毛虫"就不跟着移动。欢欢在尝试着找到那个合适的距离（见图 4-15）。

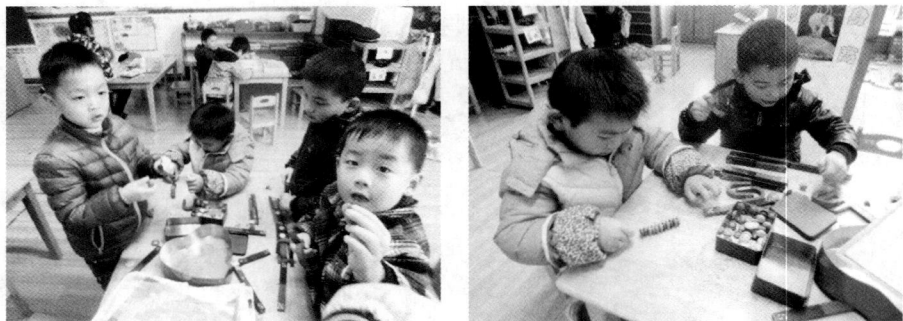

图 4-15　磁铁有魔力

"老师，为什么这两个磁铁吸不住？"想想拿着两个磁铁对我说。我假装疑惑地接过磁铁，想把它们吸在一起，发现这两个磁铁是相互排斥的。我问道："这是怎么回事？其他磁铁有这样的现象吗?""我再找找。"想想说完，开始继续尝试……

思考与建议

针对本案例的思考与建议，具体包括如下几个方面。

首先，教师要善于观察、发现幼儿探究事物的兴趣点，并及时予以支持。黑板上的磁铁引起了幼儿的关注，强烈的好奇心使幼儿保持探究的热情和积极性。当幼儿反复摆弄磁铁，发现磁铁能吸在黑板上这一有趣的现象时，他们乐在其中，而且有了交流的愿望和冲动。既然幼儿对磁铁的兴趣这么浓厚，我应该在科探区内投放磁铁和各种能被磁铁吸住和不能被磁铁吸住的东西，用于支持幼儿的探究。

科探区投放磁铁后，幼儿能自主地寻找身边的事物，不断尝试、猜想验证，从而得出结论。在这个过程中，我们看到了幼儿坚持性品质和探究能力的萌芽。

其次，教师要把幼儿的探究活动不断引向深入。幼儿经过一段时间的游戏，反复用磁铁吸铁的东西，游戏没有深入，我该怎么办？开展集体活动，告诉幼儿磁铁的其他特性吗？还是开展一些磁铁小游戏？经过思考后，我决定继续等待，继续观察……

当幼儿在游戏中发现回形针会跳舞，他们的探究火花再次被点燃，有了材料的探究，有了玩法的创新，还有相互的交流，这些都增强了大班幼儿交流合作的能力。分享环节出现的不同意见，也是幼儿这段时间游戏经验的积累。磁铁能隔着物体吸住回形针，我不需要把这个科学概念直接告诉幼儿，因为幼儿在游戏中已经有了感知体验，玩中学，学中玩。为了让幼儿进一步探索，我在科探区投放了薄厚不同的木板、泡沫板、纸、塑料板，还提供了记录表。幼儿边实验边记录，还能看着记录表介绍自己的实验过程。

幼儿通过不断尝试，发现了越来越多的磁铁秘密。当发现新的奥秘时，幼儿能主动提出问题，寻找答案，发展了仔细观察的能力。根据幼儿的游戏进展情况，我投放了条形磁铁、U形磁铁。

什么是尊重幼儿？什么样的游戏才是幼儿感兴趣的？怎样的支持才是合适的？通过一段时间的实践，看到幼儿对磁铁的探究逐渐深入，我似乎找到了答案。在幼儿探究的过程中，我作为支持者和引导者，不仅要了解幼儿的已有经验，捕捉其兴趣点，还要做出是否支持幼儿探究的判断。幼儿的探究在继续，我和幼儿共同享受这个奇妙的探究过程。

案例评析

《3—6岁儿童学习与发展指南》指出："幼儿科学学习的核心是激发探究兴趣，体验探究过程，发展初步的探究能力。"本案例以幼儿自发的一次磁铁游戏为切入点，着重围绕"教师如何观察和分析幼儿游戏行为"进行了思考和实践，并逐步引导幼儿通过观察、比较、操作、实验等方法，学会发现问题、分析问题和解决问题，从而帮助幼儿不断积累经验。从呈现的案例来看，教师主要从以下几个方面进行了观察、分析和支持。

一、追随兴趣

当发现幼儿对磁铁产生兴趣时，教师及时结合幼儿的年龄特点和活动的价值进行了判断，并追随幼儿的兴趣开展和深化活动。

二、鼓励探索

在接下来的活动中，教师没有从自身角度出发为幼儿拟定活动的主题和方向，而是给予了幼儿自由探索的空间，并通过及时交流让幼儿共享彼此的发现和疑问。

三、投放材料

在活动持续一段时间后，幼儿对活动的兴趣明显减弱。此时，教师通过投放丰富且有层次性的材料支持幼儿持续进行观察和探究，引导他们在直接感知、亲身体验和实际操作中猜一猜、想一想、试一试，不断积累有益的经验。

四、趣化活动

在活动中，教师更关注幼儿探究兴趣的激发，以游戏的方式吸引幼儿参与活动，如"会跳舞的回形针""会扭动的毛毛虫"等。游戏化的方式让幼儿乐此不疲。

本案例的重点是在观察、分析的基础上支持幼儿的科学探究。如果教师能在指导方式上拓宽视野，不局限于材料的投放，同时伴以语言、表情、行动的隐性指导，并以平行游戏的方式加入幼儿的探究，效果可能会更好。

（评析人：方莉华，江苏省溧阳市实验幼儿园）

9. 小熊长高了吗

江苏省盐城市西环路伟才国际幼儿园　吴锦霞

🌸 案例背景

这是一篇融科学性、知识性为一体的童话故事，教师从小熊的视角，让幼儿感知动物和植物都在不断生长变化，从而激发幼儿探索周围事物变化奥秘的兴趣。

🐞 案例描述

故事内容：小熊非常想长高。他常常问妈妈："我什么时候会长高啊？"妈妈带小熊来到一棵小树下帮他量了量身高，并用白石灰在小树上做了标记，妈妈对小熊说："现在你是这么高，以后你会越长越高的。"小熊每天都去比一比，可一点也没长高。

日子一天天过去了，小熊的衣服看起来短了，妈妈把小熊的衣服加长了一段。小熊的鞋子看起来小了，妈妈给他做了一双大鞋子。

过了很多天，小熊又跑到小树下比了比，吓了一跳，说："我怎么越长越矮了？"小熊哭着跑回来，说："妈妈，我怎么越长越矮了？"

小熊和妈妈一起来到小树下，妈妈一看，说："这是怎么回事？"

以"小熊想长高"故事内容为载体的活动过程如下。

一、"小熊想长高"活动的教案及反思

（一）活动目标
①幼儿通过欣赏故事能在图片的帮助下理解小树和小熊也会一样长高。
②幼儿能够积极参与讨论，通过比较两幅图片找到"小熊长高"的答案。
③幼儿能够丰富对长高的认识。

（二）活动准备
①教师让幼儿回家询问爸爸妈妈，了解自己小时候的身高。

②故事图片一套。

（三）活动重点

幼儿能够熟悉并理解童话的内容。

（四）活动难点

幼儿能够知道树比小熊长得快的科学道理。

（五）活动过程

1. 谈话引发幼儿关于长高的经验

师："小朋友和老师比较谁高呢？老师上幼儿园的时候也像你们这么高，你们刚出生的时候也像现在这么高吗？"……

师："有一只小熊也想长高，我们一起来听听'小熊想长高'的故事。"

2. 欣赏故事"小熊想长高"，提出问题让幼儿思考

（1）有表情地讲述故事

（2）提出问题，让幼儿思考

故事里有谁？熊妈妈是怎样帮小熊量身高的？后来，小熊与小树比较，小熊长高了吗？

3. 倾听故事录音，理解故事的主要情节

（1）结合图片提问

熊妈妈在哪里给小熊做了标记？小熊到底有没有长高？你从什么地方知道小熊长高了？为什么故事中小熊比标记矮了呢？小熊真的是越长越矮吗？

（2）组织幼儿讨论

教师让幼儿找出小熊是不是长高的答案。

（3）教师总结

小熊长高了，小树也长高了，小树长得比小熊更快，所以树上的标记就比小熊高了。

4. 迁移作品经验

教师引导幼儿讨论：还有什么会长高？

师："小熊会慢慢地长高，小树会慢慢地长高，小朋友也会慢慢地长高，你知道还有什么会长高呢？"……

教师鼓励幼儿根据自己的生活经验，用"什么会长高"想象并讲述其他会长高的动物和植物，丰富幼儿的知识和经验。

5. 小结并结束活动

二、再次活动，剖析问题，深入反思

（一）重新欣赏故事

1. 欣赏故事前半部分

（1）关键提问

为什么小熊的鞋子和衣服都变小了？

（教师让幼儿欣赏故事的前半部分，提出问题，让幼儿在讨论、交流中结合自己的生活经验，了解小熊的衣服、鞋子变小是因为小熊长高了。）

师："你觉得小熊长大了吗？"

幼："长大了。"

师："你从什么地方知道小熊长大的？"

幼："因为小熊的衣服不能穿了。"

师："小熊原来的衣服还能穿吗？"

幼儿异口同声地回答："不能穿了。"

师："所以小熊长高了没有？"

幼儿异口同声地回答："长高了。"

教师分析：幼儿在这个环节中都认为小熊确实长高了。

（2）幼儿记录结果，得出结论

记录表 1 展现了幼儿得出的结论：小熊长高了，如下表。

表 4-1　小熊穿衣

小熊图	小熊穿衣（图片）	
标志图		
幼儿（图片）		√

2. 欣赏故事后半部分

（1）关键提问

小熊和小树比，谁高？

（教师让幼儿欣赏故事的后半部分，提出问题和质疑，让幼儿在讨论、交流中得出自己的结论，不否定也不肯定答案。）

师："过了好多天，小熊长大了吗？"

幼："没长大。"

师："你为什么认为小熊没长大?"

幼："因为它和小树上的标记比,它在小树的下面,所以小熊没长大。"

师："小熊和小树比,谁高?"

幼："小树高。"

师："小熊长高了吗?"

部分幼儿："没长高。"

部分幼儿："长高了。"

教师分析:此时部分幼儿对高矮关系的认识产生了混乱,他们还认为小熊没有长高。

(2)幼儿记录结果,得出结论

记录表2展现了幼儿得出的结论:小熊长高了,或者小熊变矮了、没长高,如下表。

表 4-2　小熊和小树标记

小熊图	小熊和小树标记(图片)	
标志图	↑	↓
幼儿(图片)	√	√

(二)矛盾产生,问题的探讨与分析

1. 表面矛盾:"小熊长高了"与"小熊变矮了、没长高"

记录表3展现了"小熊长高了"与"小熊变矮了、没长高"的矛盾,如下表。

表 4-3　小熊的高矮

小熊图	小熊穿衣(图片)		小熊和小树标记(图片)	
标志图	(黑色小熊)	(白色小熊)	↑	↓
幼儿(图片)		√	√	√

从表面上来看,"小熊长高了"与"小熊变矮了、没长高"是一对矛盾,其实小熊两次比较的参照物是不同的,两次参照物的静与动也是不同的。

首先,小熊第一次所选择的参照物是自己的衣服和鞋子,小熊第二次所选择的参照物是树上的白色标记。选择不同的参照物,就会产生不同的结果,也就会产生矛盾。

其次，小熊的衣服和鞋子是静止的，不会发生变化，更不会生长。而小树是有生命的，它不是静止的，它会生长。

2. 产生问题

①部分幼儿还是未能理解小熊在长高，小树在长高。

②部分幼儿无法理解小树长高的速度比小熊长高的速度快。

从活动的流程中可以看出，只要教师向幼儿强调"小熊的衣服看起来短了，小熊的鞋子看起来小了"这两句话，幼儿便能立刻明白小熊的确长高了。但是当幼儿想到小树要比小熊高，他们又会认为小熊没有长高，小熊是越长越矮了。产生这个问题的根本原因是幼儿没有清楚地从故事的图片中看到"小熊在长高，小树也在长高，而且小树长得比小熊快"的情景。所以，幼儿对故事情节中高矮关系的理解一直处于比较模糊的阶段。

（三）策略调整，解决问题

针对上述内容，教师做了如下相应的调整。

1. 领域的调整

原先的活动属于语言领域，渗透一定的科学道理。调整后的活动属于科学领域，贯穿语言活动。

2. 活动目标的调整

①在小熊和小树比高矮的故事情节中，幼儿能了解故事中高矮的关系。

②幼儿能参与讨论，大胆表达自己的看法。

③幼儿能感知到动物和植物都在不断生长变化，从而激发幼儿探索周围事物变化奥秘的兴趣。

3. 活动重、难点的调整

活动重点：幼儿能够知道小树比小熊长得快的科学道理。

活动难点：幼儿能够感知理解自然界中的生物每天都在不断生长变化。

4. 活动准备的调整

①教师带领幼儿参观生态园，提前渗透万物生长变化的知识。

②小熊手偶、故事图片、记录表。

③Flash 软件《小熊长高了》、音乐《十个小矮人》。

④Flash 动画中有关自然界中的生物每天都在不断生长变化的场景。

三、修改后的科学活动

（一）经验入手，幼儿讨论

师："孩子们，现在的你和小时候的你是一样高的吗？""你是怎么知道的？"

幼儿自由畅谈，他们都说长大、长高了。

（二）出示小熊，欣赏故事

师："今天老师这里也有位小客人，他遇到了一些麻烦，看看我们能不能帮他解决？"

1. 欣赏故事前半部分

（从开始部分到"妈妈给他做了一双大鞋子"。）

提问：小熊长高了吗？你是怎么知道的？

幼儿记录表1，得出第一种结论：小熊长高了。

2. 欣赏故事后半部分

（从"过了很多天"到结尾处。）

提问：最后小熊长高了吗？你为什么这样认为？

幼儿记录表2，得出第二种结论：小熊长高了或者小熊没长高。

（三）讨论问题，解决矛盾

1. 出示记录表3，引导幼儿讨论

师："小熊究竟有没有长高？"

幼儿结合图片、记录表以及自身的生活经验畅谈各自的观点和理由。

2. 播放 Flash 软件《小熊长高了》，帮助幼儿理解

师："现在小熊自己已经知道答案了。它会告诉大家，这到底是怎么回事？"（播放 Flash 软件。）

3. 幼儿交流，得出结论

小结：小熊长高了，但是小树也在长高。小树长得比小熊更快，所以那个标记就变得比小熊高了。

（四）迁移作品，丰富知识

1. 延伸：比高矮

师："小熊长高了，我们也长高了，那么你和你的好朋友谁高谁矮呢，我们来比一比吧。"（幼儿和同伴互相比高矮。）

2. 引导幼儿讨论：什么会长高

幼儿根据自己的生活经验，通过语言的描述，让思维的理解逐步循序渐进，让经验的积累有序并逐步递进。

3. 播放 Flash 动画中有关自然界中的生物每天都在不断生长变化的情景

师："我们身边还有那些东西发生了变化呢？"……

（五）音乐表演，结束活动

教师播放音乐《十个小矮人》，带领幼儿在教室内，一个跟着一个蹲着做小矮人向前走，踮着脚直立并高举双手做长高的样子向前走。

活动延伸：教师请爸爸妈妈提供幼儿从小到大的身高数据，和幼儿一起制作"我的身高"记录卡，让幼儿体验自我成长的过程，并将作品布置在班级中。

在自然角内，教师开展"看谁长得高"的观察活动，请幼儿每人种一盆植物，让幼儿通过测量、记录、比较，感受植物的生长。

思考与建议

"小熊想长高"是个切合生活实际的故事，符合中班幼儿的年龄特点，幼儿很感兴趣。在故事中，通过讲述、提问、看图，幼儿明白了一切有生命的东西都在生长，而任何事物的生长情况是不一样的，看事情不能只看事物的表面，而要看清事物的本质。

在欣赏故事这一环节中，我问"小熊长大了吗"，有很多幼儿都在摇头。为什么会这样呢？于是，我请摇头的幼儿先作答，让他们回答小熊没有长高的原因。幼儿的答案是小熊比小树矮，因为故事的最后，小熊没有树上的标记高。我只好重新讲解，让幼儿了解到小树也在长高。之后再请一直在点头的幼儿回答认为小熊长高的原因，并用肯定的语气强调这个答案。但还是有部分幼儿无法清楚地理解故事情节中的高矮关系。

在再次的活动中，幼儿通过欣赏故事的前半部分，提出问题，在讨论、交流中结合自己的生活经验，知道小熊的衣服、鞋子变小是因为小熊长高了。通过欣赏故事的后半部分，幼儿产生了他们的思维矛盾。由于幼儿对故事情节中高矮关系的认识一直处于比较模糊的阶段，此时部分幼儿对高矮关系的认识会产生混乱，他们会认为小熊没有长高，因此会有两种答案，而且这两种答案是相互矛盾的。

教师引导幼儿与同伴比高矮，结合体验让幼儿了解自己的身高，体验长大的乐趣；在一定程度上渗透参照物的概念，为幼儿进一步学习埋下伏笔。

幼儿根据自己的生活经验，通过语言的描述，让思维的理解逐步深入，让经验的积累有序递进。另外，自然界一些生物的生长变化不易被幼儿觉察，或者他们不注意仔细观察。教师应重视幼儿的建构主义学习，借助媒体手段来解决学习的难点，利用"问题"的形式体现探究活动由浅入深的特点。

案例评析

一、给予幼儿出错的权利

教师要认识到幼儿的错误代表着幼儿当前的认识水平。那些在成人看来是错误的认识，而在幼儿的认识结构上却是合理的和正确的。一部分幼儿认为小熊长高了，另一部分幼儿认为小熊没长高，教师不应该否定幼儿的观点。因为他们所看到的结果不同，就会有不同的认识。

二、寻求幼儿的真实意图和认识水平，避免误解或伤害幼儿

幼儿常常用自己独特的、不同于成人的眼光认识事物，有着他们不客观的方面，那是因为他们的经验还不够丰富，概括还不够全面，但幼儿总是怀着强烈的好奇心和良好的动机去探究周围世界。教师要寻求幼儿真实的动机，不要急于批评或制止幼儿，要真诚地询问，耐心地倾听和观察。有时还需要教师以幼儿的方式操作物体，真正地了解幼儿的真实意图。

部分幼儿认为小熊没长高，其原因是他们现有的认知水平仅仅停留在图片上，缺乏一定的生活经验。虽然幼儿知道小树在生长，但不知道小树的生长速度比小熊快。通过两次对比，幼儿发现了矛盾，会有强烈的好奇心和动机去探究"小熊究竟有没有长高"。

三、重视建构主义学习

建构主义学习观认为，学习过程同时包含两个方面的建构：一方面是对新信息的意义建构，另一方面是对原有经验的改造和重组。学习是幼儿自己建构知识的过程，幼儿在学习之前是有一定积累的，这就是幼儿在学习前原有的认知结构，幼儿在学习时利用这些原有的认知结构来理解和建构新的知识和信息。所以，幼儿学习意义的获得是幼儿以自己原有的知识经验为基础，对新信息重新认识和编码，建构自己理解的过程。在这个过程中，幼儿原有的知识经验因为新知识经验的进入而发生调整和改变。

虽然此次活动"小熊想长高"的难点是让幼儿知道小树比小熊长得快的科学道理，但自然界中的生物每天都在不断生长变化，幼儿也应该通过实际活动来了解和体会这一道理。

（评析人：张丹枫，常熟理工学院；曹雁，江苏省盐城市西环路伟才国际幼儿园）

10. 追随幼儿兴趣，寻找 野杜鹃的春天

江苏省常熟市颜港中心幼儿园　朱咏梅

案例背景

我第一次从朋友圈中看见野杜鹃的照片，是春节过后，枯枝绽放出那么鲜艳娇嫩的花朵，着实惊艳。于是我萌生意图，也要买一把枯树枝。当我把邮寄过来的枯树枝带到活动室时，幼儿好奇地围拢过来，又看、又摸、又闻，他们这样的兴致让我立即决定把枯树枝养在班级内，和幼儿一起亲眼见证野杜鹃发芽开花的过程，于是有了一个来自幼儿的"学习故事"。

在幼儿对枯树枝的关注——引发对植物吸水的探究——种、养殖环境的尝试——对花蕊的争论——生发出对花卉、根的兴趣点的过程中，教师追随幼儿的兴趣点开展了一系列有趣的跟踪观察、研究活动，剖析活动踪迹，从采取的策略中可以看到幼儿的自主探究和教师的引领助推。

案例描述

早晨，我抱着两束枯树枝走进活动室，向幼儿介绍了枯树枝的来历、名称后，经过讨论，决定分别将两束枯树枝种养在水和泥土里（见图4-16）。

大家一起找空花瓶、装水，有的幼儿提出做水位线，于是动手制作水位线（见图4-17、图4-18）。放入枯树枝后，幼儿发现水位线上升了，又展开一轮讨论，一个幼儿说出自己的生活经验：我在家里洗澡，浴缸里先放这么多的水，有时会把水压出浴缸，这是因为我的重量，树枝也有重量，所以水面上升了。他说完后就在现在的水位上做了标记。

图 4-16　枯树枝

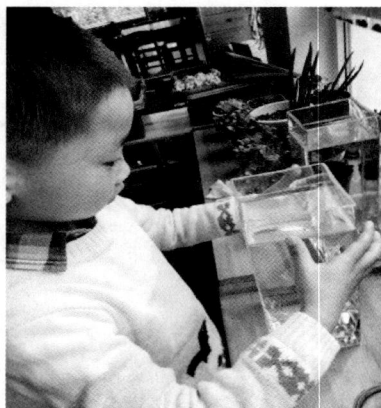

图 4-17　观察水位，做标记

　　幼儿还将枯树枝种在种植园地，设计制作了"请勿拔掉"的指示牌，提醒其他班级的幼儿(见图 4-19)。他们还经历了指示牌被风吹折，找来竹片重新加固制作的过程。

图 4-18　将枯树枝放入花瓶

图 4-19　将枯树枝种在种植园地

　　与此同时，幼儿开始观察记录一大束、一小束和放置在窗台边、背阴处的四瓶野杜鹃的生长变化情况，我则是按照他们的记录日期跟踪拍摄照片，帮助他们获得清晰的了解与对比。

　　在后续观察中，幼儿发现水位线持续下降，通过比较还发现有的瓶子上的水位线低得特别明显。幼儿总结：这里装的树枝多，用水也多，水位线就很低。

　　幼儿每天都会去观察，发现长叶子了，有花苞了，花苞变大了，开花了。

　　欣喜之余，幼儿把这些盛开的野杜鹃的生长情况记录下来，写上日期：4月5日。看看记录表，他们发现从3月22日野杜鹃枯枝条在我们班安家落户到今天开花，已经过了整整十五天。

图 4-20   记录表

一张张记录纸结合照片清晰地展示着野杜鹃开花的过程：枯树枝—舒展叶片—花苞孕育—蓓蕾初绽—华丽盛开（见图 4-20）。幼儿发现：稀疏的那束野杜鹃开得多，密密麻麻的那束野杜鹃开得少；靠窗晒太阳的野杜鹃比放在内走廊的野杜鹃要早开花一点。

幼儿还发现了花蕊里面的不同：有一根红色的花蕊特别长，旁边紫色的花蕊都比它短。幼儿通过网络搜索得出结果：原来中间一根长花蕊是雌蕊，头上带有一点儿黏液，旁边一圈紫色的是雄蕊，雄蕊头上有花粉，蜜蜂、蝴蝶、风儿都能帮助把雄花蕊的粉粘到雌花蕊上，然后就会结果。果实才一厘米大，打开果子外壳，里面有一堆比芝麻粒还要细小的种子。见图 4-21。

图 4-21   幼儿观察花蕊

野杜鹃不仅在水里开花、长叶，还在种植园地的泥土里开花、长叶，幼儿获得了成功的体验。

因此，从幼儿的兴趣出发，我们开展了《春天里的花》等的调查，幼儿也得到了较大的收获(见图 4-22)。

图 4-22　春天里的花

在进行了科学活动"根的秘密"后，幼儿又在探究野杜鹃是否有根。养在水里的杜鹃虽然已经开花长叶，但是在枝条底部找不到根。那么种植园地里的杜鹃呢？幼儿不舍得挖出已经开花长叶的野杜鹃。我就和幼儿找了一些野杜鹃根部的图片，了解到野杜鹃是须根植物。幼儿一直坚信野杜鹃种活了：因为开花了、长叶了，绿绿的嫩叶在温暖的春阳里显得朝气蓬勃。到幼儿毕业时，这些野杜鹃的枝叶依旧碧绿繁茂。

思考与建议

随着幼儿主动发展等观念的深入发展，放手让幼儿进行自主探究也成为教师组织活动的首要目标。在幼儿的自主探究活动中，教师要以幼儿为学习主体，通过创设特定的互动活动情境，激发幼儿的学习兴趣和愿望，将教师的要求变成幼儿自己要做的事情，引发幼儿主动获取知识。

在和幼儿一起制作记录表、种植、浇水、观察水位线变化的日子里，幼儿的每一个发现，有的在我的意料之中，有的出乎我的意料。

在找花瓶的过程中，我有意识地引导幼儿选择了两个大小类似的长方形花瓶和两个大小一样的葫芦花瓶。长方形花瓶分别放入一大束和一小束野杜鹃枝条，葫芦花瓶放入一样多的野杜鹃枝条，但是分别放在靠窗和内走廊中，旨在让幼儿观察其中的不同，寻找、发现原因。事实证明，幼儿能够在比较中有所发现和收获。

在水位线贴好后放入野杜鹃，幼儿发现水位线上升了，于是展开了关于"上升还是下降"的讨论，结果以事实为依据。幼儿在种植园地里亲手种下几株枯枝后，他们有了很强的归属感：这是我种下的野杜鹃，我的野杜鹃长花苞、开花、长叶子了……幼儿还发现阳光照射最多的一瓶野杜鹃开花后，没几天就开始枯萎，而在内走廊中没有阳光直射的依然在开放，这引发了幼儿对植物生长需要更多阳光还是合适阳光的争论……

在这个阶段，幼儿不一定能够找到标准答案，但是发现和探索的过程才是更重要的。幼儿的积极主动、敢于探究、乐于创造等学习品质会得到更多的锻炼，他们全面、可持续的身心发展会更容易实现。当然，教师也要积极、巧妙地用自己的眼睛发现幼儿的智慧与能力，为幼儿创造进一步学习的可能。

案例评析

本案例来源于幼儿的日常学习和生活。教师记录了幼儿观察野杜鹃从枯枝到开花的过程，平实质朴却又蕴含着丰富的教学内涵。为此，从以下几个方面提出相应建议。

一、幼儿的认知

幼儿的认知来源于实践经验和亲身体验，这样的知识建构才是顺应幼儿"最近发展区"的有效方式。

二、教师的关注

教师关注幼儿自发的学，关注生活和游戏中的学；关注幼儿能做什么，而非不能做什么；关注幼儿在学习过程中表现出来的自信和能力，而不仅仅是他们的学习结果。

三、有效的互动

师幼互动要能够促进幼儿的发展，教师要始终遵循这样的原则，只有当幼儿在最需要帮助时才介入。例如，在幼儿对水位和生长环境有疑惑时，教师利用助跳式的互动推动活动继续。这体现了教师能够捕捉到活动的价值意义，顺应幼儿的表现和反应，帮助幼儿进行更完整的表达和更深入的探索。

顺应幼儿的天性，让幼儿快乐成长是每位幼教工作者的追求。由于本案例记录的是幼儿自发的积极行为，教师得体、恰当地"退居二线"的做法无疑给幼儿提供了广阔的自我发展空间。当然，教师不是无所事事，而是充满智慧地从材料提供、话题导入等方面支持着幼儿的观察和探索活动，并巧妙地引发幼儿与家长之间的互动，充分调动一切教育因素让幼儿得到锻炼。

　　面对活泼可爱、富有探索精神的幼儿，我们感悟出的教育真谛依然是崇尚天性、回归自然。让教育回归原点，一切将如清泉般纯洁、明净，教师、幼儿和家长都能成为充满新鲜活力的创造者，都能尽情享受生命。

（评析人：金丽平，江苏省常熟市颜港中心幼儿园）

11. "小鸡小鸭不见了"之后

江苏省如皋市如城建设幼儿园　秦爱静

🌸 案例背景

幼儿园饲养角上周新买进十几只小鸡和小鸭，幼儿对于这群小鸡小鸭充满了兴趣，每天都会跑去喂食观察。可是，本周二早晨，教师发现饲养角里就剩下了一只小鸡，另外十几只小鸡和小鸭全部不见了。这一突发事件引发了教师的猜测和讨论，可是对于是否要让幼儿面对这个相对"残酷"的现实，教师之间有了分歧。经过激烈讨论后，大家一致决定让幼儿直面这个现实，于是一场围绕"小鸡小鸭不见了"的生发课程由此展开。

🐞 案例描述

一、小鸡小鸭哪里去了

教师带领幼儿参观饲养角。一进入饲养角，幼儿就讨论起来："怎么没有小鸡小鸭了？"（仅剩的一只小鸡站在竹子后面，幼儿没有看见。）"它们搬家了吗？""它们出去玩了吗？"这时，晨晨忽然看到了藏在竹子后面的小鸡，她叫了起来："那边有一只小鸡，它们没有搬家！""既然没有搬家，那么其他小鸡小鸭哪里去了呢？"教师适时抛出问题，并引导幼儿观察饲养角。淇淇率先看见了围墙上的血迹，幼儿都围了过去，新妍说："小鸡小鸭被坏蛋抓走了！"接着幼儿又在地上发现了相同的血迹，于是大家都认为小鸡小鸭一定是被坏蛋抓走了。

二、谁抓走了小鸡小鸭

回到教室后，教师带领幼儿展开了讨论：谁抓走了小鸡小鸭。"大灰狼！""大老虎！"幼儿首先想到的就是这些凶猛的动物。"恐龙！""外星人！""怪兽！"幼儿又想到了这些他们觉得比较厉害的对象。教师并不急着回答，引导幼儿分析："老虎、大灰狼生活在哪里？""现在还有恐龙吗？""现实生活中有怪兽吗？"讨论至此，幼儿觉得毫无头绪，他们实在想不出还有谁会来抓小鸡小鸭。

三、搜寻嫌疑人

教师引导幼儿带着未解的谜题回家和爸爸妈妈搜集资料，找一找在我们生活的环境中哪些动物最喜欢抓小鸡小鸭。第二天，幼儿带着自己搜集到的资料展开了讨论："老鹰最喜欢抓小鸡!"若馨首先发表意见，"不对，老鹰是喜欢抓小鸡，可是我昨天和爸爸查了，我们这里没有老鹰!"燃燃连忙反对。"一定是黄鼠狼，我爸爸说黄鼠狼给鸡拜年没安好心!"子叶也不甘落后，发表了自己的意见。接着有几个幼儿纷纷表示同意子叶的意见，有可能就是黄鼠狼。"我和妈妈查了，小猫也喜欢抓小鸡小鸭!"埃埃说。"不可能! 小猫只抓小鱼和老鼠。"其他幼儿都觉得难以接受。教师接上话题问埃埃："你说说小猫为什么喜欢抓小鸡小鸭?"埃埃也说不出来，"反正猫也喜欢抓小鸡小鸭。"教师适时介入讲解："猫抓小鸡小鸭有两个原因，一个原因是为了训练自己的捕食技能，另一个原因是当猫抓不到老鼠时也会抓小鸡小鸭或者小鸟充饥。"猫也成了抓小鸡小鸭的"嫌疑人"。那么猫和黄鼠狼到底谁才是抓走小鸡小鸭的"真正凶手"呢?

四、这是谁的脚印

教师带领幼儿重回饲养角现场，搜寻其他痕迹。有的幼儿发现围墙上除了之前发现的血迹外，还有脚印。这个发现让幼儿欣喜不已，教师帮着拍下了脚印。回到教室后，幼儿在仔细观察拍下的脚印后发表看法。"脚印这么小，应该是黄鼠狼的。""不对，猫的脚印也不大!"教师适时出示从网上下载的黄鼠狼和猫的脚印让幼儿进行对比。幼儿在仔细对比后发现，猫的脚印稍微大一点，黄鼠狼的脚趾有点尖，猫的脚趾有点圆，幼儿再观察拍到的脚印，异口同声地叫起来："是猫，是猫抓走了我们的小鸡小鸭!"

五、保护小鸡小鸭

凶手是找到了，可幼儿的心里还是很难过。教师适时抛出问题："我们都喜欢小鸡小鸭，怎么样才能保护好我们的小鸡小鸭，不让小鸡小鸭被凶手伤害呢?"幼儿首先想到的是各种武器，但是由谁来使用这些武器呢? 小鸡小鸭显然是不行的，接着他们想到了保安，让保安来保护小鸡小鸭。有的幼儿想到了给小鸡小鸭的房子装上锁。最后经过讨论，幼儿一致认为每天晚上把小鸡小鸭赶到房子里关好门锁是最可行的。

思考与建议

　　本案例是一个典型的由突发事件引发的生发课程。一场小鸡小鸭失踪事件引发了幼儿一系列的探索活动：观察现场，探寻小鸡小鸭哪里去了；讨论思考，小鸡小鸭被谁抓走了；搜索分析，谁是抓走小鸡小鸭的嫌疑人；对比发现，抓走小鸡小鸭的真正凶手；深度思考，如何保护小鸡小鸭。这一系列的活动可谓层层递进，环环相扣，由此凸显出来的教育价值也是显而易见的：幼儿学会了观察、分析、推理，学会了客观地面对问题等。而这一切都来自一场毫无预设的突发事件。突发事件在幼儿一日活动中并不少见，是不是所有的突发事件都可以引发出生发课程呢？答案显然是否定的。那么，什么样的突发事件才适合引发生发课程呢？我们需要关注如下几个方面。

　　一、幼儿感兴趣的事物

　　兴趣是最好的老师。对于幼儿而言，兴趣则显得更加重要。判断突发事件是否适合引发生发课程，首先就要看幼儿对这一事物是否充满兴趣。在本案例中，小鸡小鸭是幼儿喜欢的动物，它们的突然失踪必然牵动着幼儿的心，幼儿急切地想知道小鸡小鸭到底去哪里了，谁会抓走小鸡小鸭，为什么会抓走小鸡小鸭等一系列问题。正因为有了幼儿的兴趣点，后续生发课程才能层层推进，并最终达成幼儿的兴趣点：谁抓走了我们的小鸡小鸭。

　　二、符合幼儿年龄特点的事物

　　幼儿年龄尚小，他们探索世界的落脚点就是周围事物。在突发事件中，除了要关注幼儿的兴趣点之外，还要关注针对这一事物的探索是否符合幼儿的年龄特点。本案例中的小鸡、小鸭和猫，都是幼儿熟悉的。而对于黄鼠狼，幼儿虽然不熟悉，但却是幼儿周边的小动物。生存环境是幼儿所熟悉的，幼儿对于自然界的了解就是从周边熟悉的动植物及自然现象等入手的。所以说事件"小鸡小鸭不见了"恰恰是符合幼儿年龄特点的。

　　三、能促进幼儿发展的事物

　　课程最终的目的是要实现其教育价值。对于幼儿而言，教育价值的体现就是幼儿的身心发展。由此可见，突发事件是否可以引发生发课程，最重要的是要看其是否可以促进幼儿发展。从本案例引发的生发课程中可以看出，幼儿多方面的能力都获得了发展：观察能力、分析能力、语言能力等。同时，幼儿的情感也获得了发展，面对小鸡小鸭被伤害，幼儿很伤心，但是还能在教师的引导下客观地面对问题、解决问题，最终找到保护小鸡小鸭的方法。

一个适合引发生发课程的突发事件，其本身的过程、结果和处理解决方式等都会变成幼儿接受教育的触动点和资源，是可利用的教育契机。希望教师都可以成为敏感的教育者，及时捕捉突发事件中的教育价值，从而促进幼儿的全面和谐发展。

案例评析

这是一系列毫无预设的生发课程，是针对幼儿一日活动中的突发状况衍生出来的课程。从以上描述中，我们可以欣喜地看到教师敏锐地捕捉到了事件中蕴含的教育价值，通过一系列活动的开展，幼儿获得了多方面的发展。教师开展的活动也是遵循着事物发展的规律，逐步展开，整个过程十分自然。可以说这一系列的生发课程是十分成功的。

在幼儿园一日活动中，类似"小鸡小鸭不见了"的事件可以说并不少见，只是在很多时候，教师都会认为不值得深入探究。其实这样的事件却可以挖掘出无限的教育价值。正如教育家陶行知所言：一切生活皆课程。例如，自然角小苗萌发，花儿凋谢；读书角为了一本图书引发的争抢事件；角色区"理发师"遭到顾客投诉；科学区小镜子不小心被摔裂了等。这些小事情都可以成为生发课程的引子。而这一切都取决于教师是否能做一个有心人，取决于教师是否能从幼儿的角度看待问题。

（评析人：蔡海梅，江苏省如皋市如城建设幼儿园）

12. 会跳舞的小章鱼

江苏省苏州市工业园区新城花园小学附属幼儿园　俞晓澜

案例背景

在大班幼儿"沉与浮"的观察实践中，教师给幼儿提供了滴管和螺母，幼儿在探索中发现滴管浮于水面，螺母沉到水底。有的幼儿将滴管吸满水后发现滴管可以立在水中，幼儿惊奇的发现引起了对滴管沉浮更深入的探究欲望。有的幼儿将吸了水的螺母套在滴管上，此时滴管沉到了水底，旁边的幼儿也模仿把滴管套上螺母，结果却浮在水面，为什么都是滴管套螺母，怎么会出现这两种截然不同的现象呢？根据幼儿的兴趣点，教师研究了相关原理，通过多次教学实践，寻找滴管、螺母、水之间的关系。教师通过卡通形象化的设计，最终形成了"会跳舞的小章鱼"这一科学探索活动，让幼儿真正在玩中学，让科学探究活动变得更生动有趣。

案例描述

一、活动目标

①幼儿能知道章鱼跳舞需要水，观察发现不同水位的章鱼与它们在水中升降的关系。

②幼儿尝试制作能在瓶中上下跳舞的小章鱼。

③幼儿能大胆表达自己的发现，激发自己探究和交流的欲望。

二、活动准备

（一）经验准备

幼儿对于沉浮现象有初步的了解，知道滴管的使用方法。

（二）物质准备

教师：小章鱼若干，电化设配，章鱼、潜水艇教学课件。

幼儿：做好的小章鱼人手一份，空瓶、黄色小章鱼人手一个，毛巾，水盆。

三、活动重点

幼儿观察比较小章鱼在水中上下潜水的现象。

四、活动难点

幼儿能够对观察到的现象进行表述和思考。

五、活动组织

(一)玩"会跳舞的小章鱼",激发幼儿探索的兴趣

1. 认识小章鱼,引出会跳舞的小章鱼
2. 体验游戏的乐趣,获得间接经验

师:"小章鱼在水中是怎样跳舞的?"……

师:"你是用什么办法让小章鱼在水中上下跳舞的?"……

小结:原来用手捏瓶子,小章鱼就沉到水底;手一松,小章鱼就跳到水面上(见图 4-23)。

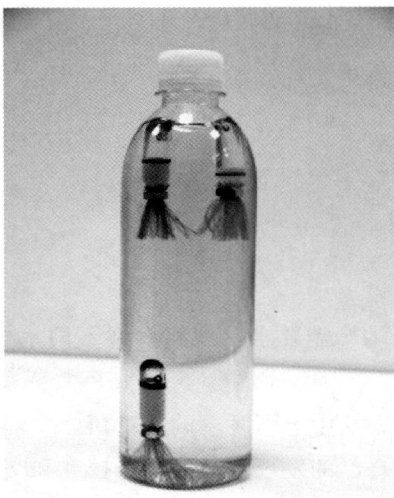

图 4-23　会跳舞的小章鱼

(二)通过探索、观察、比较,感知小章鱼跳舞需要水

1. 观察后幼儿自己尝试制作

师:"你们想自己动手做一个会跳舞的小章鱼吗?怎么做?需要什么材料?"

幼儿操作,教师巡回指导,幼儿仔细观察并比较(见图 4-24)。幼儿分享操作情况:你发现了什么?小章鱼会跳舞吗?为什么?

小结：原来会跳舞的小章鱼需要喝水。

图 4-24　动手制作小章鱼

(三)通过操作制作小章鱼，了解小章鱼跳舞和喝水的量有关

1. 操作探究喝多少水时小章鱼会跳舞

师："喝多少水合适呢？请你们再去试一试，小章鱼喝多少水时可以在水中上下自由地跳舞。"

2. 幼儿操作实验，验证猜想结果

教师巡回指导。

3. 交流操作结果，得出结论

师："你成功了吗？你的小章鱼喝了多少水？请你来演示。"(教师同步播放视频，引导幼儿用语言简单表述。)

不成功的幼儿比较小章鱼喝水的多少。(教师拍照上传，让幼儿比较。)不成功的幼儿再次尝试。(教师出示不同水位的小章鱼的图表。)

小结：原来小章鱼能不能跳舞和它喝水的量有关。水喝多了，小章鱼太重就沉下去了；喝得太少，又太轻，就会浮在水面上。只有喝到一半的水，小章鱼才能自由自在地在水中上下跳舞。

(四)观察探索，发现小章鱼沉浮时体内水位的变化，了解小章鱼跳舞的秘密

师："请你们仔细观察，当小章鱼沉下去的时候，体内的水有没有变化？你们发现了什么秘密？"(教师同步播放章鱼上下跳舞的视频，让幼儿比较在水面的小章鱼和下沉的小章鱼体内的水位的不同。)

小结：幼儿通过观察发现用手挤压瓶子时，小章鱼体内的水变多，身体变重，所以下沉；松开手时，小章鱼体内的水变少，身体变轻，所以上浮(见图 4-25、图 4-26)。

图 4-25　浮在水面的位置　　　　　图 4-26　沉在水底的位置

师："你发现了潜水艇的什么秘密?"(播放 Flash。)……

小结：原来潜水艇也会喝水，水喝多了，就沉到水底；水喝得少，就会浮在水面上。原来潜水艇跳舞的秘密和小章鱼跳舞的秘密是一样的，那么用什么办法可以让潜水艇停留在水中呢？让我们再去尝试发现吧！

思考与建议

有趣的科学现象无处不在，然而其中蕴含的科学原理却很难让3～6岁的幼儿产生兴趣。科学探究活动受材料、环境、幼儿兴趣、认知水平、师幼互动的影响，传统的科学活动多以教师传授，幼儿观察、模仿为主，缺乏趣味性、操作性和探究性。然而教师的认知规律就是幼儿的认知规律吗？教师的意志就是幼儿的意志吗？教学活动的有效性究竟如何？《幼儿园教育指导纲要(试行)》指出："幼儿的科学教育是科学启蒙教育，重在激发幼儿的认知兴趣、探究欲望。"教师在组织科学探究活动时，要挖掘幼儿的科学兴趣点，激发幼儿的探究欲望，让幼儿在玩中学，真正自主地发现问题、分析问题和解决问题，从而落实指南目标，促进幼儿科学素养的提高，这些都需要教师不断地尝试与探究。

在活动中，教师完全站到幼儿身后，较好地运用了生本教育中的"无为而为"来设计各个环节，通过简单、直接、开放的提问让幼儿真正地思考和尝试。从幼儿的回答中，我们可以看出他们在怎样思考，从而不给幼儿过多的干预，而是给他们更多的自主，出现了"此时无声胜有声"的美妙境界。教师灵活运用多媒体技术，将幼儿的操作同步到一体化设备中，让幼儿可以直接观察，获得经验。活动中所有的猜测、验证全部来自幼儿的现场探索结果。幼儿的探索欲望很高，一个实验的结果引发了又一个问题的探索，科学活动就是不断地发现问题、解决为什么、再发现为什么的过程，教师不一定要给幼儿一个正确固定的答案，而是要通过活动激发幼儿的探究欲望，发展幼儿的操作能力。教学实践告诉我们：幼儿在探究的过程中不是一帆风顺的，往往会遇到外在的和内在的各种阻力或压力，有时会心灰意冷，半途而废。在这种情况下，教师应鼓励他们树立信心继续探究。在活动中，教师要培养幼儿的科学意识、兴趣和创造力，从而激发幼儿的内在心理倾向，学科学，爱科学，勇于创新，探索研究，发散思维，展示个性；让幼儿能够掌握科学的探究方法，进而使他们主动地运用多元化方法去学习、发现和探索。

案例评析

一、兴趣入手，找准科学探究活动的选材要点

本次研究活动来自幼儿自主探究的实践，源于幼儿创新游戏的发现，教师加以挖掘、提炼，将科学中的沉浮原理通过童趣的设计，运用小章鱼跳舞的形象，让幼儿直接体验游戏的乐趣、获得间接经验，激发幼儿探索的兴趣。

二、玩中探索，抓住科学探究活动的实施主线

活动围绕着做"会跳舞的小章鱼"、玩小章鱼在水中跳舞的游戏，通过开放式的思维让幼儿不断猜测、尝试与发现，最终实现了探究的目的，真正体现了幼儿的主动探究和生本教育的理念。

三、猜想验证，增强科学探究活动的探究氛围

猜想验证已成为科学探究活动的一个重要组成部分。教师在科学探究活动中应注重让幼儿善于猜想、主动探索、动手验证，善于抓住时机，利用材料和环境来为幼儿创设一个有效的猜想环节，并利用这些资源为幼儿提供一个可操作的验证过程。在本次活动中，教师让幼儿猜想"喝多少水时小章鱼能在水中上下跳舞"，这一猜想贯穿操作的主线和方向，留给幼儿足够的想象和操作空间，教师真正成为幼儿的引导者、合作者和支持者。

四、有效提问，拓展科学探究活动的思维空间

教师设计有效的提问是指导幼儿学习科学的重要环节，可以激发幼儿的活动兴趣，启发幼儿的想象思维，引导幼儿的操作实践，促使幼儿思维和创造力的发展，使幼儿真正成为主动探究的学习者。例如，在活动中教师提出的开放式问题："你发现了什么""喝多少水合适呢"等。教师在开展幼儿科学教育活动时，改变了以往封闭式、暗示式的提问，更多地采用了开放式提问，充分发挥了幼儿的积极性、主动性、创造性，把幼儿原本的无意活动引向有意活动，拓展了幼儿的思维空间。

（评析人：陆叶珍，江苏省苏州市工业园区新城花园幼儿园）

13. 有趣的排序

江苏省无锡市惠山区晴山蓝城幼儿园　王倩

案例背景

　　大班幼儿对排序处于探索的状态，他们在游戏的时候，常常会按照颜色或形状有规律地用间隔排列的方法穿木珠、玩积木、拼搭玩具等。为了引导幼儿将这些经验加以统合整理，使幼儿对物体按规律排列的认识提升到一个新的层次，形成初步的逻辑思维，我们根据大班幼儿的发展水平，提供多元的排序材料，引导幼儿自己动手给材料排队，学习从多角度思考问题，并探索和发现各种不同的排序规律，从而促进幼儿的观察、比较、思考和创造能力的发展，提高幼儿的思维水平。在之前的活动中，我们学习了按 AB 模式给物体排序，但幼儿还不能主动地把规律运用到实际的生活和游戏中。

案例描述

　　幼儿期待的区角活动时间到了，小余、琛琳、敖霆、一铭等七个幼儿选择了建构区游戏。活动开始时，教师提问："你们打算搭建一个什么样的建筑呢？"小余、然然、一铭都说："我要搭桥。"而其他幼儿说："我要搭房子。"在幼儿开始拿材料的时候，教师又强调："你们建构的时候需要什么材料就取什么材料。"活动正式开始后，很多幼儿围在材料篮旁边，随手抓出一把积木抱到空旷的地方，开始搭建起来。小余在其他幼儿拿过积木后才走过去，从篮子里拿出了两个半球体的积木并找了一个比较广阔的地方，并排排列，然后又返回去拿了两个半球体积木，在刚才的基础上排列，如此重复三次，小余摆出了由七个半球体积木组成的小桥。小余抬头看到其他幼儿都还在搭建，于是他又来到材料篮旁边，这一次他从里面找出了几个小圆柱体和小的半圆柱体积木。他把找来的圆柱体和半圆柱体重叠摆放在每个半球体上面。这时，琛琳从小余的小桥上走过去，小桥就变得七零八散了。小余有点难过地说："我的桥。"小余把散落的材料捡回来开始修补自己的小桥。一铭看到后，打算和小余一起修桥，他们一起合作把小桥修好了。小余和一铭开心地一起走过小桥，这一次小桥又散了……接下来，敖霆一起和小余修复小桥，但这一次，他们又到材料篮里拿出了剩下的半球体，搭了一条更长的桥。

一、幼儿学习了什么

在游戏中，小余能从一对材料中把半球体积木、圆柱体积木和半圆柱体积木挑选出来，并一个一个排列起来，说明他能区分不同物体的形状特征，具有一定的拼接、组合能力。

在整个活动中，小余很少说话，一直专注地进行拼搭，当桥散乱后他能坚持把桥修复完整，说明他具有一定的专注力。

当同伴加入他的游戏时，小余没有拒绝，而且能默默地配合同伴，这说明他是愿意和同伴一起游戏的，也愿意和同伴一起分享自己的成果。

二、幼儿下一步怎么做

小余排列的桥，颜色随意，没有规律。为此，教师应引导幼儿在生活中观察发现按照一定规律排列的事物，感知规律美。同时，教师可以提供材料，让幼儿模仿规律或者扩展规律。

在游戏中，琛琳、一铭加入小余的游戏时都没有征求小余的同意。为此，教师可以结合具体情境，指导幼儿学习交往的基本规则和技能，同时多为幼儿提供需要大家齐心协力合作才能完成的活动，让幼儿在具体活动中学习合作分享。

小余的搭建仅仅局限在拼接和垒高方面，教师可以引导幼儿学习更多的搭建技能和方法，如平铺、延长、对称、加宽、加长、加高、围合、盖顶、搭台阶等，提高幼儿对结构游戏的搭建能力。

思考与建议

为了引导幼儿把这些体验和经验加以统合整理，教师有必要按照幼儿的发展水平和不同需求，将一些最基本的按模式排序的内容进行组织，帮助幼儿提升已有的模式排序经验，形成一定的排序概念。教师要让幼儿在运用所学知识解决实际生活问题的过程中初步感知活动的有用和有趣。经验的应用就是让幼儿利用所学的知识解决新的问题。让幼儿将排序能力应用在日常生活和其他活动中是教学的目的，也就是说，一种知识只有与所形成的相关能力相一致才是有用的、活的知识。因此，幼儿在模式排序活动中初步把握一些排列的规律后，教师可以利用多种活动创造条件，引导幼儿学会迁移、应用这些规律。这些活动包括如下几个方面。

一、日常活动

教师可以提出按照"一男一女"或"一女一男"的规律排队，并引导幼儿自我纠正。一段时间后，为增添活动的趣味性、游戏性，教师还可以让幼儿扮演图形宝宝开火车，引导幼儿按照形状、颜色、大小、品种等特征进行间隔排列。

二、节日活动

把排序学习的内容纳入幼儿园的节日庆祝主题活动，可以使教育的需要与幼儿的需要有机结合，如制作"拉花"、插"彩旗"。教师可以为幼儿提供两种颜色的彩色纸条，引导幼儿间隔搭配制作"拉花"；引导幼儿按 AABB 的模式将红、黄两色的彩旗插在窗台边上。当幼儿看到教室上空悬挂着的"拉花"、窗台边上迎风飘扬的彩旗时，他们在体验欢乐节日的同时，也感受到"拉花""彩旗"的规律美。

三、审美活动

在美术装饰画的表现方法、音乐的节奏、建构游戏的拼搭、日常物品的摆放、绿化环境的布置、幼儿的服装等方面，教师可以引导幼儿实际应用排序规律，这些经验将为他们今后继续学习提供经验上的支持。

案例评析

模式排序是指个体对物体之间内在的规则关系的认识，是幼儿早期数学认知能力发展的内容之一。对于幼儿来说，模式排序是一项比较具有挑战性的活动，因为需要他们找出事物之间的联系，也就是我们称之为"规律"的东西。在日常生活中，幼儿经常会接触到很多按规律排列的物体，如花坛里的花、院子的围墙、杯子上的图案、衣裤上的花边等。幼儿在游戏中搭围墙、拼花朵、穿项链时，也会有意、无意地按照一定的规律间隔（按颜色或形状）排列。

模式排序源于生活，更要应用于生活。只有当它回归了幼儿的生活情境，才能给幼儿提供将模式排序进行广泛迁移和应用的机会，才能提高幼儿应用模式排序解决实际问题的能力，更好地体现教育的价值。

（评析人：李锦，江苏省无锡市惠山区晴山蓝城幼儿园）

14. 一场"风波"

江苏省宿迁市实验小学幼儿园　刘宁

案例背景

音乐游戏是幼儿非常喜爱的一种游戏形式。今天上午，在开展音乐活动"挪威舞曲"时，为了让幼儿更深入地理解 A 段、B 段的音乐，感知音乐的情境，我创编了两段故事并结合音乐进行。在 B 段音乐中，为了进一步让幼儿感受到音乐的沉、重、缓，我结合音乐的特点创设了"风来了"的情境。

在活动中，幼儿对故事中的"风"产生了浓厚的兴趣。有关风的探究活动遵循幼儿的兴趣，从幼儿已有的生活经验出发，通过抛问题、共探讨、查资料、找答案去探究风的形成、风的作用，从而去表演风，制作相关的道具服装，不断丰富活动内容，深化幼儿的探究行为。一系列有关风的探究活动在幼儿的自主选择、自主游戏的过程中生发出来，幼儿在自己的最近发展区主动建构与风相关的经验，让一个普通的音乐活动逐渐拓展。

案例描述

一、追随兴趣，提出问题

音乐活动"挪威舞曲"正在进行中，B 段音乐开始了，我扮演的鸡妈妈表现出十分紧张害怕的神情。"大风来了，孩子们赶快找个地方藏起来，千万不要乱动！"我的话音刚落，尧尧就高高地举起了手，说："老师，我想问一下这里面刮的是什么风？是不是龙卷风？"我还没想好该怎么回答，子仪立刻站起来了，说："我觉得不对，这里面刮的不是龙卷风，应该是台风。"子仪停顿了一下，说："上一次美国刮台风，引起了山洪暴发，淹死了很多人和动物，台风最厉害了！""不对！"子仪的反驳立刻引起了大家的争议。尧尧迫不及待地站了起来，说："老师，子仪说得不对，龙卷风是最厉害的！爸爸带我看过《龙卷风》的电影，那里的龙卷风能把很粗的大树和房子吸起来，卷到很高的天上，非常可怕！"他一边说还一边比画着。很多幼儿觉得尧尧说得挺有道理。

我又问："还有不同的意见吗？"小洁突然说："我知道海风最厉害，它能把非常大的轮船掀起来！"小扬着急地说："他们说得都不对，我认为飓风是最厉害的，它的速度很快，这是我在书上看到的。"

如果不是这场风波，我还真不会想到幼儿对风了解这么多。为了给幼儿充分思考和表达的机会，我决定把这些"问题"抛给幼儿："到底哪一种风最厉害，为什么最厉害呢？回家可以问一问爸爸妈妈，也可以看书、上网查找一些有关风的资料，明天我们接着讨论。"

二、适时推进，展开讨论

第二天，幼儿带来了许多关于风的书籍、图片和相关资料。

讨论活动开始了。我问道："哪种风最厉害呢，你们找到答案了吗？"龙卷风、台风、海风、飓风、阵风、旋风、焚风、山谷风、季风，我让幼儿把关于风的资料贴在前面的主题墙上。

尧尧第一个站了起来，说："龙卷风的脾气非常粗暴，风速极快，吼叫的声音像打雷一样。"其他幼儿顾不上举手，有几个甚至站起来说道："龙卷风产生的压力能使汽车爆炸。""龙卷风卷起的一粒小石子，像子弹一样厉害，能穿过玻璃。"梦寒补充道："龙卷风还像一个吸力器，把它碰到的水、石头和树木吸卷起来，一直吸到天上。"子仪紧接着说："台风的破坏力最大，它常常伴随着暴风雨，会造成洪水，淹没人、房屋、动物和所有的东西。""当台风在海上移动时，它会掀起巨浪！""当台风登陆时，它会给许多动物和植物造成巨大的伤害。"宏宏说："旋风会打转，把地面上的一些东西吹到半空中形成一个漩涡。"小海指着自己带来的图片介绍道："从海上吹向陆地的叫海风，从陆地吹向海上的叫陆风，两个合起来叫海陆风。"梦寒补充道："海风还能形成云和雾，给人们的生活带来了不方便。"浩洋激动地说："飓风其实就是台风，只是它们产生的地方不同，所以就叫不同的名字，飓风和台风一样坏！"

"飓风和台风都是坏东西吗？"我把浩洋这句话放慢速度重复了一遍，"你们同意浩洋的意见吗？说说你们的理由。"有的幼儿说同意，更多的是不同意。我先让表示同意的小洁发表了她的意见。她指着前面的图片说道："台风、飓风、龙卷风把房子吹倒了，把树枝吹断了，还卷起海浪害死了许多人，对我们人类造成了很大的伤害。"子仪反驳道："不对，我听爸爸说风也能用来发电。"

既然幼儿提到了风对于人类的影响，我觉得应该让他们进一步了解有关风的知识。我补充道："这些风也并非全给人类带来不幸，除了'罪恶'的一面以外，也有为人类造福的方面。台风能给很多干旱的土地带来丰沛的雨水；人们还利用风进行发电，节约很多资源；在酷热的夏日，大风来临，还可以降温消暑。"追随着幼儿的兴趣，在回应的基础，我让幼儿回家再查一查相关资料，了解风的各种作用，进一步丰富幼儿的经验。

三、深化行为，丰富活动

过了一周，幼儿和"风"成了好朋友，也了解到很多关于风的知识。在幼儿的提议下，我们决定在星期五上午一起开展"挪威舞曲"的第二个游戏活动——表现音乐。这一次，幼儿更感兴趣了，表现得非常投入。在进行音乐表演时，子仪提出了自己的建议："老师，我们可不可以扮演大风啊?"其他幼儿也说："我也想表演大风!"在感受音乐结构、特点的基础上，幼儿主动提出要在原有角色中增加大风的角色。他们自选角色后，自主讨论开始了：你想扮演哪种大风，这种风是什么样子的，做什么动作呢?幼儿比画着、讨论着，就大风的表演动作进行了深入的探讨，因为有了前期的丰富经验，幼儿创编出的风栩栩如生，形象生动。增加大风以后，我们的音乐游戏变得更加有趣和有序，而且有了大风的约束，没有一只"鸡宝宝"乱动，他们投入音乐与表演的情境，当"鸡妈妈"喊道："孩子们，大风来了，快藏起来，不要动!"所有的"鸡宝宝"没有一个违反游戏规则，大风出场后，有多只"小鸡"都害怕得浑身发抖，无论"大风"还是"小鸡"，每个幼儿都玩得那么投入! 在分享讨论的时间中，幼儿对自己的表演提出了新的问题：表演风的时候没有道具和服饰。

于是制作"风"的活动开始了，幼儿从资源库中找来了各种材料：纱巾、布，各种亮光纸、海绵纸、易拉罐、盒子等，他们两人合作，开始了制作活动。晚上放学时，一些幼儿还主动要求把制作的服装道具带回家和爸爸妈妈一起加工、改造。

第二次的表演开始了，幼儿扮演的风——有的非常凶悍，张牙舞爪;有的则张开双臂，以显示自己的强大;有的在做动作时嘴里还发出低吼声。幼儿的表演无论情节、语言，还是动作和表情都有了较大的飞跃。

四、有机筛选，生成主题

第二周回来以后，幼儿对风的兴趣依然不减，每天围绕着"风"的话题进行交流：风从哪里来的?风到底有多少种?不同的风都有什么特点?从幼儿的讨论中可以看出，他们探究的内容已经进一步深入。

教师要及时了解幼儿的愿望，发掘幼儿的兴趣点，及时给予支持和帮助，保护幼儿的兴趣，保证幼儿主动学习和探索。我结合幼儿对风的了解和兴趣点，从中筛选出一些具有教育价值的、适合幼儿探究学习的内容，和幼儿一起生发出一系列有关风的活动。

于是，关于风的主题探究活动便产生了。幼儿在活动中和"风"做起了各种游戏:"风在哪里""让物体动起来""比一比谁的风大""小风车转转转""画一画我眼中的风"。在活动中,幼儿尝试着用纸、扇子、嘴巴,甚至转动自己的裙子来制造风,努力用风让物体跑得快一些;他们动手制作了美丽的小风车,在操场上你追我赶,玩得不亦乐乎。在整个主题活动中,幼儿进一步了解和感知到:风是由空气对流产生的,风力有大有小,风速有快有慢;每一种风都有自己的特性,根据风向的不同,人们还给风取了很多有趣的名字。幼儿眼中的风,不再可怕,也变得千姿百态:幼儿作品中的风,有的轻轻而过像一缕轻烟,有的张牙舞爪、狰狞可怕。

思考与建议

一、"懂"活动中幼儿的需要

当幼儿在音乐活动中发现"风"的问题时,教师要学会充分放手,让幼儿自主提出问题,鼓励幼儿自主解决。

幼儿的发展是教师依靠幼儿的需要来推动的,教师能够根据幼儿的探究需要,不断提供支持,给幼儿创设一个良好的活动与游戏的环境,让他们自由选择,不受干扰地满足他们内在的需要,使活动得到自然地拓展。例如,在第一次表演"风"后,当幼儿提出缺少服装道具时,教师从幼儿的需要出发,提供支持幼儿探究的时间、材料、活动等,为幼儿创设能够引发他们自主游戏与活动的环境。

二、"思"教育策略的运用

幼儿在音乐活动中出现"不合时宜"的想法时,教师没有急于拉回,而是耐心倾听幼儿的想法,静心等待幼儿的讨论,通过提问策略的介入,在活动中平行交流,引发幼儿的思考、探究;通过分享交流的策略,给幼儿提供相互学习、发现新问题的机会,帮助幼儿丰富已有经验,建构新经验。

在第一轮的音乐活动后,幼儿的兴趣不减,教师从幼儿的兴趣出发,基于幼儿发展的价值取向,和幼儿共同筛选出与风相关的系列活动,搭建支架,引领探究,把幼儿带入更深一层的探究学习,不断丰富幼儿对风的经验。

三、"看"游戏中幼儿的发展

在游戏中,幼儿始终专注于"风"的探究,从主动提出问题、解决问题,到积极搜集各种材料,大胆使用,有创意地制作与风有关的服装道具,并大胆展现表演；到第二轮的探究学习时，幼儿在整个活动中认真专注，敢于尝试，勇于探究，乐于想象，表现出良好的学习品质。

幼儿在发现有趣的事情时愿意与大家一起分享；在合作制作道具的过程中能与同伴友好合作、交往，主动倾听和接受他人的意见，主动寻求家人的帮助，对服装道具进行外观上的改造；在音乐表演游戏的过程中，主动和同伴讨论表演的角色、动作，认真倾听音乐，大胆用各种动作表现"风"，认真理解活动规则的意义。每个幼儿都在自己的最近发展区上得到了良好的发展。

案例评析

整个主题活动的探索分为四个阶段。第一个阶段是让幼儿谈论自己印象中的风；第二个阶段是查找答案，分享交流；第三个阶段是探索表现风，引发新游戏；第四个阶段是筛选价值点，探究主题，深入开展。整个活动都是围绕着幼儿发现和关注的问题层层开展、步步深入的，鼓励幼儿大胆尝试，勇于表达，激发幼儿的探索热情，让幼儿在不断发现问题和解决问题的过程中体验探索的乐趣和成功的喜悦。

通过一系列探究活动的开展，幼儿各方面的能力都有了显著发展和提高。

在语言表达方面，幼儿能大胆表述自己的观点和意见，敢于提出问题，敢于质疑，并且能围绕一个中心展开讨论，同时也学会了倾听他人的观点和经验。

在动手操作方面，幼儿在参与制作道具的过程中，都能开动脑筋，出谋划策，利用日常的废旧材料制作出各种各样的"风"，充分锻炼了他们的动手能力，调动了他们参与的热情，发展了他们的想象、创造的能力。

在解决问题方面，幼儿在主动探索的过程中，提出各种各样的问题，表现出强烈的探索欲望，并在探索尝试中加以验证。

在沟通合作方面，教师在主题探索活动中，给幼儿提供了一个宽松、和谐、平等支持的良好环境，形成了积极的师幼互动、幼幼互动、家园互动的氛围，幼儿的沟通、合作意识得到了很大的提高。

随着《3—6岁儿童学习与发展指南》中教育理念的不断更新，我们试图构建课程的新模式，首先要从幼儿发展的目标着手，发展目标要能体现出三个方面：一是注重有益于幼儿终身发展的价值；二是注重幼儿的主动性和创造性；三是注重并优先考虑幼儿的情感态度。其次要进行幼儿教育的

组织策略改革。教师在组织幼儿活动时，要知道他们喜欢探索什么，能探索什么，怎样探索。教育必须以幼儿主动探索和学习为根本，尽可能为他们创造探索的环境和机会，让他们从被动学习中走出来，真正成为活动的主人。

课程改革的深入对教师提出了新的要求，教师不再只是课程的实施者，还是课程的创造者、建构者。在本案例中，教师需要全面地了解掌握有关风的知识，但更重要的是教师要有较高的教学技能，尤其是良好的引导技巧。在幼儿自主活动过程中，教师要不断调整预定的教学目标，根据幼儿的需要提供支撑，用发展的眼光看待幼儿，追寻更加适宜的教育，和他们一起成长。

一个具有课程意识的教师要善于捕捉幼儿在游戏活动中的偶发事件，遵循幼儿的兴趣，引导他们从自己的兴趣点出发来思索、探究，这样我们的活动才可能会收获不一样的惊喜。

（评析人：潘红，江苏省宿迁市实小幼儿园）

15. 静观其变，适时引导

江苏省宿迁市宿豫区保安中心幼儿园　王艳

案例背景

幼儿园教师应该能够在教育工作中运用缜密的知识作为判断和行事的标准，具有这种素质的教师能抓住幼儿抛过来的"球"，以适当的方式去接，并以适当的方式把"球"抛给幼儿。当幼儿生成问题时，教师能否有效观察与回应便成为问题能否保持、开展、深入和解决的关键。江苏省课程游戏化建设项目的实施对幼儿园教师在工作中运用适宜的教育方式提出了更高的要求。目前，乡镇中心幼儿园大部分教师的专业成长较慢，教学研究水平亟待提高，游戏中能否做到细致观察、分析，给幼儿的游戏提供准确的指导策略，需要我们认真思考和解决。

案例描述

今天，活动区的科学实验小组只有乐乐一个人在玩。她想把两节电池连在一起使灯泡发亮，可总是不成功。就在她即将放弃的时候，我轻轻地走过去，试探性地问："你是想把两节电池连接起来吗？"她点点头。忽然她想出了一个办法，对我说："老师，您帮我扶好电池，好吗？"我爽快地答应了。她把电线、灯泡连接在电池的两端，可灯泡还是没有亮。她摇了摇电池，又转了转电线，还是不亮。其间，我始终没有打扰她，而是看着她动脑筋想办法。一会儿，她又想出了一个办法，把电池的正负极两端调换后，再连接电线，灯泡就亮了。

由于获得了成功，她让我继续和她玩，我们就一直接到了四节电池。她告诉我电池越多灯泡越亮，话语中充满了自信。"还发现了什么呢？"我提示她，"开始我帮你扶着时，灯泡为什么不亮呢？"她想了想，说："电池放反了，两端对在一起就不亮了。"我对她说："你说得真好！你有那么多新发现，我真为你高兴。"听到我的表扬，她骄傲地笑了。

看到乐乐快乐的样子，我感到很欣慰，幼儿是如此渴望成功，而我们能为幼儿做些什么呢？假使我没有细心观察，及时帮助她，在遇到困难无法解决时，她就可能轻易地放弃这次有意义的探索。长期如此，就可能打击她的探索积极性，那她又怎能从活动中体验到克服困难的快乐呢？在活动中，我耐心地观察幼儿的探索过程，当发现乐乐总不成功、即将放弃时，考虑到乐乐平时胆小、怕困难的特点，我及时给她提供情感上的帮助和支持。我的热情关注引发了乐乐继续探索的愿望，重新唤起了她的兴趣。在探索过程中，我没有直接告诉乐乐怎样才会使灯泡发亮，只是表示关注和支持。最后，乐乐发现了电池正负极的秘密以及电池越多、灯泡越亮的原理。看见乐乐成功了，我及时表扬了她，让她获得了快乐和持续探索的信心。

通过实践，我归纳了以下几种对幼儿进行回应的介入引导策略。

一、观察等待策略

随着《3—6岁儿童学习与发展指南》的颁布和江苏省课程游戏化项目的有效开展，发展幼儿的自主性、让幼儿富有个性的成长越来越成为广大幼儿教育工作者的共识。游戏活动就是这样一个体现幼儿个性发展的渠道。我针对本案例进行了反思：教师在什么时候介入最为合适？用哪种方法引导幼儿最为有效？经过反思，在游戏活动中，教师应该成为站在幼儿背后的观察者，了解幼儿的真正需求。教师应该掌握分寸，在幼儿遇到困难、希望得到教师的支持和帮助时再进行指导，不要盲目指导，更不要操之过急。教师要做到善于等待，尽量让幼儿自己去探索和发现。在本案例中，我耐心地观察了乐乐的活动状态，了解了她的活动动机和想法，给予恰当、适时的隐性引导，让她自己去发现、探索，给她提供自我学习的机会，较好地激发了她的活动积极性、自主性和创造性。所以，教师应该学会如何去等待，如何在等待、观察中真正了解幼儿的兴趣、需要和遇到的困难，适时地介入、帮助，并注重如何"引"，而非如何"教"。教师的角色应当是一个平等的参与者、认真的倾听者，有时还要观察幼儿的神情、用词和手势。当幼儿在游戏活动中发生争执或者遇到困难时，教师立刻参与其中不一定能起到很好的作用，相反还可能让幼儿失去自己想办法解决问题的机会。所以，暂时的不回应就给了幼儿更大的发展空间。但值得注意的是，不回应不代表不关注，教师在观察等待后，可以给幼儿提供进行提升或对自己原有的预设进行调整的机会。

二、适宜唤醒策略

在游戏活动中，注重幼儿的感知与体验、创造与表现固然重要，但让幼儿掌握关键经验或基本技能也是必要的。幼儿只有拥有了基本的技能技巧，才有可能自由创造和表现。如果幼儿没有相关知识经验，在自由表现时可能会出现以下几种情形：有的会不知所措，自信心受挫；有的会表现得不尽如人意；活泼好动的则会过度兴奋。如果教师能适时地提供适当的唤醒，让幼儿掌握必要的关键经验，就可能使他们在宽松愉悦的环境中充满自信地、大胆自由地表达自己的想法和情感。

三、有效评价策略

适当、及时、有效的评价，是培养幼儿反思能力的一个很好的切入点。评价的形式是多样的，可以是一句话、一个手势，甚至是一个眼神；评价的内容也有多种，可以是肯定、鼓励，也可以是提示。有效评价的前提是教师对幼儿行为的正确概括。

四、顺应推动策略

课程改革提出"幼儿在前，教师在后"，要求教师能顺应幼儿的意愿和活动的兴趣，不把成人的意愿、要求强加给幼儿，凡是能让他们想的，让他们想；能让他们做的，让他们做。

另外，运用以上这些策略时，还有一个关键的要点需要贯穿其中，那就是要了解本班幼儿的身心发展特点，并针对本班幼儿的实际情况进行调整。只有这样才能使教师的介入真正切实有效。

案例评析

游戏是幼儿的一种生命存在和生活的方式，也是幼儿的基本活动方式，具有作为活动存在的工具价值和作为精神存在的本体价值。游戏的工具价值体现为组织开展幼儿园教育教学活动的一种工具或手段，利用游戏的活动形式达成外部的教育教学目标；游戏的本体价值体现为对幼儿园教育教学过程中童年精神的一种看护，也是对幼儿天性及其生命存在的一种看护。

课程游戏化不是把幼儿园的所有活动都变为游戏，而是确保基本的游戏活动时间，同时又可以把游戏的理念和精神渗透到课程实施的各类活动中。也就是说，要确保专门的游戏活动时间，使幼儿每天都有自选游戏活动的机会，使自由游戏时间得到保证，从而让幼儿园课程更加适合幼儿，更加生动、丰富、有趣。

本案例中的教师引导幼儿实施游戏探索活动较为成功，具体体现如下。

首先，教师要耐心地观察幼儿游戏的探索过程。本次活动观察使教师对游戏活动的内在教育价值有了清晰的认识。其次，教师的指导在整个游戏活动中具有重要的作用，如果缺少了教师的指导，幼儿就等于是自由活动，没有任何教育价值可言。相反，如果教师不合适宜地频繁指导，没有从幼儿自身的需要出发，那么对于幼儿来说，也就没有自主性、个性化可言。

总之，要组织好一次游戏活动，教师应该学会如何去等待，如何去指导。而要做到这些，教师需要在每一次游戏活动中多观察、多探索。这样，我们就会和幼儿一样体验到成功的喜悦。

课程游戏化顺利推进的关键是幼儿教师的专业化发展。教师的教育理念、专业意识、专业能力直接影响幼儿园课程的品质。课程游戏化项目的实施过程，也应该是教师专业能力不断提升的过程。

（评析人：张丹枫，常熟理工学院；张梅叶，江苏省宿迁市宿豫区教育局）

第五部分　艺术领域篇

导　述

　　艺术是人类感受美、表现美和创造美的重要形式，也是表达自己对周围世界的认识和情绪态度的独特方式。艺术来源于生活，每个幼儿心里都有一颗美的种子，幼儿独特的笔触、动作和语言往往蕴含着丰富的想象和情感，成人应对幼儿的艺术表现给予充分的理解和尊重，不能用自己的审美标准去评判幼儿，更不能为追求结果的"完美"而对幼儿进行千篇一律的训练，以免扼杀其想象与创造的萌芽。

　　艺术教育存在于幼儿一日在园的各个环节，幼儿园应综合组织健康、语言、社会、科学、艺术各领域的教育内容，渗透于幼儿一日生活的各项活动中，充分发挥各种教育手段的交互作用。

　　在幼儿园阶段，我们重视培养幼儿丰富的情感，培养幼儿初步的感受美、表现美的情趣和能力。艺术是幼儿表达认识和情感的另一种语言，在日常工作中，艺术领域的教育应在引导幼儿接触生活中的美好事物、丰富幼儿的感性经验和情感体验的基础上进行。

　　同时，艺术活动还是一种情感和创造性活动。幼儿在艺术活动过程中应有愉悦感和个性化的表现。作为教师的我们，要理解并积极鼓励幼儿与众不同的表现方式，不要把艺术教育变成机械的技能训练。

　　教师要引导幼儿接触生活中美好的事物和感人事件，丰富幼儿的感性经验和情感体验；引导幼儿欣赏艺术作品，激发幼儿表现美和创造美的情趣；提供自由表现的机会，鼓励幼儿大胆运用不同的艺术形式表达自己的经验、感受和体验；指导幼儿利用身边的物品和废旧材料制作各种玩具、工艺装饰品，体验创造的乐趣；为幼儿创造展示自己作品的条件，引导幼儿相互交流、理解和欣赏。

　　让我们一起努力，逐步提高幼儿感受环境、生活和艺术的美的能力，提高幼儿喜欢艺术活动、用自己喜欢的方式大胆表现的能力，提高幼儿与同伴一起娱乐、表演、创作的能力。

1. 绽放"绘本"之光 散之独特魅力

江苏省东台市幼儿园 张丽娟

案例背景

绘本即图画书，图画书中的绘画一定不是对文字内容的简单图解，而是作者将故事意图创造性地再现，呈现着文字难以描绘的情趣和美感。图画和文字携手共创了一个可以和幼儿分享的神奇世界。当我拿到《独一无二的你》这本图画书的时候，立即被书中的图画吸引了。我像不认识字的幼儿一样阅读起来，只看图画不看文字。我连续翻阅了多遍还是爱不释手，书中的每条鱼都给人美的享受，且创作风格与幼儿相似，造型简单，颜色鲜艳，线条明朗，构图用了很多生活元素。我判断这本书是适合幼儿阅读和欣赏的，决定马上和幼儿分享《独一无二的你》。

案例描述

一、"河边徘徊"活动

（一）活动目标
①幼儿能够理解绘本的故事情节，主动运用已有经验参与讲述。
②幼儿能够初步观察绘本中的鱼，发现每条鱼的独特之美，为作画积累经验。

（二）活动准备
绘本《独一无二的你》。

（三）活动过程
我捧着绘本走到幼儿面前，开始深情地讲述："在大海的深处，有一条可爱的小鱼叫丹尼。今天，老师带你们跟着丹尼一起去旅行吧。"

我把书放在投影下，幼儿立即被封面上的鱼吸引了。我顺势发问：猜猜这里面有什么有趣的故事？我们每翻开一页，都要观察欣赏每条鱼的特征（颜色、图案、线条等），讨论每条鱼的特别之处。就这样，我们一页一页地观察、思考、讲解，慢慢地看图欣赏，记住了那些独特漂亮的鱼。

活动结束后，我与幼儿对话：这本书好看吗？你最喜欢哪条鱼？愿意把它画下来吗？多数幼儿一脸的茫然，个别想表达的幼儿也说不清楚。幼儿的表现向我传递的信息是，跟着教师热热闹闹走了一圈，没有弄明白什么，知道得很肤浅。

二、"摸着石头过河"活动

（一）活动目标

①幼儿观察绘本中鱼的线条、花纹、色彩等多方面的差异，欣赏每条鱼的与众不同。

②幼儿能够大胆想象、设计出独一无二的鱼，体验创作的成功与快乐。

（二）活动准备

教师挑选绘本中的四个画面做成PPT；准备幼儿作画用的纸和油画棒。

（三）活动过程

我深情地给幼儿讲故事："有一条可爱的小鱼叫丹尼。今天丹尼遇到了一群朋友，它们是什么样子的？丹尼喜欢谁?"幼儿观察着画面上各种不同的鱼，自由表达着自己的感受。

幼儿说："我喜欢有黄色星星的鱼，还有身上有圆点的鱼。"然后教师把幼儿喜欢的鱼找出来。有了这样的互动，其他幼儿的积极性也高了，都开始讨论自己喜欢的鱼的特征。

幼儿一共欣赏了四幅图，每一幅图上鱼的色彩、图案、线条各不相同，每一次幼儿都能找到自己最喜欢的鱼，并用形象的语言描述出来。例如，这条鱼好像穿着一件海军衫；那条鱼头下面像围了围巾，是一条三角形的花边围巾……

在幼儿有了丰富的感性经验后，我提议他们把这些漂亮的鱼画出来。幼儿欣然接受，有的模仿PPT上的鱼，有的随意创作，有的学习同伴，他们都快乐地画着心中的鱼。

三、"与丹尼一起畅游大海"活动

（一）活动目标

①幼儿观察绘本中"石头鱼"的线条、花纹、色彩等多方面的差异，领悟独一无二的含义。

②幼儿探寻"石头鱼"独特的美，体验自主创作的成功与快乐。

（二）活动准备

教师从绘本《勇敢做自己》《独一无二的你》中选择适合幼儿欣赏的画面进行整合、归类、删减并做成PPT课件；挑选鹅卵石；准备颜料、棉签、湿巾。

（三）活动过程

1. 讲述故事开头，提问引发思考

（1）讲故事

师："在蓝色的海洋里，有一条小鱼叫丹尼。有一天它要去旅行，爸爸妈妈说：'丹尼，你会遇见好多朋友，但你是独一无二的。'丹尼疑惑地问：'妈妈，什么是独一无二？'"……见图5-1。

图 5-1　小鱼丹尼

（2）提问

师："丹尼真的遇到了很多朋友。你最喜欢哪条鱼？为什么？丹尼在哪儿？有和它一模一样的朋友吗？""你们知道什么是独一无二吗？"……见图5-2。

图 5-2　丹尼和他的朋友

2. 观察"石头鱼"的多方面差异

(1)讨论鱼身上的点点花纹

师："丹尼又遇到了新朋友。""仔细观察，你从这些鱼身上发现了什么秘密？"……见图5-3。

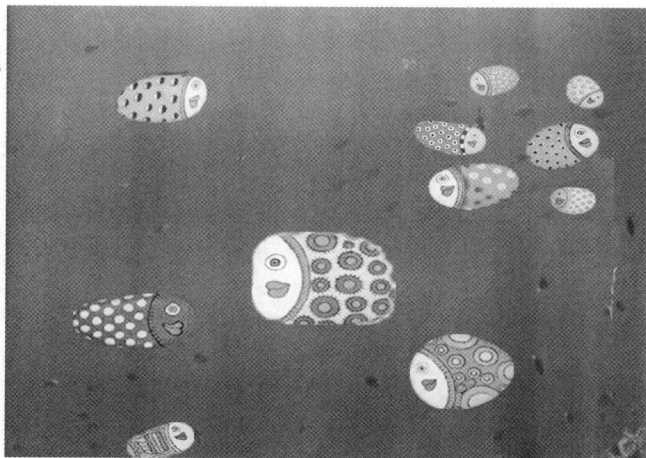

图5-3　点点鱼

(2)讨论鱼身上的波浪线等花纹

师："丹尼告别了可爱的点点鱼，又遇到波浪鱼，有一样的波浪鱼吗？丹尼在哪儿呢？"……见图5-4。

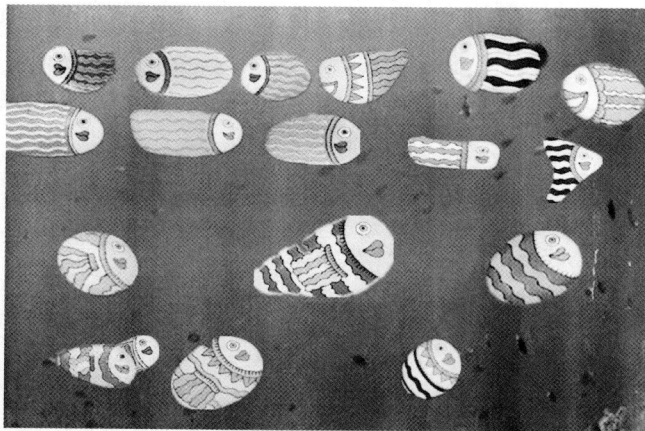

图5-4　波浪鱼

3. 欣赏三角形、格子、螺纹等特别的图案

师："丹尼又遇到了一群鱼,有一样的吗?丹尼在哪儿呢?"……见图 5-5、图 5-6。

小结:丹尼终于明白了每条鱼都是独一无二的。

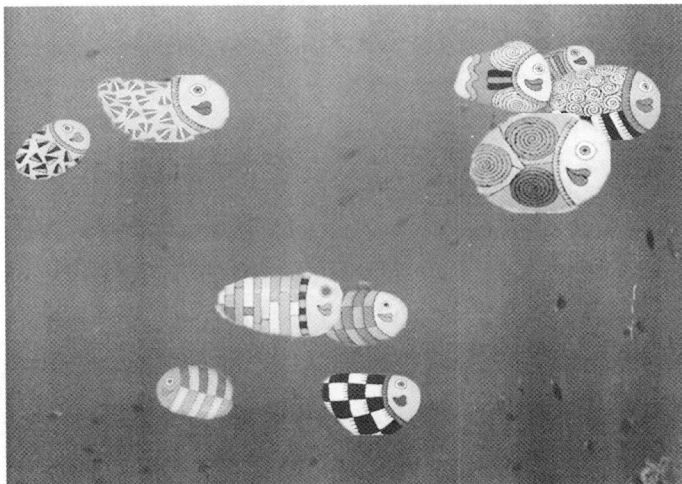

图 5-5　三角形鱼、格子鱼、螺纹鱼

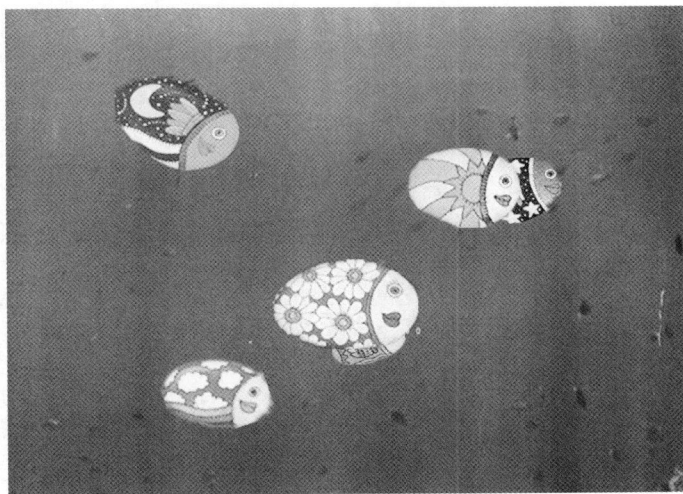

图 5-6　月亮鱼、太阳鱼、花形鱼

4. 幼儿自主创作

教师讲解要求；幼儿用鹅卵石自主创作，教师巡视指导（见图5-7）。

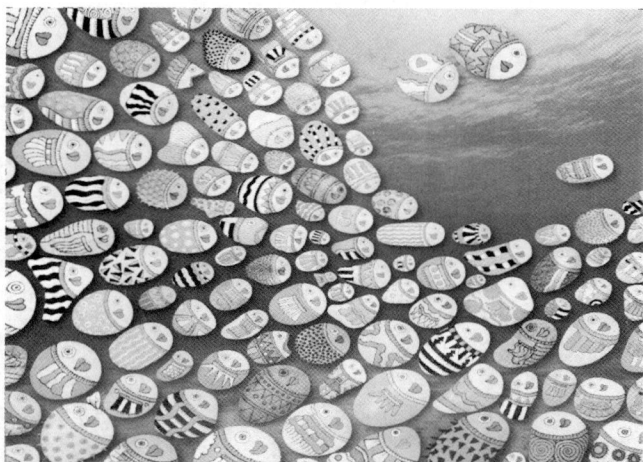

图5-7　石头鱼

5. 展示幼儿作品，幼儿互相欣赏评价

教师展示幼儿做的石头鱼（见图5-8）。

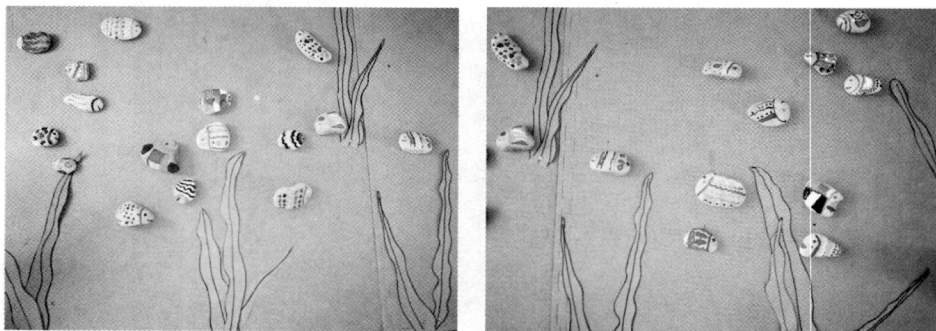

图5-8　幼儿做的石头鱼

6. 幼儿随着音乐和丹尼一起畅游大海

思考与建议

一、第一次分享活动的反思

好的绘本蕴含着多种价值，当我们将其用于语言活动时就应该充满语言趣味，用于数学活动时就应该充满数学趣味，用于美术活动时就应该充满审

美的趣味。由于活动定位不准，本次活动既没有语言活动带来的引人入胜，又失去了美术活动应有的视觉和心灵的滋养。教师一会儿让幼儿沉浸在美妙的故事情节之中，一会儿又把幼儿拉回到美术欣赏的氛围中。幼儿一会儿想象故事的语言，一会儿又想象图画的语言；一会儿比较鱼的外表的不同，一会儿又探讨鱼的内心的不同。对于教师而言，整个活动承载的任务太多、太广。对于幼儿而言，信息量太大，无暇顾及。语言和美术活动的交替进行给幼儿带来了学习负担。于是教师决定舍弃语言元素的感知，凸显美术活动的魅力。

二、第二次分享活动的反思

教师对幼儿的作品进行了分析，幼儿的作品大致分为三类：一是简单的直线、横线、波浪线构图、大色块填空，共有十二幅作品；二是构图以圆、水波、爱心为主，布局较均匀，涂色好，共有八幅作品；三是将欣赏过的图案重新组合，波浪中加五角星，方格里加太阳等，共五幅作品，创作水平较高。

这次活动的成功之处在于活动中幼儿发出了对美的事物欣赏的声音，每个幼儿感受不同，都能讲述清楚。从作品中也能看出幼儿对美的独特理解，每个幼儿画的鱼都不一样。

好的绘本可以成为优秀的美术欣赏材料，能为幼儿打开一扇审美的大门，激发幼儿自主创作的热情。但从幼儿作品的创新意识来看，多数幼儿在原有水平上的发展不明显。是什么原因阻碍了幼儿创作？

教师没有从幼儿欣赏的角度对欣赏材料进行精加工，只是把绘本中的四个画面分四次呈现在幼儿面前。每个画面中的鱼太多，素材没有系统性，妨碍幼儿建构图案、线条、色彩的经验。

在欣赏过程中，教师呈现第三幅图画时，幼儿的感知注意没有前几幅图那样专注，说明幼儿不喜欢教师用同一种方式出示学习材料，加之欣赏材料都是一个模式——各种各样的鱼。不变的旋律、不变的节奏，是幼儿越来越没有兴趣的根源。

幼儿在创作之前，教师没有言语上的指导和说明，如果先请幼儿说说自己想画什么样的鱼，可以把什么样的图案、线条、色彩用到自己的图画中，幼儿就会有计划地创作，思路也会更明晰。

绘本中的鱼是"石头鱼"，而教师提供的画纸不能体现创作的独特效果。如果让幼儿在石头上作画，超乎平常的创作效果会激发幼儿再创作的愿望，不知不觉，幼儿就会进入欣赏和创作的自主学习状态。

三、第三次分享活动的反思

幼儿把自己的"石头鱼"布置在活动室的"海洋"中，离园时幼儿热情地拉着家长来欣赏，久久不肯离去，很有成就感。例如，玲玲用一块有尖头的石头画了一条点点鱼，鱼身上有紫、黄、蓝、红大小不同的圆点图案，圆点分布均匀；莹莹选的是一块长的石头，鱼的身上有月亮、半圆、三角不同的形状，排列错落有致；涛涛画的黑白相间的波浪鱼最引人注目……绘本中的鱼游到了我们的活动室，带给我们区域角新的活力。

案例评析

一、从幼儿的视角选择审美材料

绘本中的审美材料很多，但不一定要同时呈现给幼儿，量太大反而会束缚教师和幼儿开展活动，使他们不能较为顺利地深入观察欣赏。《独一无二的你》《勇敢做自己》是姊妹篇绘本，里面的审美材料很多，但最终教师选择了四类鱼：点点鱼、波浪鱼、几何图形鱼、自然图案的鱼。

二、基于幼儿的认知发展水平采用适宜欣赏的方式

教师从绘本中把四类鱼提取出来重新组合做成PPT，让幼儿在欣赏时就能捕捉到审美信息，用心思考，体验事物的美好。

分类欣赏有助于幼儿获取美的信息，减少因为构图多样性的干扰，减轻了幼儿的认知困难，对于幼儿的学习是一种隐性的支持。在活动中，幼儿不再面对许多各不相同的鱼，而是面对拥有共同特征的鱼，幼儿会获得更加深刻的印象。

三、利用游戏手段为幼儿学习增添乐趣

绘本故事中的小丹尼一会儿藏在朋友的身后，一会儿藏在别人的头下，一会儿藏在大海的一角。小丹尼分明是在和大家捉迷藏，每次都会被幼儿找出来，这样的游戏改变了活动节奏，把学习变得更有生活情趣。

四、选择适合幼儿操作的材料

在石头上创作与在画纸上创作的效果大不相同，教师要让每个幼儿发现自己是一个画家。海洋里每一条鱼都是那么美，这就是"石头鱼"的魅力。

五、实现幼儿集体活动与游戏的融合

活动虽然结束了，但是幼儿的学习和创作还没有结束。只要教师将绘本留在活动区，把创作材料提供给幼儿，幼儿的学习一定会继续。

（评析人：张丹枫，常熟理工学院；夏玉华，江苏省东台市幼儿园）

2. 大班艺术活动"烽火戏诸侯"

江苏省连云港市六一幼儿园   季丽

案例背景

游戏是促进幼儿学习与发展的重要途径,建构游戏是游戏活动的重要组成部分。我园的建构区给幼儿提供了丰富的建构材料,激发了幼儿的兴趣,但幼儿只是停留在尝试阶段,准确反应物体特征的意识较差,创作作品的随意性较大,教师想通过对案例的探究,探寻如何引导幼儿提高建构事物特征准确性的多元指导策略。

在"人们怎样传递消息"教学活动后,幼儿了解到众多的消息传递方式,其中最为吸引他们的是——古代利用烽火台传递信息的方式,他们兴趣盎然,尤其在了解到故事"烽火戏诸侯"后,他们想利用积木来建构这个历史故事。

案例描述

一、活动目标

①幼儿能根据积木的长短、厚薄的不同外形特点,表现故事中古代建筑屋顶的飞檐、烽火台城墙的基本结构特征。

②幼儿能利用积木的重叠、垒高、围合、转接和二维垒高等建构技巧,表现出故事中古代经典建筑、烽火台、诸侯军队等的典型外形特征。

③幼儿能与同伴商量步骤,分工合作,搭建时注意不将之前的作品碰倒。

二、活动过程

1. 回顾古代传递消息的方式,引导幼儿回忆"烽火戏诸侯"的故事,讨论可以搭建的故事内容

(1)引出主题,引导幼儿搭建周幽王王宫、城墙、烽火台和诸侯军队等来表现故事

①谁还记得古代有哪些传递消息的方式?

②我们再一起听听"烽火戏诸侯"这个故事。

③我们今天来搭一搭，看看可以搭出故事中的哪些东西。

在幼儿的操作活动之前，教师应当创设具体的情境，明确主题，丰富幼儿的感知经验，激发幼儿的活动兴趣。

2. 出示"朐阳门""海州古城墙"的图片，引导幼儿观察古代建筑屋顶的飞檐、烽火台城墙、诸侯军队的典型外形特征，丰富幼儿的建构经验

(1)出示"朐阳门""海州古城墙"的图片和外国城堡的图片，利用熟悉的社区资源，丰富幼儿的直接经验

(2)引导幼儿观察图片中古代建筑等的典型外形特征，重点讨论古代建筑屋顶的飞檐和烽火台城墙的特征

①图片中的建筑和我们现代的建筑有什么不一样呢？

②屋顶有什么不同？墙有什么不同？我们的王宫和外国的城堡有什么不同？

教师引导幼儿观察中国古代建筑的特征，并与外国城堡的屋顶特征进行对比。这个环节有助于幼儿明确活动的目标，不与他们熟悉的城堡相混淆，丰富他们的日常经验积累，从而让幼儿迁移自己的建构经验。

3. 幼儿操作，教师重点指导幼儿表现出故事中古代建筑屋顶的飞檐、烽火台城墙的基本结构特征

(1)引导幼儿根据积木的长短、厚薄的不同外形特点，表现出建筑的基本结构特征

(2)引导幼儿了解并利用积木的重叠、围合、转接和二维垒高等建构技巧

①飞檐可以用什么形状的积木表现？

②烽火台间隔对称的城墙可以用什么形状的积木表现？

③怎样可以让王宫更高、更牢固？烽火台可以怎样分布？

在活动中，教师提供丰富的游戏材料，根据幼儿的已有经验给予他们适当指导，促进他们主动探索并建构自己的知识和技能。

这一环节在主动探索中加入教师的重点指导，避免幼儿无目的的活动，帮助幼儿形成从基本的重叠、垒高、围合、拔高，到进一步的转接和二维垒高搭建的技能技巧。

4. 交流欣赏，丰富建构区环境，更新墙面装饰，丰富主题墙内容

(1)幼儿分享交流作品，介绍自己的作品

教师辅助幼儿将作品留在建构区和展示区，供一些能力有待提高的幼儿参考，建构自己的经验；将好的作品拍成照片，张贴在主题墙上，丰富主题墙原有内容，使主题墙的知识层层递进，改变以往"堆砌"出来的无目的的主题装饰。

思考与建议

一、幼儿经验积累的直接指导策略

活动中教师的引导是幼儿更好进行游戏的途径。建构主义强调幼儿对知识的主动发现、主动探索和主动建构，所以我们以幼儿身边熟悉的社区资源——海州古城的城墙、朐阳门为原型，丰富幼儿的直接经验，根据幼儿的已有经验给予适当指导，让他们更好地进行活动。

在案例中，幼儿观看了中国古代建筑和外国城堡的图片，教师引导他们注意观察中国古代建筑的特征，并与外国城堡的屋顶特征相对比。这个环节会明确幼儿活动的目标，不让幼儿与他们熟悉的城堡相混淆，丰富他们的日常经验积累，从而让他们迁移自己的建构经验。

二、幼儿经验积累的间接指导策略

除了教师的直接指导以外，墙面装饰也可以有间接的指导作用。墙面主题墙上除了教师分类布置的与主题相关的实景图片以外，也有幼儿的作品照片，供一些能力有待提高的幼儿参考，用以建构自己的经验。同时，教师通过丰富墙面装饰的内容层次，改变以往无目标的"堆砌式"墙面布置，增加幼儿与墙面装饰的互动程度。

案例评析

幼儿除了对建构游戏感兴趣之外，还要具备把自己所见事物的特征表现出来的建构技能，这是需要幼儿在不断尝试和教师的引导中获得的。

一、给幼儿尝试失败的机会

幼儿尝试搭建"王宫"，对第一次搭建出来的作品提出怀疑，又进行了尝试。尝试是幼儿学习的前提，尝试后幼儿有可能成功，也有可能失败，不同的尝试有不同的体验。教师不用直接代替幼儿去解决问题，幼儿能够在不断尝试中丰富建构经验，积累建构技能。

二、幼儿经验积累的多元指导策略

教师让幼儿观察对比图，幼儿很好地迁移了自己的建构经验。同时，教师还肯定了墙面装饰的意义，也就是说，环境的教育具有潜移默化的作用。

建构游戏的意义不在于有多么丰富的建构技能或者多么好的作品，而是通过建构使幼儿发现自己的能力，建立起大胆改变、创造的信心，把自己潜在的创造力充分表现出来，使幼儿在无形中发展能力。

（评析人：杨虹，江苏省连云港市六一幼儿园）

3. 从幼儿的创作中看到他们的世界

江苏省宿迁市宿豫区第一实验小学幼儿园　石春梅

案例背景

幼儿从一岁左右开始就喜欢在纸上、墙上、地上涂鸦了，他们在有材料的情况下，在任何地方都会进行表现和创造。入园后，幼儿会通过绘画、泥工、纸工、木工等各种不同的美术形式，形象地表达他们对世界的认识及自我的情感体验。在每次美术活动中，幼儿的创作都会给人不一样的感受，他们对美的感受往往是千姿百态的，身边细小的事物都会引发他们的兴趣和注意。当幼儿的绘画作品与教师给定主题不一致时，教师要尊重幼儿独特的想法和画法，做到真心爱护幼儿的创造性，鼓励他们创新。教师要让幼儿在自己的创作中，发展他们的观察力、记忆力、创作力、形象思维和逻辑思维能力等，打开幼儿的智慧之门，从而展现幼儿独特的眼光和情趣，也让教师从幼儿的创作中看到他们的世界。

案例描述

记得有一次，我让幼儿尝试用绘画的形式，表现自己熟悉的生活场景——幼儿园一角。活动前，我先让幼儿自由讨论，很多幼儿都能绘声绘色地把自己喜欢的幼儿园一角描述得特别美好。接下来我让幼儿把自己最喜欢的幼儿园一角画下来。幼儿拿到纸、笔后就开始任意发挥，自由创作。过了好久，只见宇宇趴在桌子的纸上，没有动笔。旁边的北北说："老师，宇宇他什么也没画。"这时宇宇才慢慢选了一支笔，在纸的中间画了一个大大的四条线的方形，就没有再动笔，谁也不知道他画的是什么。阳阳对我说："老师，宇宇只画了几条线。"我走到他的身边，他看着我，一言不发。我略思片刻，面对那幅只有四条线的作品，虽然心里有点不舒服，但是没有流露出丝毫的责备，蹲下来小声而耐心地问："宇宇，你能告诉我，你画的是什么吗?"他停了一会儿，点了点头，对着自己的画说："我画的是幼儿园的围墙，你看，围墙太高了，我太矮了，站在围墙外面看不到上面屋顶和里面。"听了他的解释，我用提示的口吻说："那你也可以画一些小朋友在做什么。"他看了看我，拿出一支红色的笔在画纸的右上方拐角处画了一个红色的大圆圈，说："我画的是中午的幼儿园，中午天太热了，小朋友、小花、小草、小树、玩具都睡午觉了，没有人出来玩。"听他说完，我摸摸他的头，对他边笑边点头说："你说得有道理，你的画也不简单，你的想象特别丰富！"之后，我还让他在集体面前分享了他的作品，然后请他下次再画一幅幼儿园早晨的画，并让他画些幼儿园里幼儿的活动情况，他高兴地点点头，特别开心。

看着他灿烂的笑容，我想如果只是评价他画得好不好、像不像，是不是就发现不了他这幅作品的精彩独特之处，从而打击了这个有着独特思想的幼小心灵，会让本来就不喜欢动手画画的他，从此丧失了绘画的兴趣呢？相信通过我的鼓励可以使他看到自己的进步，激励他更大胆地创作，从而爱上绘画。

思考与建议

幼儿常常不能用语言清楚地表达自己的情绪、感受和体验，只是运用美术形式表现自己的一个想法或一个事件。

支持幼儿自主创造要坚持用发展的眼光看待幼儿，提供充分的材料来给他们创造丰富活动的机会，还要经常表扬和鼓励幼儿，肯定幼儿的作品，让他们有创作的信心。

一、为幼儿提供创造美、表现美的环境

教师要为幼儿提供创造美、表现美的环境，准备多种美工材料，激发幼儿创作的兴趣，为他们有个性的发展提供机会。

在活动室一角或室外走廊创设美工区，教师要给幼儿准备尽可能多的美工制作材料，如棉签、颜料、废旧报纸等；提供的自然和废旧的材料要注意安全卫生；保证幼儿有时间和材料进行艺术创作。

教师要鼓励幼儿在不同的材料上大胆进行美术创作。例如，教师可以让幼儿在贝壳、鹅卵石等上面创意作画，让他们有机会尝试、比较不同材料所产生的不同艺术效果，激发他们的创造性。

教师要鼓励幼儿通过看、听、触摸等方式来更多地了解和体验身边的事物。例如，教师可以让幼儿欣赏绘画、建筑作品，听优美的音乐、诗歌，看舞蹈和戏剧，与幼儿一同欣赏民间的工艺，如面塑、剪纸、皮影、刺绣等。

教师要注意运用本地民间工艺材料来装饰教室，培养幼儿对本地艺术的喜爱和学习的热情。幼儿有了丰富的体验，才能更好地激发表现的欲望。

教师要鼓励幼儿将自己的感受、想象大胆地表现出来，把自己编写的故事用自己的方式表现出来，经常让幼儿随心所欲地联想和创作。例如，教师可以鼓励幼儿大胆想象，引导他们将心中的愿望画出来，和他们一起走进童话般的世界，分享快乐。

二、观察幼儿的创作过程，支持幼儿的表达和创造

教师要认真观察幼儿的创作过程，支持他们的表达和创造；尊重幼儿，发现并保护他们的与众不同之处。

教师要经常肯定幼儿个人的特殊表现方式。例如，"你能想到这样画真不错。""我想这是最特别的一幅画了。"

教师要及时肯定、支持幼儿的表现，并鼓励幼儿大胆创作。例如，"这是我见过的你做得最棒的雕塑，你完成后，要让大家来欣赏。""如果再加上一些花和草，就更漂亮了。"

教师要经常和幼儿一起谈论他们的作品并记录下来，让幼儿感觉到教师对他们作品的重视，也让教师了解到幼儿最喜欢的事物以及对事物的感受和态度等。

教师要让幼儿互相讲述自己的作品或围绕主题画进行交流，促进他们欣赏能力的发展。幼儿在交流中互相欣赏，表达自己对他人作品的意见和想法，从而产生更多的创意。

三、为幼儿提供展示作品的机会

幼儿的作品都是好作品，因为他们都是独特的，绝不要只展示教师认为好的作品，这样容易让没有展示作品的幼儿丧失创作的兴趣和信心，让展示了作品的幼儿产生与众不同的感觉和盲目的优越感。

教师平时可以在教室、走廊等幼儿常到的地方展示幼儿作品，让他们有成就感，对自己有信心，调动他们再创作的积极性。

总之，我们要充分创造条件和机会，让幼儿在大自然和生活中萌发对美的感受和体验，丰富其想象力和创造力，引导幼儿学会用心灵去感受美和发现美，用自己的方式去表现美和创造美，让他们从艺术中获得快乐。

案例评析

　　幼儿独特的创作往往蕴含着丰富的想象和情感，教师应对幼儿的艺术表现给予充分的理解和尊重，不能用自己的审美标准去评判幼儿，更不能为追求结果的"完美"而对幼儿进行千篇一律的训练，以免扼杀其想象与创造的萌芽。本案例充分体现了教师尊重幼儿创造性发展的教育理念，给幼儿美术教育者一个很好的启示。

　　首先，绘画是幼儿借助线条、色彩、形象来表达和交流自己的感受、认识、观察、想象的创造性活动。幼儿园都是一些3～6岁的幼儿，这个时期的幼儿有时不能用丰富的语言清楚地表达自己的情绪、感受和体验，通过画画这一特殊语言，则能把他们潜意识里的情感和对事物的认识与态度表达出来。案例中的宇宇用几条线和一个太阳来表达自己对幼儿园一角的认识和感受，虽然他的表达还不能连贯地描述事情、表达感情，但都生动地体现着另一种语言的表达。

　　其次，幼儿对自己作品内容的讲述是组织绘画思想、表达情感的过程。案例中的宇宇在教师的鼓励下，把构思的内容用语言明确地表达出来，反映了他丰富的想象力，也说明幼儿是以自己原有的生活经验来理解事物的。教师在不能理解幼儿作品的丰富内涵的情况下，选择了去了解、鼓励幼儿，从而让幼儿喜欢上画画，乐于创作。所以，教师尊重幼儿独特的想法和表达，做到尊重幼儿创造性发展的要求，这样的过程让幼儿获得了自信，其价值远远超过了绘画本身。

　　最后，教师给幼儿的命题画要适宜幼儿的认知能力，最好采取幼儿自主选择主题的方式。在案例中，教师提出"幼儿园一角"的命题画，是希望幼儿表现熟悉的幼儿园生活，但命题却具有抽象的含义，而具体形象思维是幼儿阶段发展的特点，他们可能会从字面理解"一角"的意义，把"一角"理解为角落，这样反而限制了他们的想象空间。所以我们常常看见幼儿按照教师的示范画和明确的主题就能画得很好，让他们自主想象去画时就显得力不从心。所以，美术活动要给幼儿提供自主创作的机会，争取给幼儿更多的自由发展空间。

（评析人：朱翠萍，江苏省宿迁市教研室）

4. 孩子，你今天"艺术"了吗

江苏省徐州市铜山区大彭镇中心幼儿园　朱秦

案例背景

今年我担任大班幼儿的美术教师，每天面对一张张天真无邪的面庞，一颗颗纯洁无瑕的内心，我一直在思考如何让幼儿拥有完整的艺术体验和多彩多姿的童年生活。教师生搬硬套教材的内容，填鸭式灌输给幼儿？还是让幼儿在艺术活动中不断完善自我？艺术教育的意义究竟是什么？艺术教育对幼儿究竟有没有价值？带着这些问题，我走进幼儿的活动，探寻解决问题的途径。

案例描述

有一天，在美术手工课上，我让幼儿用一张不规则的纸片做人脸。幼儿兴趣极高，这给了我很大的信心，因为选择一个幼儿感兴趣的题材是开展教学活动的关键。我对幼儿说："请你们把手里的纸片举起来，找到纸片上稍微凸起的一部分拿在手里，我们把它当作一个小男孩的鼻子，好不好？"幼儿一边异口同声地回答我，一边左顾右盼地看看别人。有的幼儿找不到鼻子着急地开始哭，有的幼儿在嘲笑别人找的鼻子，最后有两个小男孩竟在争论中打了起来，我又急又气，狠狠地批评了打架的两个小男孩。五分钟过去了，我终于帮助所有的幼儿成功找到了鼻子。接着是给小脸画出眼睛、嘴巴和耳朵。此时幼儿制作的人脸已经有模有样。突然一个小女孩跑到我的面前对我说："老师，我的人脸的头发是金色的，和我的洋娃娃一个颜色。"我听了有点生气，说："谁让你涂头发的颜色了，老师根本没有让你们涂颜色，更没有让你们把头发涂成金色，全部涂成黑色！"小女孩听了很委屈，眼泪在眼眶里打转。于是我又拿了一张纸让小女孩重新画，这才安抚好她。最后我把幼儿的手工作品收上来，每个幼儿都按照我的要求制作，我很满意；领导检查作业，全部干干净净、工工整整，也很满意；家长看到幼儿的手工作品，有鼻子，有眼睛，很像一张人脸，也很满意；最后好像只有幼儿不太满意自己的作品，他们不太高兴，特别是上课打架被我批评的两个小男孩和那个把人脸的头发涂成金色的小女孩。这到底是为什么呢？

思考与建议

活动结束后，我开始对自己的教学活动进行反思。从整个活动来看，这个活动的选材很好。因为幼儿的天性是喜欢艺术的，他们的内心渴望五彩斑斓的世界，是什么抹杀了他们的天性，让他们在上课时不守纪律、不能集中精力于教师的艺术活动呢？然而要改变这种状况，我提出如下几个方面的建议。

一、给家长的建议

对于幼儿来说，家庭教育起着至关重要的作用，父母的看法、态度将直接影响幼儿的人生观、价值观。记得每天下午放学，家长接到幼儿后不是先问幼儿在幼儿园过得开不开心，而是问幼儿今天放学有什么作业？教师教了什么拼音？如果幼儿说教师今天教了一首儿歌，家长就会很失望，认为教师带着幼儿"不学无术"。长此以往，幼儿慢慢就会认为好幼儿就是要好好学习，就是要听老师的话……家长不重视甚至忽视幼儿艺术能力的培养，渐渐地，幼儿就会丧失艺术的创造力与想象力，失去他原本应该拥有的多姿多彩的艺术生活。

二、给幼儿园的建议

幼儿园教育是幼儿接受教育的主要途径。《幼儿园工作规程》规定的幼儿园任务是，实行保育与教育相结合的原则，对幼儿实施体、智、德、美诸方面全面发展的教育，促进其身心和谐发展。因此，幼儿园应该重视幼儿的艺术教育，但是由于我国幼小衔接存在脱节，幼儿进入小学后，家长总是认为注重培养幼儿艺术等综合能力的幼儿园的幼儿成绩不如在注重"教学"的幼儿园的幼儿成绩好，并且认为艺术教育没有多大用处。于是，不少幼儿园为了迎合家长让幼儿"多读书、读书多"的要求，"低头"改变方案，硬性规定教师的教学内容，每学期必须要教哪些教学内容，幼儿要学会多少拼音、算数，让家长口口相传哪所幼儿园教得多、教得"好"，让他们以此为耀。这样做，家长满意了，但是幼儿园教育的对象不是家长而是幼儿，他们的需求谁来迎合？

作为幼儿园，我们应该树立正确的幼儿教育理念，坚持正确的办园宗旨，促进幼儿的艺术等方面的全面发展。家长不理解怎么办？幼儿园有义务组织和开展艺术教育的宣传活动，引起家长对艺术教育的重视。

三、给教师的建议

　　首先，教师要意识到艺术教育对于幼儿的重要性，用正确的方法引导幼儿。教师除了让幼儿学习粗浅知识、培养幼儿的生活能力之外，还应该培养幼儿欣赏美和创造美的能力。在本案例中，教师换种方式可能会收获更好的效果。如果教师多让幼儿发表自己的看法，他们感受到尊重后可能就不会在活动中扰乱纪律，一次活动的开展不是为了活动本身，而是为了幼儿的发展。为什么不能让幼儿有自己的想法、自己的选择？为什么幼儿也要像成人一样墨守成规？教师应该把更多的自主权还给幼儿，让幼儿自己去选择人脸的鼻子，可以是方的、长的、圆的，头发为什么不可以染色呢？成人的头发不是也染色吗？这样幼儿的作品才是真正让他们自己满意的作品。

　　其次，教师的评价应该注意方式方法，要以正面评价为主。幼儿的世界和成人不同，一件物品在幼儿眼中或许有一百种样子。对于幼儿在艺术中的大胆创造，教师应给予更多的关注和引导，让幼儿喜欢创作艺术，在艺术中体现自己的价值观、世界观和现实生活体验。对于大部分幼儿来说，教师应该用多种方法加以引导，尽量使每个幼儿都画出自己的看法，画出自己的特点和感情，让每个幼儿都有真正属于自己的作品。在艺术教育活动中，教师可以通过多种方式让幼儿接触艺术教育，培养幼儿的审美能力，如音乐活动、绘画活动、手工制作、文学作品欣赏等，让幼儿在艺术教育活动中欣赏美、感受美、创造美，拥有健康和有意义的童年。

　　最后，教师应该把正确的艺术教育理念传递给家长，多宣传艺术教育对于幼儿的重要性。教师应该让家长对幼儿的艺术表现给予充分的理解和尊重，不能用自己的价值观和审美观去评价幼儿，更不能为了追求自己的满意，对幼儿进行千篇一律的训练。

案例评析

　　针对本次活动，我园教师探讨了艺术教育的重要性。

　　一部分教师认为艺术教育对于幼儿可有可无。国家应试教育决定了家长的看法及学校的教育方向。学校实施教育的主要途径自然以幼儿的前途为重，不应该过分重视艺术教育。另外，艺术家在人们的眼中是不稳定职业，从幼儿的未来着想，理应重视语文、数学的学习。另外，教育要从娃

娃抓起，只有从小培养幼儿良好的学习习惯，才能让幼儿打好坚实的基础，以后才会有更好的发展。有些幼儿确实有艺术天赋，但是艺术学习经费是普通家庭很难承受的，家长要付出的代价可想而知。所以，幼儿园要以读书学习为主，不应该重视艺术教育。

另一部分教师认为艺术教育对幼儿的发展有着至关重要的作用。幼儿园的教育目标是对幼儿实施体、智、德、美诸方面全面发展的教育，促进其身心全面发展，而艺术教育是美育的一部分，利用美的事物和丰富的审美活动来培养幼儿感受美、表现美的情趣和能力。首先，在幼儿园的一日活动中，教师是活动的实施者，需要有更多的责任感。家庭、学校、社区的共同目标是让幼儿能够健康成长，幼儿在有健康身体的同时，也有健康的心理和适应社会的能力。学习拼音、数学自然重要，但是幼儿的审美能力也是生活的重要组成部分。如果幼儿每天只知道"死读书，读死书"，不懂得欣赏生活中的美，也没有感知美和创造美的能力，这样的生活又有什么意义呢？其次，重视幼儿的全面发展，而艺术教育是其重要组成部分。很多家长认为幼儿学艺术的用处不大，其实不然，艺术教育在丰富幼儿业余生活的同时，也可以开发幼儿的智力。比如，钢琴可以使幼儿手、脑、脚并用，剪纸可以发展幼儿的思维能力和小肌肉的协调能力，画画可以开发幼儿的想象力和创造力。教育是一门艺术，而艺术教育是艺术中的艺术。希望家庭、幼儿园和社会能够重视艺术教育，不要让成人的价值观使幼儿的童年黯然失色！

（评析人：刘莉，江苏省徐州市铜山区大彭镇中心幼儿园）

5. 大班韵律活动"小老鼠和泡泡糖"的课程游戏化

江苏省盐城市大丰区育红幼儿园　唐莉

案例背景

《幼儿园教育指导纲要(试行)》指出:"教师应成为幼儿学习活动的支持者、合作者、引导者。"在活动中,教师不能一味地说教、灌输式教学,而应在活动中以幼儿为主体,让幼儿来选择游戏的内容,从而让幼儿保持浓厚的兴趣来探索知识。

真正的游戏让幼儿更加快乐,也能让教师更加轻松。游戏是幼儿自发、自主、自由的活动。游戏活动应当是幼儿自主选择活动内容、自主决定活动方式方法的过程。除了规则游戏以外,由成人指派、规定动作的活动都不是游戏。成人不能把自己的愿望和想法强加给幼儿,规定幼儿游戏活动的方式方法。而现在我们组织的活动都不太灵活,很难让幼儿真正地玩起来。

案例描述

"小老鼠和泡泡糖"是一个中班的韵律活动。第一次在平行班开展这个活动时,我用讲故事的方式引入,幼儿听故事时都很认真。我还制作了图谱帮助幼儿理解,之后把整个律动的音乐放给幼儿听,让他们熟悉节奏与音乐所表达的情绪。最后就是最为重要的游戏部分,由于和幼儿互动得不好,我显得有些手忙脚乱,可是我的情绪是高昂的,幼儿也挺兴奋。在活动过程中,我只是和幼儿一起"扯泡泡糖",并没有什么新意。

经过了上一次的失败,我从网上观摩了示范课,思路开阔了很多。活动的环节、递进性和重点把握,我都能很好地掌握。在活动中,我的情绪投入很多,幼儿也在我的情绪调动下表演得很开心。但是在学习常规上,我没能把握好。比如,让幼儿在班级中间表演之后,我没有及时用语言加以引导,使得幼儿开始肆无忌惮。这时应该对幼儿说:"现在请你们轻轻地回到座位上。"相信这样一句简单的语言提示会让幼儿的常规有所好转。

另外,在活动中,虽然我对音乐的把握非常到位,但整个活动只是我用语言动作引领着幼儿。韵律活动重在音乐和动作，我只关注到了动作，音乐这个元素没有起到较大的作用。我应该让幼儿自主表演，让他们倾听着去表演，这样才有利于他们对音乐的感知，他们的音乐欣赏能力才能获得更好的发展。在今后的活动中，我会尝试着让幼儿主动地学习。根据《幼儿园教育指导纲要（试行）》中艺术指导的内容与要求：提供自由表现的机会，鼓励幼儿用不同艺术形式大胆表达自己的情感、理解、想象，分享他们创造的快乐。在活动后半部分，我组织幼儿自由探索"小老鼠拽泡泡糖"的各种动作，不仅让他们充满了好奇，而且让他们感到非常有趣，整个活动过程中他们始终乐在其中，活动效果非常好。

思考与建议

一、活动内容，贴近生活

选择的教育内容要贴近幼儿的生活和经验，与幼儿的兴趣和能力相适应。韵律活动"小老鼠和泡泡糖"来源于幼儿的实际生活。对于中班幼儿来说，他们都有吃过泡泡糖的经历，也对小老鼠的形象非常熟悉。所以活动开始后，我便引出小老鼠，很快就集中了全体幼儿的注意力。由于平常生活中吃过泡泡糖，了解泡泡糖具有黏性很强的特点，所以幼儿能对儿歌内容迅速理解，对"使劲拽泡泡糖"的动作也不感到陌生，从而为创编表演动作做好了准备。

二、趣味儿歌，激发兴趣

兴趣是幼儿最好的老师。在活动中，我为了帮助幼儿感受音乐的节奏特点，配上了儿歌《小老鼠东跑跑西看看》，并配合相应的动作直接导入。儿歌的内容有趣，我又根据音乐的节奏特点诵读儿歌，结合儿歌与形象的动作表演来表现音乐，这样幼儿的兴趣就被调动起来，他们的参与积极性很高。全体幼儿都能主动地根据节奏诵读儿歌，乐于参与韵律表演，特别是对于"使劲拽、拉泡泡糖"的动作表演兴致勃勃。

三、互相学习，促进提高

幼儿之间进行相互交流，能增强他们的自信心，促进他们各方面能力的发展。由于音乐节奏较快，为了帮助幼儿表演"小老鼠东跑跑西看看"这个动作，我提问幼儿，并引导他们把动作进一步细化。而"小老鼠拽泡泡糖"的动作表演是难点，除了示范表演以外，我还邀请个别幼儿进行动作创编。最后，我有意识地引导幼儿观察同伴的手和面部表情的变化，让他们通过互相学习、互相模仿来提高表演能力。

四、大胆想象，体验诙谐

教师要专注幼儿的情感反应和体验。教师应鼓励幼儿大胆想象小老鼠遇到麻烦后的表情和动作，引导幼儿大胆模仿、表现小老鼠的有趣动作。当泡泡糖粘到小老鼠身上的不同部位后，小老鼠会有哪些不同反应和动作表现呢？除了示范一种反应和动作表现之外，我还以鼓励性语言和赞赏性眼神促使幼儿进行积极的表演。在活动后半部分，我引导幼儿对泡泡糖甩不掉、到处粘的现象进行大胆创想和诙谐的模仿，将活动推向高潮。

案例评析

一、师幼互动，乐在其中

本次韵律活动的音乐旋律活泼轻快，形象突出。教师通过朗诵有趣的儿歌、表现诙谐的动作，呈现了小老鼠调皮、可爱的有趣形象，在师幼互动中，让幼儿感受韵律节奏明快的特点，充分激发幼儿的活动兴趣。

二、游戏为主，兴趣浓厚

幼儿园要以游戏为基本活动。在整个游戏活动过程中，幼儿对这个音乐活动非常感兴趣，他们都积极参与，并且小老鼠这个形象也深受幼儿的喜欢，在游戏中他们都尽情地表演着。特别是活动中"拉泡泡糖"的动作为幼儿带来了许多的想象空间，有的粘在头发上，有的粘在鼻子上，有的粘在身上、脚上等，从而让幼儿喜欢进行艺术活动，并大胆地表现自己，让他们一直保持着对活动浓厚的兴趣。

三、剖析要点，抓住神韵

为了让幼儿表现"小老鼠悄悄走、偷偷看、用力拉泡泡糖"的动作，教师紧紧抓住"轻轻走没有声音、眼睛盯住不动、咬紧牙、攥紧拳"等动作要点，引导幼儿讨论剖析，帮助他们理解并进行表现，达到神似和夸张的效果。在"拉泡泡糖"的过程中，幼儿对九拍的节奏不容易掌握，教师及时借助声势的引导，帮助他们理解音乐形象并进行表现。

四、由慢到快，循序渐进

为了落实走、看这两个重点动作的合拍，教师采用由慢到快、由说唱童谣到旋律跟进，循序渐进，步步递进地将节奏、乐曲、动作融为一体。

五、游戏中的韵律，韵律中的游戏

无论乐曲的音乐形象，还是乐曲本身，都具有很强的游戏性。同时也为了避免韵律活动的单一、枯燥，教师将游戏自然融入，在游戏中完成韵律动作的合拍，在韵律活动的合拍中体现游戏的愉悦和轻松。

（评析人：徐蔚，江苏省盐城市大丰区育红幼儿园）

6. 快乐的小鱼

江苏省盐城市大丰区城东实验幼儿园　程雪

案例背景

艺术是幼儿表达自己的认识和情感的重要方式。教师要让幼儿大胆地表达自己的情感、理解和想象，从而使幼儿体验到以自己个性化的方式感受美、表现美和创作美的自由与快乐。为此，我们要冲破传统"依样画葫芦"的写实樊篱，大胆"放手"，让幼儿由"学着画"转变为"画着学"，让幼儿在自由表达的过程中，培养审美情趣，发展良好个性，提高表现能力。

然而，单纯的放手是不是真能发挥幼儿更多的主动性，激活幼儿更大的创造性呢？是不是放手了就真能让幼儿表现出自己富有个性的独特作品呢？在教学实践中，我还是感到困惑。

案例描述

那天，我开展了主题意愿画活动："快乐的小鱼"。

活动开始后，我引导幼儿回忆有关鱼的经验："你们看到过鱼吗？你看到的鱼长什么样？"幼儿纷纷举手回答：椭圆形的身体，身上有鱼鳞，有尾巴。有的幼儿还讲了鱼的一些更为细微的特征，如鱼鳍、眼睛等。我再次引导：故事中的小鱼做了哪些好事？（早上教师讲过有关鱼的故事。）除了这些之外，小鱼还会帮助小动物做哪些事呢？幼儿说帮助乌龟找到妈妈、帮小虾找食物吃等，看得出他们的思维很活跃，活动也很投入。

于是我提出要求：小鱼做了那么多好事，小动物都很感激它，于是它们想让他们帮忙给做好事的小鱼画张像。接着我放手让幼儿自由表现，大胆发挥。我注意到有很大一部分幼儿的兴趣似乎变了，一些幼儿拿着笔好像无从下手，另一些幼儿四处观望，我走到正在左右张望的彬彬身边，鼓励他，说："彬彬，加油画！"他却摇摇头说："老师，我不知道画什么。"我没有预料到会出现这种情景，我一再地鼓劲幼儿：试着画画看，画错了也没关系；你们刚才是怎么想的，就可以怎么画。可还是有几个幼儿露出茫然的样子，于是我走到他们身边引导提示：你觉得小鱼会做哪些好事？你可以画小鱼帮乌龟找到妈妈的情景，也可以画小鱼帮小虾找食物。在幼儿作画时，我发现很少有幼儿表现故事的生动情节，也很少有富有个性的作品。后来，我让幼儿交流了"快乐的小鱼在做什么"后，就匆匆地结束了活动。

为什么幼儿有那么丰富的经验而不能充分表达？为什么我让幼儿自由表现而他们的作品是那样缺少个性？我突然觉得很沮丧。怎么才能让幼儿的画既丰富又有个性呢？

思考与建议

《幼儿园教育指导纲要（试行）》明确指出："教师的作用应主要在于激发幼儿感受美、表现美的情趣，丰富他们的审美经验，使之体验自由表达和创造的快乐。在此基础上，根据幼儿的发展状况和需要，对表现方式和技能技巧给予适时、适当的指导。""在支持、鼓励幼儿积极参加各种艺术活动并大胆表现的同时，帮助他们提高表现的技能和能力。"

对于本次活动，我完全摒弃了传统的美术教学，走进了"放手让幼儿发挥创作"的误区。要知道放手并不等于放任自流，如果盲目地追求华而不实，一味追求标新立异，或过分拘泥于既成模式，美术活动中教师的支持便失去了有效性。

一、从按部就班到标新立异，活动内容的选择缺乏循序渐进

传统美术活动内容，一般按造型技法的难易程度，由简单形象入手，由易到难，重在培养技能。教师要给幼儿提供自由表现的机会，鼓励幼儿用不同艺术形式大胆地表达自己的情感、理解和想象。因此，我摒弃了传统观念，开始大胆地放手，以回忆的形式让幼儿构造"快乐的小鱼"的画面，没有让幼儿直观观察画面。当我们从幼儿的角度出发时，教师的支持是无效的，这些看似很符合纲要精神的活动就成了华而不实的空架子。教师在活动把握上对幼儿的支持缺乏循序渐进，从而失去了有效性。

二、从模仿重复到想象发挥，美术创作中过分忽视技能的作用

以前我们认为传统美术教学活动中幼儿依着葫芦画瓢，缺少真情实感，如果没有葫芦，幼儿就画不出瓢来。培养出的都是一些技能型、模仿型、重复型的小大人，一味地模仿成人的画或生搬硬套，缺乏创造性。因此，在本次美术活动技能的支持上，我开始放手，开始重视发展幼儿的创造性、想象力。从一个极端走到另一个极端，教学过程不再重视技能传授，使幼儿在美术活动中学不到实际的东西。培养幼儿的创造性、想象力、表现力固然重要，

但培养幼儿的美术技能也不容忽视。因为幼儿心中所思、所想、所创造的正是通过美术基本技能这个表现手段来体现的，两者相辅相成、缺一不可。因此，教师对幼儿技能支持多少、怎样的支持是值得我们去思考和探讨的。

三、从教师满堂灌到幼儿大胆说，美术活动中教师的语言缺乏推进性

课程改革的今天，我们认识到活动中教师语言的魅力，它能够改变幼儿被动地完成教师预定计划的满堂灌现象。要鼓励幼儿大胆说，但我误认为教师有效的支持就是让幼儿多说，而教师说什么不重要。在本次美术活动中，我对自己的语言开始放手了。我的提问不扣主题，提问面窄，并提出一些无实际意义的齐问齐答和暗含答案的封闭式问题。幼儿的大胆说就只能变成被动地接受一套死板的表现方法，作品表现也只会是千篇一律，这不仅压抑了幼儿的创造欲望，而且阻碍了幼儿思维的发展。在教师努力避免"美不美、喜不喜欢"等无效的语言充斥课堂时，我们往往忽视了语言的推进性。

案例评析

在本案例中，教师不是简单地向幼儿告知正确的问题解决方法或者直接灌输某种特定的技能，如给幼儿示范怎样画快乐的小鱼，忽视和抑制了幼儿在绘画活动中自己动手、动脑探究的愿望和发现学习的机会，使活动过程演变为幼儿单纯练习技能的教学情境。教师要尽可能地通过捕捉活动中的最佳问题情境、投入相关材料、设置系列问题、提醒幼儿回忆相关经验、引导幼儿改造已有经验、将幼儿已经胜任的具体问题概括化等方式，给幼儿提供学习支架，让幼儿学会积极主动、独立自主、创造性地解决问题，学习相应的能力。这样才能真正有效地支持幼儿的"学"，才能有效地促进幼儿的个性化发展。

通过本案例，我们意识到只有充分了解幼儿，制定出幼儿通过努力能够达到的目标，才能切实地促进幼儿的发展，同时辅以丰富的活动设计，才会使幼儿对活动充满兴趣，在自由快乐中获得成功。

（评析人：张丹枫，常熟理工学院；刘建萍，江苏省盐城市大丰区城东实验幼儿园）

7. 观察幼儿 关注成长

江苏省镇江市丹徒区世业中心幼儿园　王秋香

案例背景

　　游戏是幼儿的天性行为，尤其是区域游戏中的各种活动，它适应幼儿，并能满足幼儿身心发展的需求，能促进幼儿自主的发展。但是，总有一些"无所事事"的幼儿游离于游戏活动之外，对各种游戏都缺乏耐心，频繁更换场地，甚至破坏他人的游戏。教师对他们也无所适从，要么规定在一个区域"严加看管"，要么放任他们自主选择就会影响到其他幼儿。这些"无所事事"的幼儿容易被教师和其他同伴忽视，到底应该对他们采取什么样的引导措施才能最大限度地促进他们良好的发展。教师尝试从观察着手，关注在游戏中"无所事事"的幼儿的成长问题。

案例描述

　　豪豪今年七岁了，活泼好动，平时玩游戏都是三分钟热度。今天又到了玩区域游戏的时间，教师安排幼儿自主选择以后，豪豪还在犹豫。教师建议豪豪去美工区画小猫的故事，并且提醒他不要随意换区域。他拿起彩笔开始乱涂，然后又放弃了画画，在地上转笔。有时还会扔笔影响别人。

　　我看到豪豪的脸也画花了，就说："豪豪，你嘴上全是水彩颜色，这是有毒的，不能放在嘴里，我们赶紧把笔捡起来画画吧。"

　　他看着我，也不理睬我，可能觉得画画没意思了，就把画纸举起来一扔，画纸慢慢悠悠地掉下来（见图5-9）。

　　他突然又用双手拿起画纸，举得高高的轻轻放手，画纸又一次慢慢悠悠地掉下来，他很开心地喊着："你看，飞起来了。"接着，他发现了地上他刚才扔掉的铅笔（见图5-10）。于是他捡起来放在纸上，又把纸举得高高的轻轻放手。我问："你为什么把铅笔放在纸上啊？"他说："我要带着铅笔飞。"他一边说一边因为我关注了他的游戏而更开心了。

图 5-9　豪豪正在让画纸飞起来

图 5-10　豪豪尝试让铅笔
乘坐他的纸飞毯

　　我又问:"那你发现了什么?"他没回答我,我把掉在地上的水彩笔捡起来问他:"你用水彩笔试试,看看纸还能带着它飞吗?"

　　他立刻换下了铅笔,把放着水彩笔的纸片举起来一松手。但是这次水彩笔先掉下来了。

　　我问他:"为什么水彩笔先掉下来了? 你摆的位置好不好? 要怎么拿起来?"

　　他检查了一遍,又试了几次,发现因为水彩笔比较短,随便放在一个角容易掉,放在中间会好一点。很快,纸又随着他的小手飞起来了。

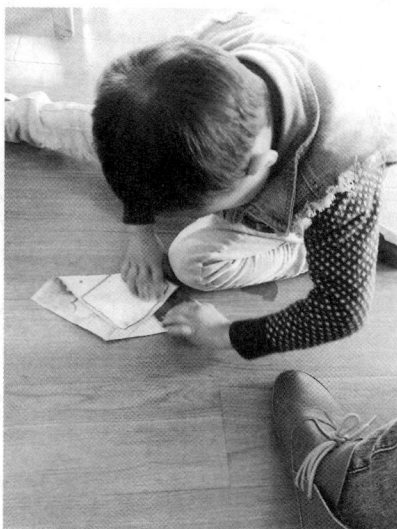

图 5-11　豪豪想把纸片折成飞机

最后，他想用画纸折东西，我问他："你想折什么？"他说："飞机。"见图 5-11。

我说："我来教你吧。"很快我教他折好了飞机，但是我没有立刻给他，又问："豪豪，我帮了你的忙，你应该说什么？"见图 5-12。

图 5-12　豪豪开心地玩起来纸飞机

他一边笑一边看着我，旁边的幼儿提醒他："说谢谢！"他也终于笑着说："谢谢老师！"

我摸了摸他的头说："你真棒！下次别人帮助你时，你也要学会说这句话，这样你的好朋友才会越来越多！"

案例的后续故事

通过教师和家长的努力，豪豪的转变很大，从一开始在游戏中的"无所事事"、不愿意交流，转变到愿意去尝试各种游戏，甚至优秀地完成了一些任务。教师还带动其他幼儿一起帮助他，豪豪基本上能完全融入班级游戏，自主地和同伴交往（见图 5-13），在大班的游戏、生活中越来越开心（见图 5-14）。在大班近期举行的"爸爸妈妈我爱你"主题活动中，他还主动向妈妈表达了自己的爱，感动了周围所有的人（见图 5-15）。

图 5-13　豪豪和好朋友玩

图 5-14　越来越开心的豪豪

图 5-15　豪豪在向妈妈表达爱

思考与建议

　　在本案例中，豪豪表现出来的行为与其他幼儿相比，是格格不入的。他对于教师所创设的区域活动也总是"缺乏耐心，频繁更换"。但他后来发现了一种更加适合自己的游戏——让纸片飞。就他在美工活动中的行为来说，他选择的依据可能是教师的要求，但当其他幼儿有目的地开展美工活动的时候，他的目的性不明确，坚持性较短，很快就对这个活动失去了兴趣。豪豪在失去耐心以后，注意力无法再被吸引，又变得"无所事事"的他，反而用扔笔影响他人，造成了其他幼儿对他的反感，所以他的社会性交往能力也是欠缺的。为此，我从以下几个方面做出思考。

一、从幼儿的角度出发——注重差异

教师的指导要建立在对幼儿的观察与了解上，关爱、理解及接纳"无所事事"的幼儿不仅是对教师职业道德的要求，也是教师专业能力的体现。教师通过了解得知豪豪是典型的留守儿童。对于这样的特殊幼儿，教师需要先接纳他的行为表现。有效的区域活动是满足幼儿个性化需求、促进幼儿全面发展的有效途径。一成不变的内容、材料、玩法、规则一定不会被幼儿喜爱，也不符合教育的规律和要求。因此，大班活动区的内容和材料应具有开放性、挑战性，能够引发"无所事事"的幼儿的合作和探究，使幼儿获得通过自己的努力克服困难、解决问题的满足和快乐。

二、从教师的指导出发——合理介入

教师虽然不能盲目介入幼儿的游戏，但也要密切关注"无所事事"的幼儿的游戏动向，当幼儿有需要时要及时给予支持。如何灵活运用支持方式，需要教师在与"无所事事"的幼儿的互动中不断尝试和反思。第一，同伴互助。当幼儿有困难想放弃时，教师可以请其他幼儿通过示范、讲解、合作等方式提供帮助。第二，材料支持。教师要给幼儿提供一个可能帮助他解决问题的材料。第三，讨论交流。教师要和幼儿一起讨论他们所遇到的困难，交换各自的想法，帮助幼儿重建自信并大胆尝试。教师要及时肯定幼儿的进步，正面强化他们专注游戏、善于探究等行为。

三、从家园互助出发——反馈交流

家园合作的重点之一是保持联系，对于"无所事事"的幼儿的诸多情况，教师需要与家长达成一致的认识，才能有利于家园合作，有效帮助幼儿调整行为。教师可以通过家访、晨间谈话、开放日及家长学校等方式和家长交换信息，并倾听家长对幼儿的判断。例如，做什么事情最专注？家长在幼儿注意力不集中的时候是什么反应？采取过哪些措施和方法？效果如何？教师可以从中反思和判断自己对他们的指导方式是否适宜，也可以将沟通内容适时反馈给幼儿，让他们感受到教师和家长对自己的关爱，从情感上愿意接受教师和家长的指导。如果幼儿确实有影响其健康发展的"问题行为"，那么幼儿园和家长就要共同制定相应的措施，采取一致的态度和方法，耐心帮助和引导幼儿逐渐在自己感兴趣的活动中提高注意力，从而体验与同伴合作做事、友好相处的快乐。

🌱 案例评析

　　这是一个体现特殊幼儿主动探索的案例。在游戏活动中，教师有目的地介入指导是促进幼儿发展的必要手段。教师关注到了这个幼儿，关注到了幼儿的发现，陪伴他，鼓励他。

　　在本案例中，对于教师开始建议的游戏活动，幼儿并不感兴趣，所以他才会游离于游戏之外。教师也尝试了一些互动方式，但是只产生了短暂的效果，并没有使幼儿的行为得到有效的改善。通过在区域内根据主题活动内容投放材料，教师希望最大限度地满足幼儿的发展需要，使他们的能力得到发展。但是教师有没有反思过这些内容能否满足幼儿的兴趣和需要，幼儿能找到自己感兴趣的材料吗？教师细心地发现：这些方式效果欠佳。特别是教师要求"不能随意换区"，是不是限制了幼儿的自由和自主？后来教师看到了幼儿的发现，以此为契机，引导他进一步探索画纸带着"铅笔"与"水彩笔"飞的不同，以及这种不同是否与笔的长短、位置等有关。在游戏中，幼儿有着明确的目的、一定的专注度，还能主动积极地探索不同的玩法、解决问题。从"无所事事"到独自游戏或者平行游戏的水平，再到后来与教师交谈、合作折飞机，这时已经达到了联合游戏的水平，这个进步也是让人欣喜的。最后教师通过对话，教给幼儿怎样与同伴相处，增强了他的社会交往能力，他憨憨的笑容、对教师的依依不舍，都表现了他渴望与他人共同游戏的愿望。

　　（评析人：张丹枫，常熟理工学院；丁红香，江苏省镇江市丹徒区世业中心幼儿园）

8. 让折纸区"火"起来

江苏省扬中市丰裕中心幼儿园　张菊霞

案例背景

中班幼儿很容易对纸艺活动表现出自发的热情和兴趣，但是这种自发的兴趣多属于浅层兴趣，往往带有情绪色彩，容易停留在"好玩"的水平上。如何将幼儿浅层兴趣引申，并提升到有一定深度的动机水平上，把幼儿原有的兴致导向内化，将表面的热情转化为主动参与、积极推进的内驱力呢？

案例描述

通过在"折纸汽车""折纸、添画汽车""开汽车""马路上的汽车""郊游"这几个活动中对幼儿行为的观察，我们发现环境的创设、故事的导入、游戏的贯穿等情境在纸艺活动中的渗透，都能激发幼儿主动参与活动的兴趣，让折纸区真正"火"起来！

"心灵手巧、纸艺传情"纸艺活动是我们幼儿园正在研究探索的园本特色活动。根据幼儿的年龄特点，我们中班以折纸为主线，开展了一系列的活动。

近期，我们围绕主题活动"交通工具"，将汽车折纸活动渗透到主题中来，延伸到区域游戏中去……

一、"折纸汽车"活动

昨天下午，班上开展了"汽车"的折纸活动，按照惯例，我们将相关示意图投放到折纸区，便于幼儿自主选择，或巩固、或创意。

区域游戏的音乐响起，文文快速抱起自己的椅子，一路跑着走向折纸区，边走边说着："我会折汽车，我今天要去折汽车。"他选了一张纸，不看示意图，一分钟不到，便折好了一辆小汽车。他拿在手里左看看、右看看，然后面带微笑地大声和旁边的坤坤说："看，我折好了！"坤坤正埋着头，一边看示意图，一边比划着，旁若无人地在钻研。"我帮你！"文文夺过坤坤手中的纸后说道，"你看，多简单！"文文又折好了一辆汽车。两分钟过去了，桌子上面堆满了许多折好的汽车，同伴开始聊天，文文环顾四周，然后跑到自己的储物柜前，找了支画笔，在汽车上添画了两个轮子，将汽车立起来，说："开起来了！"

一分钟后，文文抱起自己的小椅子走向了"小医院"……见图5-16。

图 5-16　文文走向"小医院"

汽车折纸对于文文来说，目标偏低，所以活动中出现了兴奋选择—得意展示—热情帮忙—无所事事—创意添画—退出活动的转折，折射出区域材料的单一性和缺乏挑战性。因此，我在思考怎样让幼儿在这个区玩得更深入、更有趣呢？顺着幼儿添画的思路，我和配班教师商量，明天就在折纸区提供一些绘画用具。

二、"折纸、添画汽车"活动

吃完下午点心，乐乐首先"抢"到了折纸区的进区牌。她拿出材料柜里的水彩笔和白纸放在自己面前，然后拿出彩纸折汽车，折好后贴到了白纸中央。乐乐自言自语道："我再画一辆小汽车。"在她的带动下，旁边的麒麒和欣欣开始效仿（见图5-17）。

五分钟后，乐乐高高举起自己的作品，大声对旁边的麒麒和欣欣说："我画好了！看，有汽车！太阳公公也出来玩了，还有小鸟在天上飞！"

麒麒反问道："怎么没有红绿灯啊？"乐乐说："也对！"说完，乐乐又开始忙碌起来……

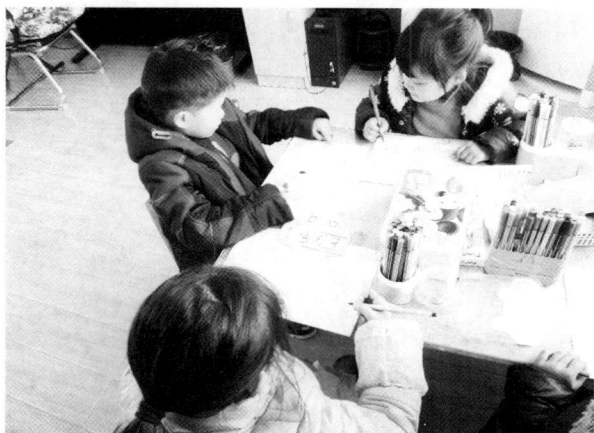

图 5-17　我们画汽车

　　绘画材料的增加让幼儿有了更丰富的想象和表达的空间，由车自然而然地联想到了红绿灯。此时我在想：为什么不从折纸活动中跳出来，丰富幼儿的规则游戏呢？

　　于是，第二天上午的户外活动，我就和幼儿玩起了"开汽车"的游戏。幼儿玩得很开心，先玩分颜色开汽车的游戏，然后大家一起开，红灯停、绿灯行、黄灯亮了等一等……游戏结束后，我们也把颜色标记投入折纸区。

　　三、"开汽车"活动

　　麒麒一进折纸区，立即叫起来："快来折汽车，折完了，我们来玩开汽车的游戏。"另外三个幼儿赞同说："好！"于是，在麒麒的号召下，每个幼儿都开始动手折汽车。

　　"我当红绿灯。"第一个折好的欣欣拿起颜色标记说道，"我们分颜色开，我出示什么颜色，就是什么颜色的车开动……"这样，每次只有一辆可以参与，麒麒和其他三个幼儿在旁边等着。

　　麒麒突然问我："老师，怎么还没轮到我？这要等到什么时候？"

　　"是吗？等的滋味可真不好！怎样才能每次都能玩呢？"麒麒抛过来的问题又被我抛给了他。只见他想一想，突然大声地说："我有一个好办法。每种颜色的都折一个，这样就都能玩了！"于是他快速行动起来，其他幼儿也开始折汽车，……一会儿，幼儿面前的汽车排起了队（见图 5-18）。

图 5-18　我们开汽车

　　游戏是幼儿最喜欢的活动，"开汽车"游戏无意中为区域活动的开展埋下了伏笔。教师以游戏参与者、推动者的身份加入，又把幼儿引回折纸这个主题活动。

　　四、"马路上的汽车"活动

　　早上一进班，幼儿开始了自由聊天。
　　"我爸爸今天开轿车送我来的！"
　　"我爸爸开的是卡车，他要去送货！"
　　"我爸爸也有。"
　　"我爸爸的车是红色的。"
　　"我家是黑色的。"……
　　看着幼儿这么感兴趣，我也加入他们的聊天，聊着聊着，就演变成谈话活动"马路上的汽车"。于是，我和配班教师在折纸区呈现了一个情景画面——宽宽的大马路。
　　思思、轩轩、文文纷纷抱起自己的椅子走向折纸区。思思拿起一张红色的纸，说道："我折一辆红汽车。"她很快就折好了一辆，拿起双面胶把自己的汽车贴到了第一个，"我是第一个！我再折个蓝的。"说完，她又忙碌起来，一会儿她又把第二辆汽车贴到了马路上。旁边的文文也折好了一辆，他把汽车贴到了马路中间，很开心地说："我的汽车也开到马路上了。"思思一看："你怎么贴到中间了，要排好队！"思思边说边把文文的贴到了自己的后面。文文很顺从，说着"我还要折"。两个人又忙碌起来，一会儿欢呼，一会儿拍手。画画的琪琪忍不住了，也移到了折纸区，说道："我也来折汽车！"见图 5-19、图 5-20。

图 5-19　马路上的汽车　　　　图 5-20　我也来折汽车

看着马路上排列着整齐的汽车，幼儿很开心，很有成就感。对于同一个内容，材料进行更改创新后，幼儿的想象与创作便有了媒介。所以，任何区域只要稍微添加一些情景，就远远比单一活动更受幼儿喜欢，就能更好地发挥幼儿的想象力，发展幼儿的动手能力。

五、"郊游"活动

户外散步时，我走到绿化带附近，幼儿不由自主地哼唱起来："走走走走走，我们小手拉小手，走走走走走，一同去郊游……"

"让我们开着小车去郊游吧！"我走在队伍的最前面，开始和幼儿互动起来，"我们开车去公园郊游，公园里有什么呢？"幼儿回答道："花、草、树木、小猫、小狗、小船、小鸟……"在幼儿的头脑中，郊游的场面很热闹。

汽车、蝴蝶、花朵、小树、小动物，都是我们折过的，为什么不让幼儿来创作情境呢？进班后，我开始提议："孩子们，今天我们在折纸区折一幅郊游图吧！"幼儿说："好！"他们都表示赞同。

幼儿到折纸区"抢"进区牌，最终思思、彤彤、文文、加淳拿到了牌子，思思等人的得意与琪琪等人的失望形成了鲜明的对比。琪琪站在那里迟迟不肯离开，思思说："我们这里没有位置了，你到别的区吧！"琪琪低声说："我也想折纸。"思思说："没有位置了，要不你站在这里折吧。"得到允许的琪琪连忙点头。

这时，还在旁边游荡的浩浩看见了，也想加入，思思大声说："人太多了，你不要来了！"浩浩立马跑向教师说道："老师，没有牌子了，琪琪还站在那里玩。"教师问道："你也想去，对吗？"浩浩说："嗯！"教师接着说："你今天玩别的，下次折纸好吗？"浩浩嘟着嘴摇头，眼睛紧盯着折纸区。

后来，教师又说："这样吧！那就再添一张桌子。"见教师满足了自己的愿望，浩浩立马笑了，加入折纸区，开始忙碌起来……见图 5-21、图 5-22。

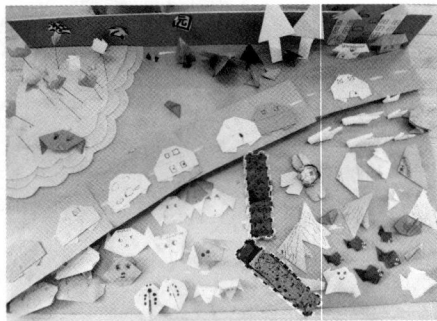

图 5-21　折纸区　　　　　　　　　　　　　图 5-22　郊游图

　　教师为幼儿创设了具有一定情境氛围的纸艺活动，趣味性较强，幼儿的积极性、主动性和创造性都被调动起来，从而让幼儿迅速进入情境和角色，真正体现了幼儿在活动中的主体地位，让他们主动获得知识与经验，实现了自主参与纸艺活动的目的。

 **思 考 与 建 议**

　　幼儿的年龄较小，注意力持续时间较短。如何让幼儿始终对纸艺活动保持兴趣？如何变被动训练为主动尝试？如何让单一活动变成系列延展活动？

　　在实践中，我们进行情境渗透的尝试，以便激发幼儿参与活动的兴趣，有效地完成纸艺启蒙教育的预设目标。例如，在开展"折纸汽车"活动中，"开汽车"的游戏情境引起了幼儿参与折纸的兴趣，幼儿的主动性被调动起来。为了让幼儿获得身临其境的感觉，我们又设置了"郊游"活动，布置了"马路、公园"的场景，使幼儿能真实感受到这样一个氛围，注意力被深深吸引了。

　　由此可见，跟随幼儿兴趣的活动主题与内容才是有效的。虽然每次纸艺活动的内容各不相同，但是只要我们选择和创设适合幼儿需要和兴趣的情境，就一定能事半功倍。在实践中，我们需要注意的是，幼儿的年龄特点是情境创设的根基；活动目标是情境创设的核心；跟随幼儿，生成情境是关键；形式多样化是情境创设的灵魂。

案例评析

折纸被誉为童年十大经典游戏，它就如美轮美奂的魔术，将一张纸在手中经过巧妙的折、翻、粘贴、描绘等手段，变换出一件件形象夸张、富有趣味的作品。活动区是幼儿开展学习活动的主阵地，把折纸活动延伸至区域中，通过幼儿手脑协调配合的创作活动，能更有效地培养幼儿的创造力、想象力、审美能力、形象思维能力和空间思维能力。

本案例能从幼儿的生活经验和兴趣出发，促使幼儿展开联想，在积极的情绪中参与活动，让折纸区发挥了最大作用，具体表现在以下几个方面。

首先，与绘画有机结合，折纸物件更形象。幼儿喜爱绘画，对绘画很感兴趣，教师敏锐地捕捉到了这个信息，便适时地在折纸区投放了绘画材料。幼儿的再次创作，使原来的折纸物件变得活灵活现并且充满情趣，这样的活动不仅提高了幼儿的兴趣，更发挥了幼儿的想象力和创造力。

其次，与游戏有机结合，折纸兴趣更浓厚。幼儿在折纸区开始了情境游戏，无疑给了幼儿更多发挥想象、主动探索的空间，折纸区以它自身的魅力吸引着幼儿。折纸不再只是折纸，幼儿自发地形成了一些教师预设之外的游戏活动，如"开汽车"。这些自发的游戏活动往往会发生非常有价值的学习。

最后，与主题有机结合，折纸魅力更绚丽。由于教师的支持和鼓励，折纸区活动已经开始主题化，更是引发了幼儿互相学习、互相模仿和互相启发，从而使他们在各自经验的基础上获得进一步的发展。

从本案例中我们可以看出，折纸区活动是幼儿手工活动的一部分，它微小，却蕴含着丰富的教育价值；它简单，却对教师提出了更高的要求。教师要根据幼儿的年龄特点和折纸活动特有的性质开展游戏活动，让幼儿在折纸区中既可以体验成功的乐趣，又可以获得必要的知识经验和技能。我们应该重视幼儿折纸能力的培养，为幼儿学习折纸创设良好的物质环境与心理环境，把它融入幼儿的一日生活。只有这样，折纸游戏才能发挥它独特的作用，不断促进幼儿的全面发展。

（评析人：陈瑶，江苏省扬中市丰裕中心幼儿园）

9. 从家长要求退学事件谈园长管理艺术

江苏省宿迁市宿城区机关幼儿园　张莉

案例背景

家长对班里某位教师的工作有所质疑或不满意，提出调换教师甚至要求退学是园长经常遇到的问题。面对家长的质疑，园长该如何权衡家长的意见和教师的心理感受，如何在争取家长理解教师工作的同时，帮助教师反思自己的不足、明确成长的方向、探索成长的方法，这是一门管理的艺术。

案例描述

上午入园时间，大四班 A 小朋友的妈妈来到园长室，要求退学并非常激动地说道："李老师天天盯着我们家孩子吃饭的问题，不是说吃得少，就是说挑食，还把孩子叫到前面单独吃，让她坐前面，你说多难为情，现在孩子天天哭着闹着不肯入园，说李老师太厉害了，怕李老师批评她，以前从来没出现过这种情况。我们还听说班主任张老师生病了，这学期都不一定能来，我们还是退学算了，省得天天孩子紧张，家长烦心。"

面对激动的家长，园长首先说道："非常抱歉因为老师的教育行为给您和孩子带来了困扰。"接着向这位家长说明张老师并没有生病，而是十一月要参加江苏省青年教师教学基本功大赛，为了备赛这两周参加了市里的集中培训，下周参赛后将正常进班，至于"张老师生病一说"从何而来她将具体了解。园长诚恳的态度、温和的言语让这位家长激动的情绪明显缓解，接着园长向这位家长说明李老师是一位工作非常认真负责的老师，这是班主任张老师非常认可的。但今年毕竟是工作的第二年，加之班中的"主心骨"——班主任不在，可能管理幼儿的方式方法不够妥当，希望家长予以理解，并表示对于家长反映的问题，园方会全面具体地了解情况，然后给予一个明确的解释。具体的处理策略如下。

一、全面了解情况

李老师是一位工作特别认真的教师，交给她的每一件事情，她都力求做到完美，考虑到直接找其谈话，可能会给她带来较大的心理负担，于是园长首先采取了侧面了解的方式。

（一）巡视观察

午餐时间，园长来到了大四班，果然 A 小朋友和李老师一起单独坐在了前面，李老师还不时喂喂她。于是园长问道："A 怎么坐在这儿了"。李老师赶紧站起来把园长拉到活动室外说道："A 吃饭太慢了，怎么督促也不见效，让她单独坐，我可以喂喂她，别的小朋友看不到，她也不会难为情。"看着一脸阳光的她，园长首先肯定了她的想法："你想得真好！"接着提出建议："对于大班的孩子，我们还是要以鼓励为主，引导他们独立吃完自己的一份饭菜，另外你可以和 A 单独谈谈，听听她希望午餐的时候坐在哪儿？"同时告诉李老师，谈话是走近幼儿的法宝，多和幼儿谈谈才会真正了解幼儿。

第二天集体活动时间，园长又来到了大四班，李老师正在讲评幼儿的绘画作品，可幼儿并没有听的兴趣，李老师急得满头大汗，说话也变得大声了，甚至点名提醒了几个幼儿，听起来还真是有点"严厉"之感，但依然吸引不到幼儿的兴趣，活动场面稍显混乱。看到这种情况，园长悄悄对幼儿说："小朋友们，你们想做小老师吗？"神秘的语言和表情立刻让幼儿安静下来。接着园长请幼儿轮流做小老师介绍自己的作品，同时选出自己最喜欢的作品，幼儿积极主动、兴趣盎然，随着幼儿的转变，李老师向园长投来了敬佩目光。活动结束后，园长对李老师说："多向有经验的老教师学习，班后时间再多看看幼教方面的书籍，全面了解孩子的年龄特征，多研究优秀教育教学案例，博采众长，这样你组织的活动才会更适合孩子，更吸引孩子。"

（二）多方了解

通过与年级主任、班主任、本班的保育教师交流，园方了解到如下情况。

班主任张老师不在班的时间里，李老师非常紧张，因为担心"常规"、担心"安全"，"管"的痕迹特别明显。例如，每次户外活动，她的谈话都要好长时间，"禁令"也特别多，幼儿稍有"越矩"，就急忙制止，心急的时候难免会出现"声色俱厉"的现象；进餐时总希望每个幼儿都能安静、干净地吃完自己的一份饭菜，A 小朋友因饭量小、挑食严重，李老师自然格外关注，甚至进餐时李老师经常坐在她的身边，以方便提醒督促。殊不知这种"过度关注的行为"已给幼儿造成了较大的心理压力。

当幼儿特别顽皮，用常规不好管理时，心急的李老师对幼儿说："你们都把张老师吵生病了，再把我吵生病就没有老师带你们玩游戏了。"

李老师从九月到现在，与家长、幼儿接触不到两个月，家长和幼儿对其还没有建立起信任、依赖的情感，并且李老师也缺乏与家长沟通的经验，这也是问题的症结所在。

二、真诚沟通交流

在充分了解的基础上，园长和李老师交流了 A 妈妈要求退学一事。正如园长所意料的那样，李老师并没有丝毫消极的情绪，而是真诚地说道："我也正想和 A 妈妈交流一下，我做得确实不妥，以前班主任在的时候，总是看着学着，现在遇到问题就会想当然地去做，这两天你的谈话已经让我深刻地认识到自己的问题了，以前总觉得张老师太神奇了，轻轻一句话、一个眼神，就能吸引孩子，就能让所有孩子自觉地遵守常规，现在我知道那是因为她了解孩子，知道孩子的兴趣与需要，我要学习的太多了。"听了李老师的话，园长欣慰不已，问题不可怕，妥善地处理它会是一次很好的成长契机。

当天下午，园方把 A 妈妈请到了办公室，将了解到的情况及时与她进行了交流，当 A 妈妈听到园长转述的李老师的这句话：让她单独坐，我可以不时喂喂她，别的小朋友看不到，她也不会难为情。她非常感动，感觉错怪李老师了。而李老师也真诚地为自己的行为向家长道歉。这反而让 A 妈妈很不好意思，她中肯地说道："其实我们也太武断了，说实话，张老师一走，我们的心就不安了，因为对李老师不是很了解，所以一直持有怀疑的态度，我们的态度在一定程度上也会影响孩子，让孩子出现了焦虑情绪。"园长及时说道："李老师的想法是好的，但考虑得的确不够全面，其实年轻教师有时就像孩子一样会出现好心办坏事的行为，我们一定会加强管理与指导。另外，作为园长，我的责任是最大的，班主任不在班，我们应多进班指导帮助，但实际上做得远远不够。"说完，园长紧紧握住两位的手道了一句："对不起！"最后园长真诚地希望在以后的工作中发现问题时，大家能及时交流，以免将让小问题变成大误会，真诚沟通彼此的心才会越走越近，才会更有利于幼儿的成长。

思 考 与 建 议

一、换位思考，理解家长

《幼儿园教育指导纲要（试行）》指出："家庭是幼儿园重要的合作伙伴。应本着尊重、平等、合作的原则，争取家长的理解、支持和主动参与。"面对家长的质疑，园方首先应以尊重的态度予以理解和接纳。耐心倾听家长的诉说，并用积极的态度、真诚的交流，让家长在理解与认同中缓和情绪，为顺利解决问题奠定情感基础。

二、尊重信任，关爱教师

当家长反映教师工作的不足时，园长不是武断地否定教师的工作，而是尊重、信任教师，给教师解释说明的机会和反思自我的时间，同时不偏袒、不敷衍，深入实际，多方了解，用事实说话。在事情发生时，园长能够维护教师的自尊。例如，园长首先考虑到直接找其谈话可能会给教师带来较大的心理负担，所以采取侧面了解的方式；其次发现问题后没有直接指正，而是给予相应的方法；最后在家长面前，园长把年轻教师比作孩子，园长的言语中流露出对年轻教师浓浓的关爱与殷切希望，有助于年轻教师归属感的建立、进取心的激发，同时明确指出教师的不足也让家长看到了园方的诚意与公正。

三、专业引领，有效助长

园长应该引领教师的专业发展，只有这样好的想法和做法才能被教师认同和接受。当园长发现教师不适宜的教育教学策略时，要做的不是直接指出其不妥之处，而是要通过自身的做法影响教师。例如，在美术活动的评价环节，李老师采取的是以教师为主的评价，忽略了大班幼儿的主观能动性，以及大班幼儿自我评价能力已初步发展和语言能力明显提高的年龄特征。园长不是简单说教，而是采取示范的方式帮助教师反思自己的教育行为，介入适时、得当。

四、责任明确，勇于承担

大四班班主任外出，在人员紧缺的情况下，园方为班级配了一位教师，园长没能做到多巡视、多指导、多帮助，的确是管理不够细致，但是园长能够直视自己的不足，勇于承担，并真诚地向家长和教师道歉。园长的自省坦诚对于教师和家长来说也是一种积极正面的引导。

案例评析

园长是幼儿园的核心人物，一个好的园长就是一所好的学校，智者的果敢创新、师者的诲人不倦、学者的求实求真、长者的宽容大度都是园长不可或缺的重要品质。的确，园长是一个园所的灵魂，是教师的首席，面对幼儿园的大事小事，园长要勇于承担，沉着应对；对待幼儿、教师要用心倾听，关心呵护；对待家长要想其所想，真诚相待，努力用智慧和爱让管理插上"艺术"的翅膀，真正让幼儿园成为幼儿心中的"乐园"、教师心中的"家园"、家长心中的"放心园"。

（评析人：尤克飞，江苏省宿迁市宿城区机关幼儿园）

10. 有趣的折叠垫

江苏省常州市新北区银河香槟湖幼儿园　刘淑楠

案例背景

国庆长假结束后，小班正式加入户外混龄运动，在这之前，我总是在心里问自己："我要怎样才能把这个区域做好""怎样做才能发展幼儿哪个方面的能力""我需要介入幼儿的游戏吗""我的观察视角应该如何着手"。通过两周户外混龄活动的观察，我找到了一些答案。

10月19日下午，香槟湖园区户外活动场地A3区添置了新的材料——折叠垫。该区域的材料有大型的小木屋、各种尺寸和各种颜色的纱、角色游戏需要的碗和小勺子以及两张大的保护垫。

通过对幼儿使用新投放材料的情况进行连续四天的观察，我发现幼儿自己能玩出更多的花样。反思以前的教育思想：教师要从多角度来设计材料，发展幼儿多方面的能力，注重材料的层次性与幼儿个体的差异性，使材料适合多种类型的幼儿。通过观察可以发现，材料的功能设定应该交给幼儿来决定，将游戏还给幼儿。

案例描述

一、埋伏射击

图 5-23　男孩的埋伏射击

男孩来到该区域之后，发现了新的材料——折叠垫，然后开始自己铺垫子，当铺到最后一个垫子时，他没有将折叠垫打开。垫子铺好之后，他快速地从垫子的低处跑向高处，在高低交界处，他开始趴下、卧倒、用手指做枪状开始射击，一边射击一边说："不好，要没有子弹了。"然后他爬起来快速跑到低处，然后重复之前的动作三遍，最后离开了该区域（见图5-23）。

二、舞台走秀

四个女孩披着短纱，教师对她们说："你们披着纱真得好美，都可以去走秀了。"然后她们自己就去搬垫子搭建舞台了。舞台搭建完成，她们一个接着一个开始进行走秀（见图5-24）。

图 5-24　女孩的舞台走秀

三、摔跤比赛

三个幼儿在进行摔跤比赛，站在垫子上的幼儿是选手，坐在旁边的幼儿是裁判。

选手进行交换，输的幼儿变成裁判，赢的幼儿与刚才的裁判进行对决。另外又有五个幼儿加入比赛，大家开始全部涌入比赛场地，这时教师介入引导，帮助他们建立规则：比赛有选手、观众和裁判。见图5-25。

图 5-25　幼儿的摔跤比赛

四、三面山状围合成家

教师将一个两折垫以小山状摆放之后，四个幼儿开始摆放垫子，围成三面，里面一张垫子是平铺开来的。躺在垫子上的幼儿对其他三个同伴说："你们要看好我们的家!"过了三分钟后,有三个幼儿想要进入里面,躺在地上的幼儿立即爬起来,对外面的三个幼儿说:"这是我们的家,你们是不可以进来的。"见图5-26。

图 5-26　三面围合成家

五、休息场地

幼儿铺好垫子后躺在上面休息(见图5-27)。

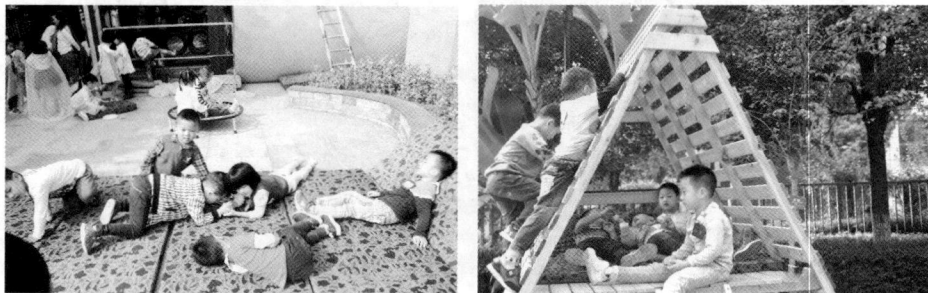

图 5-27　幼儿在垫子上休息

六、四面平开围合成家

今天,幼儿将垫子进行围合,但是有别于昨天,昨天是以小山状进行三面围合,今天是四面围合成家(见图5-28)。

图 5-28　四面围合成家

一、思考分析

幼儿确实会玩出很多花样，甚至超出了教师的预设想法，从观察记录中可以发现如下几个方面。

（一）幼儿对周围新鲜事物有着好奇心和求知欲

幼儿第一次见到折叠垫，这有别于之前幼儿园中常规的大垫子——保护垫，他们开始对这种垫子产生探究的欲望，好奇心和兴趣促使他们开始对材料进行探究。

（二）一定的生活经验帮助幼儿探索操作

一定的生活经验和知识储备帮助幼儿探索材料的玩法。在埋伏射击中，幼儿将垫子以高低状摆放，以便进行埋伏射击，相信幼儿一定接触过该方面的画面或具有相关的知识储备。家、舞台、摔跤比赛场地等相关的经验为幼儿的操作提供帮助。幼儿通过实践将自己看到的或者经历过的隐性经验内化为更深的自我显性经验。

（三）乐意与同伴交流合作

一个幼儿对材料的探究是有限的，同伴的合作力量是无限的，除了第一天的小男孩自己进行射击游戏之外，接下来的几天，他们都是通过同伴之间的商量或者在教师的语言引导下产生了新的玩法。

二、自我建议

（一）关注幼儿的故事

教师需要继续跟进幼儿对材料的操作过程，发现幼儿是否还能找到新的玩法，观察并让幼儿发展属于他们自己的故事。教师要在观察中等待幼儿，在等待中引导幼儿，在引导中发展幼儿的经验和能力，同时要注重幼儿的个体差异性，有针对性地进行引导和帮助。

（二）注重幼儿的需要

教师在观察反思中需要明确如何发展幼儿的能力，明确幼儿的需要，针对这些关键的地方，提供帮助幼儿发展能力的环境及相应的材料。教师可以通过与在该区域中经常出现的幼儿进行简短的交流，从中获取幼儿的想法与需要，帮助建设更加有效的环境和材料。

（三）重视同伴的力量

幼儿时期是幼儿社会性交往发展的重要时期。教师可以充分发挥同伴的作用来发展幼儿的社会性交往能力，在他们没有产生新的游戏时，可以引导同伴之间交流协商，确定游戏内容，共同商讨和制定游戏的规则，发展语言交流能力和倾听能力。

（四）倡导陪伴式观察

在幼儿园课程游戏化的背景下，教师需要提升自我观察的能力，不断地学习，争取从观察的技术走向观察的艺术，幼儿不应该只是我们观察的对象。我们应该在陪伴中观察幼儿的发展和需要，多和他们一起玩一玩、说一说，从而走进幼儿、了解幼儿。

案例评析

本案例是非常真实、鲜活和有价值的。在本案例中，教师充分发挥了幼儿的主动性，让幼儿成为活动的主体，教师只是在适当的时机给予引导，帮助幼儿获得更多的经验积累。教师首先从自身的思考入手，带着问题到区域中进行实践，这会让我们的观察更有方向性和目的性。

本案例的"真实"体现在：幼儿是真实的，幼儿遇到的问题也是真实的，这种真实让我们近距离目睹幼儿是如何生活与游戏的。那么"鲜活"又是什么呢？幼儿在面临种种问题时，我们看到了在开放的氛围中，幼儿的成长是那么鲜活，教师的教育行为是那么鲜活，故事的小步推进是那么鲜活。最后是"有价值"，本案例的价值不仅仅是教师发现了这个日常故事，更大的价值是故事中教师从观念到行为，再到专业地演绎"幼儿在前，教师在后"的儿童观与教育观。幼儿在面对日常生活与游戏中的问题时是一种怎样的状态，这和教师的观念分不开。所以，普通的故事却反映了当下课程游戏化建设过程中教师的专业智慧：做一个合格的合作者、支持者、引导者。

诚然，通过观察捕捉和发现幼儿当下的兴趣、问题和需求是至关重要的，但教师在面对幼儿成长时能够智慧地等待、巧妙地引导，形成良好的师生合作探究式互动更加难能可贵。幼儿犹如花草，它的成长需要适宜的阳光、雨露、养料和细心的培育等。在面对幼儿以及幼儿日常生活、游戏中的问题和困惑时，教师能做的不仅仅是等待，而是基于对幼儿当下需要判断基础上更加有所作为，通过环境的营造与利用、材料的提供与变更、课程内容的开发与组织等支持、推动和引导幼儿的发展，其中成长的不仅仅是幼儿，更有我们的教师、我们的课程。唯此，我相信我们的教育不仅可以让幼儿享有幸福的童年，也能让我们的教师享有那份专业带来的职业幸福感。

由小及大，由浅及深，从分析幼儿的表面行为到探寻游戏背后的秘密，这些让我们的观察更有意义。

（评析人：徐志国，江苏省常州市新北区银河幼儿园）

11. 小小飞机设计师

江苏省淮安市实验小学幼儿园　马瑾

案例背景

区域游戏内容的确定和选择需要考虑两个方面：一是符合幼儿的兴趣和需要；二是符合课程内容或者主题活动。

根据主题活动"交通工具"及幼儿的兴趣需要，我们在班级内创设了有关"交通工具"的区角游戏，教师和幼儿根据每一个游戏内容共同准备了丰富的活动材料，并根据游戏内容共同商讨出不同层次的玩法。在"小小飞机设计师"这一活动中，教师提供了飞机图形、模板和各种装饰物等多种材料，让幼儿自主选择材料，利用废旧纸盒制作飞机模板，运用安插、粘贴方法制作小飞机，装饰并完善飞机模型。

案例描述

幼儿都在"小小飞机设计师"的区角忙碌着，泽泽小心地把纸片安插在飞机模板上，试了几次，终于将纸片插了进去。这时教师走了过来，泽泽举起飞机左看看，右看看，拿出剪刀，对准飞机左边的翅膀剪了下去。

教师在一旁似乎想说些什么，但还是忍住了，继续观察幼儿的行为。

泽泽把剪下来的翅膀和飞机的右侧机翼进行比较，然后用力捏了捏飞机的两侧机翼。这时教师问泽泽："这是什么意思？怎么把飞机的翅膀剪掉了？"泽泽指着剪掉了一角的机翼说："我贴歪了，太尖了。"教师举起泽泽手里的飞机，仔细看看说："你可以看看架子上的飞机机翼怎么做的。"听了教师的话，泽泽过去看架子上的飞机。（泽泽是本学期刚刚进入班级的新生，所以教师在活动中比较关注他的想法和活动情况。）

泽泽回到自己的座位上，将自己的飞机机翼拆下来，举起飞机又看了一会儿，把机翼又插了回去，一旁的女孩边做自己的飞机，边对泽泽说："飞机的翅膀不平是飞不起来的。"泽泽说："我的插上太宽了，所以就剪掉一些。"说完，泽泽开始寻找瓶盖，粘贴飞机的轮子。这一次他没有急着贴上，而是走到门口的展示架上看了看才开始贴。这个细小的动作也处于远处教师的视线中，只见她赞许地点点头，走了过来，问泽泽："怎么样？成功了吗？"泽泽微笑着说："我在装轮子了。"教师又问："是吗，那轮子为什么要装得不能转动呢？"泽泽想了想说："不装牢，就飞不起来了。"教师蹲下来摸着泽泽的头说："真棒，这个设计师真厉害。"

教师又转头对这个区域的其他幼儿说："设计师们，抓紧时间，等会儿请你们介绍今天设计的飞机。"就在这时，一旁的泽泽拉了拉教师的衣角问："老师，我这个总装不上去。"教师凑过去看了看，原来是泽泽飞机的尾翼松了，总是掉下来，只见教师不动声色地指着旁边的一架飞机说："她装上去了，你看。"一旁的幼儿很自豪地举起自己的飞机说："我是用厚的双面胶粘的。这种厚的可以粘得牢一点儿。"教师又转头对泽泽说："那等会儿你也去试试。"泽泽听了赶紧拿出厚的双面胶粘起来。教师又放低了声音说："我跟你们约好了，还有三分钟，小小设计师们就要拿着飞机来介绍。"

思考与建议

一、从教师的等待来看

当泽泽剪飞机左边的机翼时，教师忍住想说的话，继续观察他的行为。这里的等待给教师提供了更多的思考空间，也给幼儿提供了更多的发展机会。教师有时间进一步观察幼儿在游戏中的表现，也为寻求问题解决方案留出充分的时间。同时，等待也为泽泽提供了自己解决问题的机会，丰富了幼儿的探索经验。这种等待，即退一步观察的方式，为教师了解、解读幼儿内心的想法提供了时间，也为师幼互动的有效开展提供了空间和足够的准备。

二、从与幼儿有目的的互动来看

从互动时机来看，教师先是静静地在一旁观察泽泽组装飞机，在发现问题后及时介入，这不仅体现了教师观察在先、指导在后的策略运用，更体现了教师对互动活动性的把握。从互动内容来看，第一次互动时，教师是在启发泽泽观察展示架上的飞机机翼后离开的；第二次互动时，教师在泽泽把轮子装正确后离开。可见，第一次互动时，教师有意识地退后了一步，让幼儿自己对比架子上已成功完成的飞机模型，给幼儿提供了更多思考的空间和机会；第二次互动时，幼儿的表现充分验证了教师之前的互动对幼儿的启发是有效的，那就是学会从成功的范例中学习经验。而这个小小的细节也在教师的观察中，说明教师非常关注幼儿的活动进程，即使不在活动区域中也会用眼神留意，对于泽泽这个幼儿，教师给予的关注非常多。当发现幼儿的进步时，教师做了赞许的动作予以鼓励。

三、从互动行为主体来看

前两次互动的行为主体是教师，目的是让幼儿关注飞机的机翼与轮子；最后一次互动的行为主体是幼儿，泽泽离开座位，径直向教师走去……可见教师两次发起的与幼儿的互动奏效了，目的也达到了。

四、从师幼互动到幼幼互动来看

教师不仅满足于活动过程中的师幼互动，还关注幼幼互动。当泽泽遇到难题，请求教师帮助解决时，教师没有主动帮他解决问题，而是用抛球的方式，将这个球抛给了其他幼儿，用幼儿与幼儿的互动来帮助他们解决问题。教师在一步一步、不知不觉中授之以渔，让幼儿掌握更多的学习方法，这样的互动更有深度，也更为幼儿所接受。

五、从预约交流来看

教师通过预约交流的方式给了幼儿一种暗示，让幼儿为之后的交流分享做好准备。

案例评析

在本案例中，教师留心观察幼儿，解读幼儿的游戏行为，与幼儿进行有效互动，让我们看到了教师的智慧。

一、退一步观察，解读幼儿的需要

教师做了充分的准备，这种准备体现在互动过程中的一种随机调整，以及对于师幼互动从理论到实践的一种内化过程。过去在区域游戏指导的过程中，教师往往会比较主观、强势，比较急于对幼儿的反应做出回应。而在"小小飞机设计师"的游戏区域中，当泽泽拿出剪刀剪下飞机机翼的时候，教师也没在马上制止他，或非常着急地去询问，而是退了一步，观察和解读幼儿这一动作的意图之后，才开始询问幼儿。

二、有选择地抛接幼儿的"球"，体现互动价值

在师幼互动的过程中，教师最大的困惑就是无法很好地抛接住幼儿所发起的互动，处理好这个"球"，而这一次教师做得比较成功。当泽泽的飞

机尾翼粘不上，请求帮助的时候，教师适时地接住了这个"球"，并且有选择地把这个"球"抛给了泽泽身边的同伴，让同伴给泽泽提供一些建议。这种互动方式呈现出非常良好、自然的呼应关系，也体现了互动的价值，从而让幼儿学会了解决问题的方式，从求助教师到观察同伴，再到与同伴交流。

三、转变观念，给予幼儿适度的引导

教师要转变观念，摒弃灌输式的教育方式，充分认识到幼儿是游戏的主体。在幼儿主动探究的过程中，要把握好指导的"度"，尽量避免过多的限制和干预，不要打断幼儿的思绪，适度的指导应该给幼儿提供发现问题、解决问题的机会。当幼儿出现错误时，教师不要急于告诉他们答案，要积极支持和鼓励幼儿自发地探究和操作。教师在必要时可进行适当的引导，启发幼儿进一步探索。在本案例中，教师多次适时的引导，为幼儿搭建了一个充分利用操作材料的平台，这也是一个有利于幼儿主动探索的平台。

（评析人：袁智荣，江苏省淮安市实验小学幼儿园）